城市轨道交通应急处置

主　编　蔡　昱　马艳丽
副主编　马　伟　薛文静
主　审　陈明明　汪　伟

北京理工大学出版社
BEIJING INSTITUTE OF TECHNOLOGY PRESS

内 容 简 介

为了贯彻落实党的二十大精神，落实立德树人根本任务，适应当前经济社会对轨道交通行业高素质技术技能人才的需求，满足"岗课赛证"综合育人等人才培养模式改革需求，编者与多家地铁运营企业及院校深入合作，梳理岗位职业能力，以项目任务为载体，重构编写框架，整合相关资源，共同开发了本教材。

教材编写对标"城市轨道交通站务员"1+X职业技能等级标准，参考行业企业岗位技能标准，基于城市轨道交通运维阶段全生命周期业务工作流程重构教材内容，并将地铁全自动驾驶应急处置等新技术、新规范引入课程，共包括5个项目40个任务。项目1为城市轨道交通施工组织突发事件应急处置；项目2为城市轨道交通联调联试突发事件应急处置；项目3~5为城市轨道交通运营维护突发事件应急处置，包括项目3城市轨道交通车站设备故障应急处置，项目4城市轨道交通客运突发事件应急处置；项目5城市轨道交通行车突发事件应急处置。以学生学习的视角统筹开发配套资源，校企"双元"合作开发，形成"一体化"学材资源。教材开发立足学生德智体美劳全面发展，从时间、空间和逻辑三个维度有效挖掘思政要素，将劳动素养、职业素质、工匠精神和人文精神等思政元素有效融入教材，并与课程内容、教学组织、考核评价等要素相互融合，实现专业教学和德育培养互相支撑、协同共进的育人效果。

本书可作为城市轨道交通运营管理专业应急处置教材，还可作为从事城市轨道交通施工管理、运营管理等工作的技术人员的培训教材和参考用书。

图书在版编目（CIP）数据

城市轨道交通应急处置／蔡昱，马艳丽主编. －－北

京：北京理工大学出版社，2023.3

ISBN 978－7－5763－2715－1

Ⅰ.①城… Ⅱ.①蔡… ②马… Ⅲ.①城市铁路－交

通运输管理－突发事件－应急对策－教材 Ⅳ.①U239.5

中国国家版本馆 CIP 数据核字（2023）第 150346 号

责任编辑：张鑫星　　　**文案编辑**：张鑫星
责任校对：周瑞红　　　**责任印制**：李志强

出版发行 / 北京理工大学出版社有限责任公司

社　　址 / 北京市丰台区四合庄路 6 号

邮　　编 / 100070

电　　话 / (010) 68914026（教材售后服务热线）

　　　　　　(010) 68944437（课件资源服务热线）

网　　址 / http://www.bitpress.com.cn

版 印 次 / 2023 年 3 月第 1 版第 1 次印刷

印　　刷 / 河北盛世彩捷印刷有限公司

开　　本 / 787 mm × 1092 mm　1/16

印　　张 / 17.5

字　　数 / 400 千字

定　　价 / 85.00 元

前言

党的二十大报告指出，要完善国家应急管理体系，提高防灾减灾救灾和急难险重突发公共事件处置保障能力。为了贯彻落实党的二十大精神，落实立德树人根本任务，适应当前经济社会对轨道交通行业高素质技术技能人才的需求，满足"岗课赛证"综合育人等人才培养模式改革需求，编者与多家地铁运营企业及院校深入合作，梳理岗位职业能力，以项目任务为载体，重构编写框架，整合相关资源，共同开发了本教材。

教材编写对标"城市轨道交通站务员"1＋X职业技能等级标准，参考行业企业岗位技能标准，基于城市轨道交通运维阶段全生命周期业务工作流程重构教材内容，并将地铁全自动驾驶应急处置等新技术、新规范引入课程，共包括5个项目40个任务。以学生学习的视角统筹开发配套资源，校企"双元"合作开发，形成"一体化"学材资源。教材开发立足学生德智体美劳全面发展，从时间、空间和逻辑三个维度有效挖掘思政要素，将劳动素养、职业素质、工匠精神和人文精神等思政元素有效融入教材，并与课程内容、教学组织、考核评价等要素相互融合，实现专业教学和德育培养互相支撑、协同共进的育人效果。

本书由陕西铁路工程职业技术学院蔡昱、西安地下铁道有限责任公司运营分公司马艳丽担任主编，西安地下铁道有限责任公司运营分公司马伟、薛文静担任副主编，陕西铁路工程职业技术学院陈明明、金华轨道交通集团运营公司副总经理汪伟担任主审。项目1由陕西铁路工程职业技术学院安志龙、西安地下铁道有限责任公司运营分公司马伟、绍兴京越地铁有限公司运营分公司马斌共同编写；项目2由陕西铁路工程职业技术学院蔡昱，西安地下铁道有限责任公司运营分公司马艳丽、马伟、薛文静共同编写；项目3由陕西铁路工程职业技术学院曹亚康、陕西交通职业技术学院姜雯共同编写；项目4由陕西铁路工程职业技术学院张婧宜、何凯妮，西安地下铁道有限责任公司运营分公司解平平共同编写；项目5由陕西铁路工程职业技术学院张亚运，西安地下铁道有限责任公司运营分公司马伟、李昕晏共同编写。

在本书编写过程中参阅了大量同行专家的有关著作、教材及案例，在此表示感谢。同时向关心、支持和帮助本书编写的有关领导和专家致以衷心的感谢。由于编者水平有限，疏漏不妥之处恳请批评指正。

编　者

目 录

项目 1
城市轨道交通施工组织突发事件应急处置

 **项目描述**

　　城市轨道交通施工组织是保证城市轨道交通安全运营的重要环节，作为一名城市轨道交通的运维人员，不仅要能进行日常施工组织作业，还要对城市轨道交通施工组织过程中出现的线路故障、工程车施工期间车辆故障、施工（人车/车车）冲突、区间施工突发火灾、更换钢轨、隧道漏水、管道漏水、接触网、线缆断裂等出现的故障进行分析并开展应急处置，同时还要保持沉着冷静、精益求精的工作态度，保证城市轨道交通安全有效运营。

任务 1.1　城市轨道交通线路故障突发事件应急处置

任务引入

　　×年×月×日，某线路车间在线路检修过程中发现线路有下沉现象，线路车间跟车技术人员进行紧急处置，未能消除故障，报告 OCC，请求开行工程车进行维修。

　　假如你是站务员，你会如何按照要求解决线路故障问题？

学习目标

知识目标：

（1）了解城市轨道交通施工组织突发事件的类型；

（2）了解城市轨道交通线路施工组织突发事件的处置流程。

能力目标：

（1）能够进行城市轨道交通线路岔故障的应急处置；

（2）提升对城市轨道交通施工组织突发事件应急处置的认知。

素质目标：

（1）具备严谨、认真、细致的工作态度和高度的工作责任心；

（2）保持沉着冷静、处变不惊的工作态度；

（3）具备系统思维意识；

（4）明确城市轨道交通施工组织安全生产责任。

视频

巩固提高

测试

巩固提高

知识准备

1.1.1 施工事故风险分析

1. 事故类型

线路故障主要分为正线及车辆段（停车场）钢轨折断、线路胀轨跑道、线路下沉等，一旦发生此类故障将对运营造成影响，严重的将导致运营中断。

1）钢轨折断

钢轨折断是指发生下列情况之一者：钢轨全截面至少断成两部分；裂纹已经贯通整个轨头截面；裂纹已经贯通整个轨底截面；钢轨顶面上有长大于 50 mm，深大于 10 mm 的掉块。

2）线路胀轨跑道

无缝线路在高温状态下，由于钢轨内部温度应力的作用，钢轨有沿纵向方向伸长的趋势，在扣件阻力和道床阻力的作用下，钢轨被限制伸长，但如果扣件阻力和道床阻力不足以抵抗温度应力的情况下，钢轨会出现扭曲变形，直接影响行车安全。

3）线路下沉

指线路由于列车荷载作用或其他原因沉降引起的线路下沉。

2. 事故发生的区域、地点

线路故障发生的区域为正线或车辆段、停车场线路。

3. 事故发生的可能时间、危害严重程度及影响范围

（1）线路故障受季节影响较大，钢轨折断多发生在冬季；胀轨跑道多发生在高温季节；在汛期及发生地质灾害时，线路下沉故障发生的概率明显增大。

（2）钢轨折断、线路胀轨跑道、线路下沉轻则需要设置慢行、封锁线路，影响行车秩序，重则发生列车掉道事故，将会给运营安全带来巨大损失。

4. 事故前可能出现的征兆

线路胀轨跑道前，钢轨出现微小变形；线路下沉前，整体道床出现变形裂损，碎石道床道砟明显松动。

5. 事故可能引发的次生、衍生事故

线路故障可能会造成运营设施设备损坏，列车倾覆、脱轨，人员在疏散过程中发生恐慌踩踏等严重事故。

6. 事故预防

（1）加强线路巡检和计划性检修，提高线路设备质量，加强钢轨探伤工作，及时发现潜在故障因素。

（2）加强季节性线路检修工作，及时进行无缝线路应力放散、普通线路轨缝调整，保证扣件齐全有效，道床饱满；重伤钢轨及时下道，轻伤钢轨加强监护；严格按照线路作业温度条件进行养护维修，加强高温、汛期、冬季线路巡视，并做好沿线备用轨料存放工作。

（3）在发现线路故障时，按照《线路应急抢修方案》及时修复线路设备故障，防止故障扩大。

1.1.2　应急工作职责

1. 应急指挥机构

线路故障发生后，为加强对突发事故的抢修组织和领导，事件处置的总体指挥由应急救援指挥部负责，抢险救援组具体实施救援；专家技术组为应急救援指挥部提供决策咨询、技术支撑和工作建议，OCC 对指挥部进行信息传达、并根据故障情况调整行车秩序。图 1.1 所示为线路故障应急抢险指挥机构图。

2. 抢险救援组职责

抢险救援组主任由分管设施部的副总经理担任，副主任由设施部部长担任，负责在应急指挥部的领导、协调下组织各相关应急抢险队进行轨道系统的应急抢修工作。

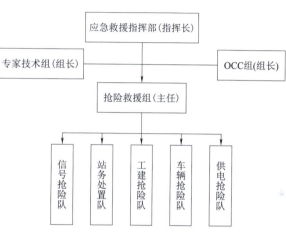

3. 各应急抢险队职责

1）站务处置队

按照抢险救援组的指令，负责发生线路故障后的乘客疏散和引导救护工等前期处置工作；当列车迫停在区间时，由驾驶员进行乘客疏散。

图 1.1　线路故障应急抢险指挥机构图

2）工建抢险队

按照抢险救援组指令，负责对损坏的线路设施进行抢修，恢复地铁线路的正常运行状态。

3）供电抢险队

负责线路故障应急抢修时供电设备调试、地线接挂、均回流电缆的拆除、安装等工作。

4）信号抢险队

负责线路故障应急抢修时信号设备的拆除、安装及调试工作。

5）车辆抢险队

按照抢险救援组的指令，对受损的车辆进行起复、抢修，检查车辆技术状态，确保列车运行安全。

1.1.3　应急处置

1. 事故应急处置程序

（1）驾驶员或其他发现人员将故障信息报送到控制中心行调或维调，行调或维调通知 OCC 各调度、检调及值班主任，值班主任按照信息报送流程进行信息通报。

（2）行车调度封锁故障区段线路，对列车进行适当的调整，通过小交路、单线双向运行等方式维持运营。

（3）维调、检调通知各专业抢险队赶赴事故现场，协调组织好故障抢险。

（4）故障抢修完毕，各专业抢险队检查各自管辖设备的运行状态，人员机具出清线路，故障区段具备运营条件，行车调度进行行车组织调整，线路恢复正常运营。

2. 现场应急处置措施

（1）OCC 调度组、站务处置队、供电、通号、车辆抢险队的处置按照《线路故障应急预案》中的规定执行。

（2）工建抢险队的处置措施。

①正线发生钢轨折断。

接到维调抢修命令，工建车间值班人员记录好故障发生的时间、地点、故障原因，向车间负责人及相关人员发布故障信息，组织人员抢修。抢修小组人员接到抢修信息后根据故障特点携带好相应的工器具、备品备件，以最快速度赶到距离故障地点最近的车站。

清点成功后，以最快速度携带器具、备品备件到达断轨地段。

断缝大于50 mm时，工建抢险队队长带领4~6名轨道巡检员到最近的6 m备轨所在地点，利用吊轨车将6 m备轨运送到断轨地点；安排10名以上作业人员到达断轨地点，松开包括断轨点在内8 m线路的扣件，同时对8 m范围以外各50 m范围内的扣件进行紧固，2套鱼尾板及配件分散到位；搭设回流线；在备轨到达之前对线路钢轨进行第一锯切割，并打好2个螺栓孔（靠轨端第一孔不打）；工建作业人员在备轨到达后丈量其长度，决定第二锯锯轨位置，划线后进行锯轨作业；线路钢轨第二锯锯好后，工建作业人员打好2个螺栓孔（靠轨端第一孔不打）。轨道巡检员翻出已折断的钢轨，换入备轨，进行线路几何尺寸的调整，轨道巡检员同时对扣件、鱼尾螺栓进行紧固，同时撤除回流线。确定线路几何尺寸满足运营要求后，人员撤离轨行区；确认人员、工器具、备品备件全部撤离轨行区后，向行车调度销点，同时向维调回复，抢修完毕，恢复正常运营。图1.2所示为正线钢轨折断一级故障抢修操作流程图。

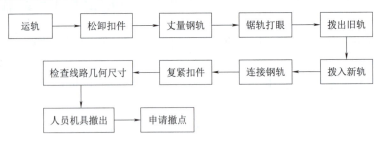

图1.2 正线钢轨折断一级故障抢修操作流程图

断缝小于50 mm时，在断缝前后各50 m拧紧扣件，有条件时应在原位复焊，否则应在轨端钻孔，上好夹板或特制拱形夹板，拧紧接头螺栓；同时在断缝两侧约3.5 m处，轨头非工作边上做标记，并准确丈量两标记间的距离和轨头非工作边一侧的断缝值，做好记录。作业结束，作业负责人根据处置结束后最终的断缝大小确定线路的运营条件，人员撤离轨行区；确认人员、工器具、备品备件全部撤离轨行区后，向行车调度销点，限速5 km/h放行列车。如断缝小于30 mm时，放行列车速度为15~25 km/h。待临时处置后，控制中心在故障区段限速行驶，并通知电客车驾驶员随时注意故障地段线路的状态，通知维调，安排人员于当日运营结束后进行永久处置；工建车间及其相应的配合部门须做好当日运营结束后进行永久处置的准备工作。正线钢轨折断二级故障抢修操作流程如图1.3所示。

②线路下沉。

接到维调抢修命令，工建车间值班人员记录好故障发生的时间、地点、故障原因，向车间负责人及相关人员发布故障信息，组织人员抢修。抢修小组人员接到抢修信息后根据故障特点携带好相应的工器具、备品备件，以最快速度赶到距离故障地点最近的车站。

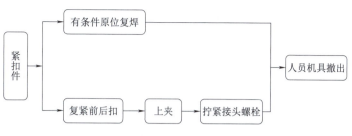

图 1.3　正线钢轨折断二级故障抢修操作流程

清点成功后，以最快速度携带器具、备品备件到达线路下沉地段。

一级线路下沉故障由总公司（地铁办）根据现场的实际情况，查明下沉原因，制定相应的抢修施工方案，工建抢险队配合抢修。

二级线路下沉故障发生时，工建抢险人员到达线路下沉地段，对线路下沉的长度、下沉量进行测量，对不均匀下沉量进行处置，当日处置后首列车限速 5 km/h，其后限速 25 km/h 以下通过故障区段。

整体道床的下沉处置：作业人员清点进入轨行区，对线路下沉进行处置，根据测量数据和先期处置的情况，对整体道床采取铁垫板下垫调高垫板的方法抬高轨面，对于调高量大于 15 mm 的，则同时更换加长的螺旋道钉（175 mm），整体道床地段作业结束后，计算线路的平顺度，确认满足运营后人员、工器具撤离轨行区。

碎石道床的下沉处置：作业人员清点进入轨行区，对线路下沉进行处置，根据测量数据和先期处置的情况，进行起道处置，使用起道机抬高轨面，在轨枕底垫入道碴，同时进行捣固，作业结束后，计算线路的平顺度，确认满足运营后人员、工器具撤离轨行区。

③线路胀轨跑道。

人员到达故障地点，找到最近的给水点及时送水到故障地点，对钢轨进行浇水降温，同时做好测温工作；安排 10 名以上作业人员到达胀轨地点，扒开道碴，用弦线量好线路方向，计算每点拨道量，做好拨道准备；钢轨温度降到原锁定轨温后，迅速进行拨道作业，拨道量到达后，用弦线检查，再次进行细拨，到位后回填道碴，进行捣固作业，对边坡、道心道床进行夯拍；检查线路轨距、水平、方向，完毕后线路工长确认开通，人员、工器具出清线路，轨道巡检员向行车调度销点，故障处置完毕。

如浇水降温仍不能恢复线路时，信号抢修组准备好钻眼机、信号导线并做好拆装安装在钢轨上的信号设备的准备，工务抢修组应利用气割工具进行割轨处置，割轨后机械钻眼，安装快装接头，拨正线路，夯实道床，信号抢修组焊接好轨道电路。线路胀轨跑道故障抢修操作流程如图 1.4 所示。

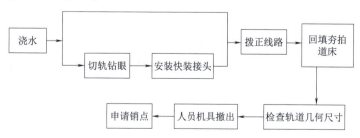

图 1.4　线路胀轨跑道故障抢修操作流程

控制中心：经抢修小组临时处置后，先以 5 km/h 放行一趟列车，而后安排工建专业处置小组现场观察，根据观察情况，逐步提速。

1.1.4 施工注意事项

（1）个人劳保用品准备到位，现场必须正确佩戴使用。

（2）线路故障发生后，应先在第一时间内封锁线路，设置停车信号防护，再进行紧急处置，绝不冒险放行列车。

（3）抬运钢轨、尖轨、辙叉时，要统一指挥、动作一致，注意不伤手脚；翻动钢轨时撬棍前严禁站人；旧轨料堆码时，不得侵入限界。

（4）轨道电路区段，抢修作业时使用的金属机具、工具不得搭接相邻钢轨和跳线，防止短路、造成红光带而影响信号使用。

（5）发生胀轨跑道时，应先采取降温措施，不得盲目拨道。

（6）在无缝线路地段进行抢修作业时，应遵守《线路检修规程》《线路故障应急预案》相关规定。

⚙ 任务实施

任务场景	线路轨道实训室
任务分组	在这个任务实施中，采用分组的方式进行，每 5 人为一组，通过自荐或推荐方式选出组长，负责本组任务实施的组织，实施过程中小组成员要相互帮忙，共同完成任务
实施过程	各小组根据以上任务描述，完成以下任务实施过程。 1. 绘制流程图 对标施工安全作业要求，并结合实际线路情况，用小组讨论的方式，写出这次施工中存在的风险点，并绘制出故障处置流程图。 2. 施工安全因素 结合线路作业，用小组讨论的方式，写出线路中施工作业中注意哪些安全因素。 3. 施工安全流程 在线路施工中应采取哪些措施进行线路安全施工作业，写出其安全卡控点。 4. 方案汇报 形成故障处置方案，并以 PPT 形式汇报。 结合事故案例，正确填写行车日志。

续表

任务场景	线路轨道实训室
任务要求	（1）绘制出的故障处置流程图思路要清晰，且符合基本故障处置方式，简单明了。 （2）制作PPT中须有小组成员分工说明，确定PPT汇报人员，汇报时间、地点自定，并将汇报过程形成资料上交，资料文件名命名为"××班××组××（姓名）"
任务反思	（1）城市轨道交通线路故障有哪些？ （2）在城市轨道交通线路安全施工作业过程中如何确定安全卡点？ （3）在任务实施过程中，在个人自身素养提升方面有哪些收获？ （4）目前在线路维护施工中运用了那些新技术？

任务评价

序号	评价项目	评价指标	分值	自评（20%）	互评（20%）	师评（60%）	合计
1	知识目标 （25分）	能熟悉城市轨道交通线路故障的类型	5				
		能掌握城市轨道交通线路事故应急处置程序知识	10				
		能掌握城市轨道交通应急工作职责知识	10				
2	能力目标 （50分）	能具备正线发生钢轨折断的应急处置能力	15				
		能具备线路下沉的应急处置能力	20				
		能具备车线路胀轨跑道的应急处置能力	15				

续表

序号	评价项目	评价指标	分值	自评（20%）	互评（20%）	师评（60%）	合计
3	素质目标（25分）	能具备严谨认真的工作态度和高度的责任心	5				
		能树立责任意识和规则意识	5				
		能具备事故处置时联控汇报意识	5				
		能具备严谨细致的工作作风	5				
		能逐步养成吃苦奉献、拼搏争先的爱岗敬业精神	5				
合计			100				
综合得分							

拓展阅读

×年×月×日 15 时 20 分，浙江省杭州市地铁 1 号线湘湖站工段施工工地（露天开挖作业）发生地面塌陷事故，造成长约 100 m、宽约 50 m 的正在施工区域塌陷，施工现场西侧路基下陷达 6 m 左右，将施工挡土墙全部推垮，自来水管、排污管断裂，大量污水涌出，同时东侧河水及淤泥向施工塌陷地点溃泻，导致施工塌陷区域逐渐被泥水淹没。事故造成在此处行驶的 11 辆汽车下沉陷落（车上人员 2 人轻伤，其余人员安全脱险），施工人员 10 人死亡、至少还有 11 人失踪。

原因分析：

原因一：杭州的土质特殊，经勘测，发生事故的这段路属于淤泥质黏土，含水的流失性强。

原因二：事故坍塌所在地点风情大道一直作为一条交通主干道来使用，来往车流量大，包括不少负量很大的大型客车、货车都来往于这条路上，这给基坑西面的承重墙带来太大冲击。

原因三：×年×月份杭州出现的一次罕见的持续性降雨过程，使得地底沙土地流动性进一步加大。

案例警示：

（1）线路轨道断轨、线路胀轨跑道、线路下沉等故障的处置，重点在于值班人员记录好故障发生的时间、地点、故障原因，应先在第一时间内封锁线路，设置停车信号防护，再进行紧急处置，绝不冒险放行列车。作业过程中做好安全防护，对线路作业人员清点进入轨行区。

（2）城市轨道交通运营中，线路安全是保证行车安全的重要核心因素，作为车站运营人员，要坚持按照施工要求，进行互相卡控原则，树立良好的安全责任意识。

任务 1.2　城市轨道交通工程车施工期间车辆故障事件应急处置

任务引入

×年×月×日，某地铁磨轨车完成 1 号线钢轨打磨作业，返回车辆段途中，磨轨车电气控制系统出现故障，车辆部设备车间跟车技术人员进行紧急处置，未能消除故障，请求内燃机车救援，其间尝试采用单车故障牵引模式进行应急牵引，磨轨车行驶速度缓慢，无法满足应急牵引要求。

假如你是站务员，你应该如何解决线路故障单车故障无法满足应急牵引的要求问题？

学习目标

视频●
巩固提高

知识目标：
（1）掌握城市轨道交通施工组织安全防护措施；
（2）了解城市轨道交通工程车施工期间车辆故障事件的处置流程。

能力目标：
（1）能够进行城市轨道交通施工工程车发生故障的应急处置；
（2）能够进行城市轨道交通施工工程车施工安全卡控。

素质目标：
（1）具备严谨、认真、细致的工作态度和高度的工作责任心；
（2）保持沉着冷静、处变不惊的工作态度；
（3）提升对城市轨道交通施工组织突发事件应急处置的认知；
（4）明确城市轨道交通施工组织安全生产责任；
（5）具备艰苦奋斗、吃苦耐劳精神。

测试●
巩固提高

知识准备

1.2.1　地铁工程车常见故障分类

地铁工程车常见故障有车辆牵引系统故障、发电机电路故障、轴向漏油故障、空气制动系统故障等。

图 1.5 所示为空气制动系统结构图，地铁工程车空气制动系统常见故障有：空压机供风

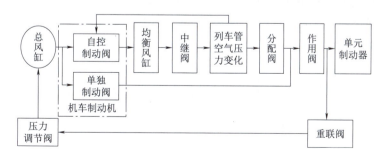

图 1.5　空气制动系统结构图

不足、压力表及安全阀超限使用、各风缸及管路泄漏、制动机磨耗各位间作用不正常、自动制动阀在制动区减压量不正确、列车管泄漏不正常、过冲压力消除较快、机车自然制动等。

1.2.2　地铁工程车制动系统故障应对措施

（1）动态"七步闸"功能测试，检查各风缸、阀件及管路的动作是否正常；

（2）定期开展压力表、安全阀、调压阀等部件的校验；

（3）试验台功能检测，比如在检查单元制动器时，可向带弹簧停车制动器冲入总风，则制动器正常缓解；排出压力空气则应制动；

（4）严格静态巡检、出车前功能测试、排故练习及故障演练等，提升作业人员的排故技能水平。

1.2.3　工程机车故障应急处置

工程机车故障应急处置应遵循按类处置的原则进行故障处置，分类实施。

1. 工程车辆电路系统故障

故障现象：全车无电。

处置措施：

（1）空气断路器 F2 跳闸或接线松脱。

①F2 跳闸，将 F2 板钮打至闭合位；

②检查 F2 的两端接线是否松脱，松脱后进行紧固；

③若故障恢复，继续正常作业。

（2）蓄电池接地线松脱。

①检查蓄电池接地线焊接是否松脱，松脱做临时接地处置；

②若故障恢复，继续正常作业，回库后报故。

（3）故障无法排除。

①未出车时，报告分部，换车或取消作业；

②在正线双机作业情况时，将故障车辆按无火回送处置后，由另一动力车继续作业，作业完将故障车拖行回库报故；

③在正线单机作业时，结束作业，请求救援。

2. 动力及传动系统故障

故障现象：正常启动，柴油机转动但不发火。

处置措施：

（1）工程停机按钮按下未恢复（GCY300、GCY450）。

检查机械间及两端驾驶台远程停机按钮位置，如按下或卡滞，恢复远程停机按钮后重启，故障恢复，继续正常作业。

（2）蓄电池亏电。

查看显示屏显示的蓄电池电压，低于 24 V 则用辅助发电机给蓄电池充电，电压大于 24 V 后重启。故障恢复，继续正常作业。

（3）燃油压力不足，燃油管道进入空气。

①松开进缸燃油管接头；

②拧开手动泵紧固帽；

③按压手动泵手柄排除管路空气，直至进缸燃油管接头无气泡冒出；

④紧固进缸燃油管接头；

⑤按压手动泵手柄，打压至打不动为止；

⑥重启；

⑦若故障恢复，继续正常作业。

（4）空气管路故障。

①检查空气滤清器有无变形，变形则取出滤芯后重启；

②检查进气管路有无堵塞，堵塞则清除管路堵塞后重启；

③若故障恢复，继续正常作业，回库后报故。

（5）故障无法排除。

①未出车时，报告分部，换车或取消作业；

②在正线双机作业情况时，将故障车辆按无火回送处置后，由另一动力车继续作业，作业完将故障车拖行回库报故；

③在正线单机作业时，结束作业，请求救援。

3. 制动及风源系统故障

故障现象1：停车制动不缓解。

处置措施：

（1）总风风压不足。

确认仪表总风缸风压，压力不足600 kPa则打风至600 kPa以上后重试。故障恢复，继续正常作业。

（2）其他故障。

①关闭停车制动塞门；

②使用手动缓解钥匙对停车装置进行缓解，维持运行，注意观察；

③机车回库后报故障。

故障现象2：运行中发生紧急制动。

处置措施：

（1）运行超速。

①车速降至75 km/h以下运行；

②故障恢复，继续正常作业。

（2）驾驶操纵台紧急排风按钮按下或卡滞。

①检查驾驶操纵台紧急排风按钮是否按下或卡滞，断开紧急排风按钮；

②故障恢复，继续正常作业。

（3）连挂运行时，车辆风管破裂，漏风。

停车检查车辆状态，若车辆风管漏风或破裂，做以下处置；

①将故障车辆进行"关门车"处置；

②关闭车辆制动阀供风塞门；

③将车辆副风缸缓解阀拉至放风位，排完副风缸风压；

④确认制动缸缓解，闸瓦间隙正常无贴合；

⑤结束作业，限速25 km/h，维持运行回库，运行中加强瞭望，回库报故。

（4）故障无法排除。

①在正线双机作业情况时，结束作业，将故障车辆熄火按无火回送处置后，另一动力车拖行回库，限速 25 km/h，回库报故；

②在正线单机作业时，结束作业，请求救援。

1.2.4　施工（试验）列车的开行

（1）施工列车原则上只准按线路规定的使用方向、闭塞方式运行。

（2）施工作业较多，而施工列车可以只占用一侧线路运行时，应组织施工列车反方向运行。

（3）当施工列车请求救援时，应按调度中心行车调度员的命令执行。

1.2.5　利用列车间隔进行抢修作业

利用列车间隔进行的设备抢修作业应按以下规定办理：

（1）凡在运营时间内，发现影响列车正常运行或危及行车安全的情况，行车调度员须根据设备抢修人员的要求予以安排。

（2）当进行设备抢修作业时，应尽量为抢修工作创造条件。若设备发生故障使区间处于阻隔状态时，应将列车扣于站内。

（3）须中断列车运行或利用列车间隔进行的设备抢修作业，应向调度中心上报，须经调度中心值班主任的准许，抢修人员应做好自身防护。

（4）利用列车间隔进行的设备抢修作业，行车调度员在安排时，须通知后续列车驾驶员或通过车站综控员通知后续列车驾驶员，在抢修区段内注意运行。

（5）当区间设备发生故障，抢修人员须到现场处置时，为缩小对行车的影响时间，行车调度员可发布命令，令其添乘驾驶员室到达现场，但驾驶员室内（含驾驶员）不得超过4人。

（6）运营时间内出现的设备故障，经临时处置后，须夜间再进行处置的，属于施工计划的项目由调度中心应急调度受理，属于计表维修作业的项目由行车调度员受理。

⚙ 任务实施

任务场景	车辆实训室
任务分组	在这个任务实施中，采用分组的方式进行，每3人为一组，通过自荐或推荐方式选出组长，负责本组任务实施的组织，实施过程中小组成员要相互帮忙，共同完成任务
实施过程	（1）写出施工安全注意事项。 （2）对标施工安全作业要求，写出与车辆部设备车间技术人员之间的联控用语。 （3）写出工程车故障处置流程，并给出施工工程车救援处置方案，PPT形式汇报。 （4）写出施工组织流程，给出故障处置措施。 （5）结合处置措施，以小组讨论方式，写出其故障联控用语，模拟演练。

续表

任务场景	车辆实训室
任务要求	（1）3人一组进行模拟演练，录制视屏展示，需要有片头及片尾，片头包括片名、班级、组别、组员姓名，及扮演角色分配等环节字幕。 （2）制作PPT中须有小组成员分工说明，确定PPT汇报人员，汇报时间、地点自定，并将汇报过程形成资料上交，资料文件名命名为"××班××组××（姓名）"
任务反思	（1）城市轨道交通工程车制动系统故障应对措施有哪些？ （2）城市轨道交通施工（试验）列车的开行有哪些主要事项？ （3）在任务实施过程中，个人自身素养提升方面有哪些收获？ （4）目前在工程车施工过程中，列车定位可以运用哪些新技术？

🔍 任务评价

序号	评价项目	评价指标	分值	自评（20%）	互评（20%）	师评（60%）	合计
1	知识目标 （25分）	能熟悉地铁工程车常见故障的类型	5				
		能掌握地铁工程车制动系统故障应对措施知识	10				
		能掌握施工（试验）列车的开行知识	10				
2	能力目标 （50分）	能具备工程车辆电路系统故障的应急处置能力	15				
		能具备工程车动力及传动系统故障的应急处置能力	20				
		能具备工程车制动及风源系统故障的应急处置能力	15				

续表

序号	评价项目	评价指标	分值	自评（20%）	互评（20%）	师评（60%）	合计
3	素质目标（25分）	能具备严谨认真的工作态度和高度的责任心	5				
		能树立责任意识和规则意识	5				
		能具备事故处置时联控汇报意识	5				
		能具备严谨细致的工作作风	5				
		能逐步养成吃苦奉献、拼搏争先的爱岗敬业精神	5				
合计			100				
综合得分							

拓展阅读

南宁地铁检修工以匠人匠心诠释劳动者风采

平日里，在地下穿梭的南宁地铁，为市民提供了便捷舒适的出行方式，也承载着市民的劳作和梦想。在地铁列车平稳运行的背后，有一群人在默默奉献着，通过平时对设备检修的积累练就的"千里眼"和"顺风耳"，辨别故障，分析原因，为市民出行保驾护航。南宁轨道交通集团有限责任公司运营分公司通号中心电子维修分中心电子维修工班班长磨鸿儒便是其中的一员。2017年，磨鸿儒成为南宁地铁的一名检修员。地铁列车不会因为节假日而"放假"，这也意味着磨鸿儒在节假日里也需要正常上班，春节、中秋节等各种节假日，他都是和地铁列车一起度过。按照工作安排，磨鸿儒的上班时间为上午8时至晚上8时，或是晚上8时直至次日上午8时。进入检修场站里，便没有白天黑夜之分。刚刚毕业参加工作时，磨鸿儒有些不适应这样的工作时间，但渐渐地，在星夜下奔走、在风雨中坚守，用责任、用匠心精心呵护设备，使他感受到了这份工作所带来的成就感和价值。

2020年年初，突如其来的新型冠状病毒肺炎疫情，让原本喜庆的春节蒙上了一层灰色，在新冠肺炎疫情最严峻的时候，家人劝他在家等候通知，而他却主动请缨到现场值班，坚守岗位，为抗击疫情默默奉献。

磨鸿儒现在负责的是南宁地铁1~4号线（线网）通信信号电子设备的故障维修、质量检测和技术改造等工作。虽然每天都要和电子设备打交道，但他并不觉得枯燥乏味，反而乐在其中。平时，市民在地铁站厅里看到的售票机、在列车上看到的车载显示屏、听到的广播等设备损坏了，都会送到他所在的部门维修。

磨鸿儒说，他一直把"干一行、爱一行、精一行"作为自己的座右铭。"如果显示屏坏了，乘客就看不到列车发到站情况，影响出行。"为了保证地铁的安全运行，保障乘客的服务质量，使乘客看到的到站情况提醒、听到的广播都是准确的，他需要一丝不苟，多跟设备"亲密接触"，弄懂弄通各类检修作业的流程。遇到头疼的维修故障，他总是积极地向有经验的老师傅请教，并且利用下班后的时间查阅相关的书籍、资料，不断地给自己"充电"。

不仅如此，磨鸿儒和部门同事一起，对容易发生故障的手持台、对讲机、工控机和乘客信息屏等设备进行研究，确定了电子设备常见故障维修方法、工艺标准，编制了南宁轨道交通电子部件检修规程，实现公司电子器件自主修的零的突破。自 2020 年 7 月电子维修分中心成立至今，他和他的团队通过电子零部件维修工作将有限的资源用在刀刃上，为运营分公司节约资金 114 万元。

如今，磨鸿儒已经成为通号中心电子维修分中心的技术骨干，在青年员工中起到技术创新带头作用，曾获得 2019—2020 年度全国城市轨道交通 "维修能手" 称号。

正值 "五一" 国际劳动节假期，今年的 "五一" 轮到磨鸿儒休息。但他并不打算外出旅游，而是想利用这个难得的假期再多看看相关的书籍，充盈自己的理论知识积累。他说，作为一名普通的检修工，他希望自己能通过汗水湿透衣衫的背影和过硬的检修质量诠释青年员工的 "工匠精神"，为南宁轨道交通添砖加瓦，贡献青春力量。

任务 1.3　城市轨道交通区间施工（人车/车车）冲突事件应急处置

 任务引入

×年×月×日 03：27 许，某地铁 A 站发生一起测试列车与综控员碰撞事故，造成 1 人死亡。4 月 15 日 15：00，调度下达命令：地铁 5 号线运营结束后至 4 月 6 日 3：50，A 车辆段至 B 接触轨不停电，停止该区段一切占用线路施工检修维护作业及线路检查，B 站区配合电子联锁软件预升级动车调试。3：25，刘某某开启下行尾端门，进入封锁区间进行 "送电前巡视检查"。3：26 刘某某巡视至第 18 – 19 号屏蔽门的中间位置，回头发现行驶的测试列车，测试列车与刘某某发生碰撞，将其挤夹在第 18 – 19 号屏蔽门中间位置与 TP442 测试列车缝隙之间致死。

假如你是站务员，你应该如何解决测试列车与综控员碰撞事故？

学习目标

知识目标：
（1）熟悉城市轨道交通施工类型及区间封锁时机；
（2）了解城市轨道交通区间施工（人车/车车）冲突事件的处置流程。
能力目标：
（1）能够进行城市轨道交通区间施工（人车/车车）冲突事件的应急处置；
（2）能够进行城市轨道交通区间施工（人车/车车）冲突安全卡控。
素质目标：
（1）具备严谨、认真、细致的工作态度和优良的工作作风；

测试

巩固提高

（2）提升对城市轨道交通施工组织突发事件应急处置的认知；

（3）明确城市轨道交通施工组织安全生产责任；

（4）具备新技术探索的科学家精神。

视 频

巩固提高

知识准备

1.3.1　区间施工人车冲突事件应急处置参考

1. 先期处置

1）人车冲突发生在正线

（1）若在车站发生人车冲突，列车驾驶员发现后应立即停车、报调度控制中心 OCC，严禁动车，车站人员发现后应立即按压相应的紧急停车按钮，报 OCC、120、110、地铁公安，并安排专人接应 120，做好乘客安抚；若在区间发人车冲突，列车驾驶员发现后应立即停车，报 OCC，根据 OCC 命令至现场了解情况并及时汇报，做好乘客安抚，严禁动车，报 OCC、120、110、地铁公安；发生在转换轨时比照区间汇报。

（2）若在车站发生人车冲突，相关车站指派人员携带应急救援物品，第一时间赶往现场，及时进行人员救助，或视情况配合 120 将受伤人员送至就近医院，对车厢内乘客进行安抚，做好客运组织工作及人员疏散准备工作；若在区间发生人车冲突，OCC 打开区间通风及照明，由车站指派人员携带应急救援物品按照 OCC 命令进入现场进行人员救助，或视情况配合 120 将受伤人员送至就近医院，两端车站派人在隧道口进行把守，做好客运组织工作及人员疏散准备工作。

（3）OCC 接报后，立即按信息报告流程报告，宣布启动相关应急预案，向公司内部相关部门发布抢险救援指令。

（4）OCC 加强与现场沟通，迅速做出反应，确定运营调整方案，协调指挥各部门进行行车调整，尽可能控制影响范围。

2）人车冲突发生在车场

（1）列车驾驶员应立即将现场情况及影响程度报车场调度，保护好现场；车场调度立即报 OCC、120、110、地铁公安，通知信号楼值班员立即停止受影响区段的所有作业，通知相关列车驾驶员严禁动车，防止其他列车、车辆进入事故区段。

（2）车场调度组织人员携带应急救援物品，立即赶往现场，及时进行人员救助或视情况配合 120 将受伤人员送至就近医院。

（3）车场调度对受影响的列车出入库作业、调车作业及施工作业制定调整措施，及时布置相关人员实施，视情况做好接触网停电准备工作。

（4）OCC 接报后，立即按信息报告流程进行汇报，宣布启动本预案，向有关部门发布抢险救援指令。

（5）现场指挥携通信工具赶往现场。

（6）影响正线运营行车时，OCC 做好正线行车组织及乘客信息发布工作。

2. 应急响应

正线、车场发生人车冲突后立即上报 OCC，OCC 接报并确认后，立即向应急领导小组汇报，成立现场处置指挥部并通知相关人员立即赶往 OCC 或现场组织指挥、协调。人车冲突导致列车停运状况，地铁公司及时启动相应级别的应急响应。当本事件引发其他次生

灾害事故时，启动相应预案。相关部门接报后，立即组织人员赶赴现场，按本预案要求迅速开展抢险工作，尽快恢复运营。

3. 现场处置

1）人车冲突发生在正线

（1）相关车站组织人员到达现场配合120、110做好人员急救工作及取证工作：当将当事人救至站台或出入口时，车站人员利用屏风隔离，疏散围观乘客，维护现场秩序，保护现场；若120医护人员确认当事人已死亡，相关车站配合公安将尸体撤离现场。

（2）各车站做好与OCC、救援部门之间的信息传递。

（3）如需工程车救援，车场调度按OCC要求及时安排工程车驾驶员做好工程车开行准备工作。救援列车的开行及进出封锁区参照有关维修施工管理制度规定执行。

（4）救援过程中若需移动列车，现场指挥在确认全部人员至安全区域且得到行调和公安同意后，方可通知驾驶员移动列车。

（5）若人车冲突发生在区间，现场处置完毕，线路出清后，OCC组织事发列车至前方站清客，相关车站根据OCC命令组织清客，清客完毕后通知驾驶员关闭车门并报行调。

（6）调度方面做好处置阶段行车调整工作，视情况启动公交接驳。

2）人车冲突发生在车场

（1）到达现场人员配合120、110做好人员急救工作及取证工作，维护现场秩序，保护现场；若120医护人员确认当事人已死亡，配合公安将尸体撤离现场。

（2）专业救援人员得到现场指挥许可后，采取相应的安全措施，进入现场。

（3）如需工程车救援，车场调度及时安排工程车驾驶员做好工程车开行准备工作。救援列车的开行及进出封锁区域参照有关维修施工管理制度规定执行。

（4）救援过程中若需移动列车，现场指挥在确认全部人员至安全区域且得到车场调度和公安同意后，方可通知驾驶员移动列车。

4. 应急终止

现场应急处置工作基本完成，次生、衍生灾害和事件危害基本消除，由应急指挥中心根据现场条件决定终止应急状态。线路开通后，OCC、车场调度严格按照现场限制条件组织行车。

1.3.2 区间施工（人车/车车）冲突事件应急处置参考

1. 调度方面

（1）收到列车冲突、脱轨、倾覆、撞击信息后，立即扣停开往事发区段列车，确认人员伤亡情况，确定冲突、脱轨、倾覆、撞击地点、车次、车辆号以及受影响设备。

（2）组织故障列车驾驶员、车站乘客疏散，调整全线列车运行等先期处置。

（3）根据现场抢修需求封锁相关线路区段，对相应的供电分区接触网停电。

（4）对车辆进行起复救援，若在高架区段需用吊车进行起复救援。

（5）列车起复后，需救援时，组织实施列车救援。

2. 驾驶员方面

（1）立即降弓，施加停放制动，做好列车防护。

（2）广播安抚乘客及根据调度指令配合车站做好乘客疏散。

（3）驾驶员与抢修人员做好信息沟通，按照抢修人员需求做好配合。

（4）救援结束后，根据调度命令行车。

3. 车站方面

（1）根据调度指令开启故障区段隧道应急照明，协助执行列车乘客疏散等；负责疏散、清点进出端墙门人员等。

（2）做好乘客服务，指引内、外部救援力量进入车站、开展救援。

（3）组织保安、安检、保洁、驻站工班等人员，联系驻站公安，维护好车站治安秩序。

（4）与抢修人员做好信息沟通，做好信息续报，与其他抢险队做好协调与配合。

（5）应急处置结束后，根据调度指令做好运营恢复及客运服务工作。

4. 各专业方面

（1）车辆专业收到消息后，立即组织人员携带起复救援设备、工器具赶赴现场进行列车起复救援。

（2）供电专业按照调度命令，视情况配合做好受影响区域的接触网停、送电工作。

（3）其他专业做好相关设备的检查，做好随时抢修准备，保障事故处置完毕后设备正常运行。

任务实施

任务场景	车站实训室
任务分组	在这个任务实施中，采用分组的方式进行，每6人为一组，通过自荐或推荐方式选出组长，负责本组任务实施的组织，实施过程中小组成员要相互帮忙，共同完成任务
实施过程	（1）请结合上述问题，阐述假如你是站务员，你会如何解决。 （2）请给出解决方案，形成文本。 （3）发生人车冲突导致伤亡，阐述第一时间应做什么。 （4）请给出解决方案，进行应急事故处置模拟演练，并录制视屏。

续表

任务场景	车站实训室
任务要求	（1）6人一组进行模拟演练，录制视屏展示，需要有片头及片尾，片头包括片名、班级、组别、组员姓名，及扮演角色分配等环节字幕。 （2）制作文本中须有小组成员分工说明，确定文本汇报人员，汇报时间、地点自定，并将汇报过程形成资料上交，资料文件名命名为"××班××组××（姓名）"
任务反思	（1）城市轨道交通人车冲突发生在正线应进行哪些先期处置？ （2）城市轨道交通区间发生施工（人车/车车）冲突事件，车站方面应如何处置？ （3）在任务实施过程中，在个人自身素养提升方面有哪些收获？ （4）目前在城市轨道交通列车救援过程中，运用到了那些新设备？

🔍 任务评价

序号	评价项目	评价指标	分值	自评（20%）	互评（20%）	师评（60%）	合计
1	知识目标（25分）	能熟悉人车冲突发生在车场的应对措施知识	5				
		能掌握人车冲突发生在正线的应对措施知识	10				
		能掌握人车冲突应急终止知识	10				

续表

序号	评价项目	评价指标	分值	自评（20%）	互评（20%）	师评（60%）	合计
2	能力目标（50分）	能具备人车冲突先期处置的应急处置能力	15				
		能具备人车冲突应急响应的应急处置能力	20				
		能具备人车冲突现场处置的应急处置能力	15				
3	素质目标（25分）	能具备严谨认真的工作态度和高度的责任心	5				
		能树立责任意识和规则意识	5				
		能具备事故处置时联控汇报意识	5				
		能具备严谨细致的工作作风	5				
		能逐步养成吃苦奉献、拼搏争先的爱岗敬业精神	5				
合计			100				
综合得分							

拓展阅读

×月×日上午，发生的北京地铁4号线动物园站电梯故障，造成1名男童死亡，30人受伤。据北京京港地铁公司介绍，截至目前，经过紧急治疗，事故中24名轻伤者已经出院，6名乘客继续接受治疗，均无生命危险。事故发生后，北京市质监局立即组织在全市开展自动扶梯和自动人行道安全大检查。截至6日5时，北京市已经对地铁线路内的全部扶梯进行了排查。北京地铁四号线动物园站A出口上行自动扶梯出现溜梯事故，造成数十人伤亡。扶梯作为一种城市中常见的公共设施，竟然在北京地铁站造成重大伤亡事故，也必然引发其他城市市民的忧虑和不安，人们不仅产生疑问：乘扶梯也能致死人？安全，安全，这些年全国上上下下、大会小会没少强调安全，给人感觉好像越强调事故越多，以至于有些觉得应该安全的地方也不安全了。民众连基本的安全都不能保证，还谈什么稳定和谐和幸福？安全无小事，而问题总是出在薄弱环节。有关方面应该深刻反思。预防避免发生安全事故，很重要的是监督检查，这不仅对生产领域而言，也包括社会管理尤其是城市管理。学者袁晓勐认为，目前城市安全有"重生产、轻生活，重收益、轻环境，重短期、轻长期，重地面、轻地下，遇到城市灾害也就束手无策"的倾向，概括得比较到位。在我的印象中，安全检查对象往往注重对人，而对设施有所忽视。

比如，一些城市举办大型展会、体育赛会时，总是强调把人管起来，卖菜刀实名制，甚至某赛会开幕式期间面朝体育场馆的小区居民不得在家"逗留"，需离家约5 h？包括地铁之类的公交场所，管理方对乘客翻包安检的重视程度远远超过对相关设施的安检。

据初步调查，北京地铁扶梯事故的直接原因是固定零件损坏。相关报道列出了地铁4号线近年事故有6次，这些事故无一例是检查出来的，而是运行中出现的。虽说有一些外部原因，但至少说明平时安检不到位，倘若平时注重对相关设施的安全排查，能发现不了事故隐患？

案例警示：城市轨道交通安全问题不仅仅是哪或哪个部位工作疏忽，更考验的是政府城市管理的整体水平。每次事故后，总会有强烈的"亡羊补牢"声音，但许多时候还是头痛医头脚痛医脚，缺乏举一反三的深刻反思，这同样是城市轨道交通安全的一种安全责任，更是每位城市轨道交通工作者的一份使命。

任务1.4　分析城市轨道交通区间施工突发火灾事件应急处置

任务引入

××地铁运营结束以后，在夜间施工期间，线路区间隧道施工时突发火灾，施工负责人立即报告车站综控室，车站人员进入区间开展先期处置。

假如你是值班站长，你会如何解决隧道施工时突发火灾事故？

学习目标

知识目标：

（1）熟悉城市轨道交通火灾事件的分类；

（2）了解城市轨道交通区间施工突发火灾事件的处置流程。

能力目标：

（1）能够进行区间施工突发火灾的应急处置；

（2）能够进行市轨道交通区间施工突发火灾的安全卡控。

素养目标：

（1）具备严谨、认真、细致的工作态度和人民生命健康第一责任意识；

（2）保持沉着冷静、处变不惊的工作态度；

（3）明确城市轨道交通突发火灾安全生产责任；

（4）具备交通强国、质量强国意识。

视 频

巩固提高

测 试

巩固提高

📖 知识准备

1.4.1 区间施工突发火灾的先期处置

发生区间火灾事件时，第一发现人或使用灭火器、消火栓等自救设备扑救初起火灾，防止火势进一步扩大，施工负责人立即联系相关车站，车站人员上报 OCC，根据 OCC 要求在做好自身防护的同时进入区间查看具体情况，对起火原因及火情进行初步判定，并尝试扑救初起火灾，做好相应救助工作，同时视情况拨打 119、120、110。

1.4.2 区间施工突发火灾的信息传递

火情第一发现人应在火灾事件发生后第一时间向 OCC 报告火场信息概况，OCC 接到报警信息后，立即通知当班值班主任，值班主任视情况启动相关火灾应急预案，通过相关设备设施专业，并向领导汇报火场信息。

1.4.3 区间施工突发火灾的应急处置

（1）OCC 值班主任立即启动相关应急预案，按预案要求将应急信息通知相关车站，组织做好车站人员灭火及疏散准备工作，并开启相应的通风模式，根据现场情况组织接触网停电。

（2）相关设备设施专业人员赶赴现场协助做好火灾扑救工作。

（3）如火势较大不可控且危及人身安全，所有人员在车站人员通过口头、广播的引导下迅速疏散。

（4）119 到达后，值班站长安排专人在指定出入口引导消防救援人员赶赴现场，并将现场火势具体情况进行交底，配合消防救援人员开展消防救援工作。

（5）当火灾被扑灭，可能导致事故发生的隐患消除后，各设备设施专业检查、恢复相关设备。

1.4.4 区间施工突发火灾的信息报告内容

（1）火灾发现报告人姓名、部门、职务、联系方式。

（2）火灾发生时间（时、分）。

（3）火灾发生地点（线、场、建筑名称、楼层、房间号、车站、站内位置、区间、股道、百米标等）。

（4）列车车次（或车体号）。

（5）火灾事件概况、对运营的影响及初判原因。

（6）人员伤亡情况及车辆、供电、线路等设备损坏情况。

（7）是否需要救援及需要救援的内容。

（8）其他需要说明的内容及要求。

1.4.5 施工现场作业纪律

（1）施工人员应严格按施工计划限定的时间、区段进行作业。

（2）施工开始前要做好施工人员安全教育。

（3）一般情况下，占用线路和不占用线路进行的施工作业，在运营结束并接触网停电后开始，于首列车出段前 60 min 结束。

（4）施工人员应按规定做好施工防护，确保安全。

（5）施工人员要严格做好接地线管理。

（6）施工人员须严格履行施工登记注销手续。

（7）施工人员未经允许严禁在线路轨旁存放任何设备及物品，如施工作业需要在线路轨旁存放设备及物品，须严格执行相关申报审批手续。

（8）施工人员未经审批允许严禁使用一切明火。

（9）施工结束后，施工人员须清理好现场，将所动用的设备恢复到正常使用状态并清点人员及工器具后，方准撤离施工现场。

1.4.6　报火警流程

（1）任何人发现火灾时，应当立即报警，无偿为报警提供便利，不得阻拦报警。严禁谎报火警。

（2）"119""110""122"的报警电话"三台合一"，遇火警报警电话不畅，可拨打其他号码间接报警。

（3）迅速准确地讲清详细地址、起火部位、起火物质、火势大小、已采取措施及报警人姓名和联系电话。

（4）在报警后，还应接应和引导消防车迅速到达火场。

任务实施

任务场景	车站实训室
任务分组	在这个任务实施中，采用分组的方式进行，每6人为一组，通过自荐或推荐方式选出组长，负责本组任务实施的组织，实施过程中小组成员要相互帮忙，共同完成任务
实施过程	（1）请结合上述问题，阐述假如你是站务员，你会如何解决。 （2）对上述问题请给出解决方案，并形成处置方案。 （3）写出轨行区发生火灾事件的应急预案。 （4）结合应急预案写出联控用语。 （5）模拟演练处置过程，录制视屏。

续表

任务场景	车站实训室
任务要求	（1）制作PPT中须有小组成员分工说明，确定PPT汇报人员，汇报时间、地点自定，汇报时语言流利，并将汇报过程形成资料上交。 （2）视频需要有片头及片尾，片头包括片名、班级、组别、组员姓名，及扮演角色分配等环节字幕，片尾包括谢谢观赏等字幕
任务反思	（1）城市轨道交通施工开始前要做好哪些施工人员安全教育？ （2）城市轨道交通区间施工突发火灾的信息报告内容有哪些？ （3）在任务实施过程中，个人自身素养提升方面有哪些收获？ （4）在火灾处置过程中，作为站务员应该具备怎样的工匠精神？

🔍 任务评价

序号	评价项目	评价指标	分值	自评（20%）	互评（20%）	师评（60%）	合计
1	知识目标 （25分）	掌握区间施工突发火灾的先期处置的应对措施知识	5				
		能掌握报火警流程的应对措施知识	10				
		能掌握施工现场作业纪律的知识	10				
2	能力目标 （50分）	能具备区间施工突发火灾的信息传递的应急处置能力	15				
		能具备区间施工突发火灾的应急处置的应急处置能力	20				
		能具备按规定做好施工防护的能力	15				

续表

序号	评价项目	评价指标	分值	自评（20%）	互评（20%）	师评（60%）	合计
3	素质目标（25分）	能具备严谨认真的工作态度和高度的责任心	5				
		能树立责任意识和规则意识	5				
		能具备事故处置时联控汇报意识	5				
		能具备严谨细致的工作作风	5				
		能逐步养成吃苦奉献、拼搏争先的爱岗敬业精神	5				
合计			100				
综合得分							

拓展阅读

在英国首都伦敦有一座最繁忙的地铁站——国王十字地铁站，它是伦敦市地铁的枢纽站，同时也是通往英国东北部、苏格兰和约克郡的5条主要地铁干线的交汇点，每天都要接纳30多万名乘客。1986年11月18日傍晚，这座地铁站发生了重大火灾，造成32人死亡、100多人受伤，经济损失严重。大火是从一自动扶梯的底部开始烧起来的。地铁站的自动扶梯是古老的木质电梯，极为陈旧，已有40多年的历史。大火的火势迅速蔓延，浓烟滚滚，当时在地铁站候车的乘客乱作一团，中央售票大厅到处是混乱奔跑的人。人们咳嗽、流泪，陷入无比的恐惧之中。地上横七竖八地躺着人，有的人已被烧得面目全非，受惊人们夺路而逃。地铁站的大火烧了4个小时才被扑灭。

地铁火灾发生以后，有150多名消防队员参加了灭火战斗。但是，消防队员由于没有及时获得地铁通道分布图和氧气防护面罩，灭火工作曾一度受阻。为了不让失去理智的乘客自投火海，警察和消防队员堵住一些危险出口，并从地铁站调来一辆列车，把被大火包围着的乘客运走，在整个灭火过程中，许多消防队员没有携带防毒面具，灭火工作异常艰险，但消防队员奋勇顽强并付出重大代价，2人受重伤，1人以身殉职。这次伦敦地铁大火，是有史以来世界地铁系统发生的第一次大火，对于这次大火的起因众说纷纭。

案例警示：从火灾和安全的角度来看，安全消防是城市轨道交通最重要的安全把控环节，在日常的生产活动中，要提高消防安全意识，日常加强消防演练，注重城市轨道交通日常安全风险源的卡控。

任务 1.5　分析城市轨道交通更换钢轨突发事件应急处置

任务引入

某地铁运营过程中，驾驶员发现列车在区间发生剧烈摇晃或颠簸，后续发现钢轨折断，影响运营。

假如你是站务员，你会如何解决钢轨折断突发事故？

学习目标

知识目标：

（1）熟悉城市轨道交通更换的时机；

（2）了解城市轨道交通更换钢轨的处置流程。

能力目标：

（1）能够进行城市轨道交通更换钢轨的应急处置；

（2）能够进行市轨道交通更换钢轨的安全卡控。

素养目标：

（1）具备严谨、认真、细致的工作态度和优良的工作作风；

（2）保持沉着冷静、处变不惊的工作态度；

（3）明确城市轨道交通更换钢轨安全生产责任；

（4）具备主动探索世界前沿技术的意识。

视 频

巩固提高

测 试

巩固提高

知识准备

1.5.1　钢轨伤损的原因分析

轨道伤损是指钢轨在使用过程中产生的损伤，如轨裂、轨磨等，限制了钢轨的使用性能。轨道损伤的类型主要有轨道裂纹、钢轨磨损、钢轨擦伤、钢轨核伤、钢轨锈蚀等。

1. 钢轨裂纹

在地铁运营中，钢轨裂纹是一种常见的钢轨伤损，也是最常见的钢轨伤损类型之一，随着运营时间的增加，轨道裂缝不可避免。钢轨滚动接触疲劳是裂纹产生的主要原因。钢轨裂纹的产生与轨道材料本身的缺陷、列车运行时间的延长、运行间隔的缩短、小曲线半径及曲线圆顺不良等因素有关。

2. 钢轨磨损

通过对地铁轨道磨损数据的统计分析，发现轨道纵向磨损较小，以小半径曲线外侧为主的侧向磨损占主导地位。钢轨磨损是由于钢轨在轮轨共同作用下，钢轨表面出现压溃裂纹而产生的，经过发展相互贯通后，与钢轨表面分离，从而产生轨道磨损。研磨轨道主要有垂直磨耗、侧面磨损、波形磨耗 3 种类型。

3. 钢轨擦伤

钢轨擦伤是发生在钢轨踏面上的一种金属塑性变形和分离缺陷，对线路设备的维护保养非常不利，随着擦伤深度的增加，列车的冲击力倍增，从而引起轨擦等其他病害。根据地铁钢轨损坏数据统计分析，钢轨擦伤主要发生在站线前后，这主要是由于列车在站前站后起动和制动，轮轨间产生的静摩擦力最大，轮轨极易发生滑行现象，造成钢轨擦伤。在小半径曲线上，钢轨擦伤与钢轨的侧磨、垂磨相互作用，形成恶性循环，加剧了磨耗的发展，使钢轨的垂磨、侧磨现象更加严重。

4. 钢轨核伤

由于地铁列车载重较轻，在地铁运营过程中，轨道核损伤较少。钢轨轨头轨道核损伤是一种由轨头裂纹发展而来的横向裂纹，危害极大。轨损主要与轨本身材质有关。

5. 钢轨锈蚀

目前，在地铁运营线路中发现的轨枕锈蚀现象，主要是由于轨枕上部管道滴水所致。钢轨锈蚀是由于钢轨表面与周围介质的化学作用造成的一种破坏现象，钢轨表面出现疏松，产生大量锈坑，导致钢轨有效面积减少，承载能力降低。此外，锈蚀还会对轨道电路系统产生影响，导致信号失效。

1.5.2　钢轨损伤突发事件的影响

发生在运营期间，将影响正常运营，甚至波及线网中与故障线路换乘的其他线路，造成不良社会影响；发生在非运营时间，如未及时发现和处置，危及次日行车安全，轻则扩大线路设备破坏，造成行车中断，影响运营秩序，重则发生列车脱轨倾覆，造成严重的社会影响。

1.5.3　钢轨损伤突发事件的预防措施

（1）通过日常巡检和故障抢险，查看设备状态，及时发现潜在故障因素，及时处置。

（2）发现因钢轨材质缺陷，内部存在气孔或杂质，或曲线地段钢轨发生鱼鳞掉块时，立即加强巡查，确保行车安全。

（3）在发现故障时，按照线路设备设施检修规程及时修复故障，防止故障扩大。

1.5.4　钢轨损伤突发事件应急处置流程

（1）客运、线路巡检人员或驾驶员发现钢轨出现断裂或裂纹，或发现列车在区间发生剧烈摇晃或颠簸立即向OCC报告，OCC接报故障后，按照信息通报流程做好信息流转工作，通知各相关中心抢险队做好应急抢险准备工作，赶赴故障现场抢修设备，做好信息反馈。

（2）如在非运营时间设备设施中心工务专业发现钢轨出现断裂，立即报告OCC，请求立即抢险，OCC发抢修令，相关工务专业抢险队赶赴现场，制定抢修方案经OCC同意后开展抢修工作。

（3）如在运营时间驾驶员发现列车在区间发生剧烈摇晃或颠簸，立即报告OCC，OCC接报后组织对该故障区段限速，维持线路安全运行。并通知工务专业进行添乘（必要时下轨查看），根据设备设施中心意见进行限速或组织抢修，车站、驾驶员做好配合工作。

①若可维持运营，OCC根据驾驶员反馈的列车抖动情况及设备设施中心工务专业确认意见组织该区段限速，驾驶员通过该区段加强关注，工务专业加强该区段保障。

②若无法维持安全运营，OCC立即启动相关应急预案，发布抢修令，封锁有关线路区段，及时扣停开往该区段的后续列车，组织已进入该区段的列车退回发车站，视情况启动

公交接驳预案。工务专业抢险人员携带抢险设备物资赶往现场，制定抢险方案，进行快速处置，尽快恢复运营；相关车站做好广播、清客、引导乘客出站、组织退票，组织做好公交接驳工作。

（4）抢险完成后，工务专业对故障处置进行质量回检，确认作业质量达标和满足列车的安全运营条件，报告 OCC 应急抢险结束，并出清施工现场及带出所有工器具材料。OCC 组织恢复正常运营，若存在限速需求，OCC 应组织驾驶员限速运行。

1.5.5　钢轨损伤现场抢修措施

1. 紧急处置

（1）当钢轨断缝不大于 50 mm 时，应立即进行紧急处置。在断缝处上好夹板或鼓包夹板，用急救器固定，在断缝前后各 50 m 拧紧扣件，并派人在车站值守，放行列车速度不超过 15 km/h。

（2）如断缝小于 30 mm 时，放行列车速度不超过 25 km/h。

（3）有条件时应在原位焊复，否则应在轨端钻孔，上好夹板或鼓包夹板，拧紧接头螺栓，然后可适当提高行车速度。

2. 临时处置

（1）钢轨折损严重或断缝大于 50 mm，以及紧急处置后，不能立即焊接修复时，应封锁线路，切除伤损部分，两锯口间插入长度不短于 6 m 的同型钢轨，轨端钻孔，上接头夹板，用 10.9 级螺栓拧紧。在短轨前后各 50 m 范围内拧紧扣件后，按正常速度放行列车。

（2）临时处置或紧急处置时，应先在断缝两侧轨头非工作边做出标记，标记间距离约为 8 m，并准确丈量两标记间的距离和轨头非工作边一侧的断缝值，做好记录。

3. 永久处置

（1）对紧急处置或临时处置的处所，在原锁定轨温增减 5 ℃ 以内，插入短轨进行焊复，恢复无缝线路轨道结构。

（2）采用铝热焊时，插入短轨长度等于切除钢轨长度减去 2 倍预留焊缝值。

（3）先焊好一端，焊接另一端时，先张拉钢轨，使断缝两侧标记的距离等于原丈量距离减去断缝值后再焊接。

（4）有条件时，可将垂直断缝直接采取宽焊缝铝热焊原位复焊。

（5）在线路上焊接时气温不应低于 0 ℃，放行列车时，焊缝温度应低于 300 ℃。

（6）进行焊复处置时，应保持无缝线路锁定轨温不变，并如实记录两标记间钢轨长度在焊复前后的变化量。

⚙ 任务实施

任务场景	线路轨道场地
任务分组	在这个任务实施中，采用分组的方式进行，每 5 人为一组，通过自荐或推荐方式选出组长，负责本组任务实施的组织，实施过程中小组成员要相互帮忙，共同完成任务

续表

任务场景	线路轨道场地
实施过程	（1）请结合上述问题，阐述假如你是行车调度员，你会如何解决。 （2）请给出解决方案，海报形式汇报。 （3）写出钢轨折断，需更换钢轨的应急预案。 （4）结合应急预案写出联控用语。 （5）写出更换钢轨过程中的施工登记本。
任务要求	（1）海报要彩色绘制，且突出人员配合过程及处置过程。 （2）联控用语要有人员分工，且角色对应，以文本的形式上交
任务反思	（1）城市轨道交通钢轨伤损的原因有哪些？ （2）城市轨道交通钢轨损伤突发事件的预防措施有哪些？ （3）在任务实施过程中，在个人自身素养提升方面有哪些收获？ （4）目前在施工登记中用到的电子施工系统相比传统的施工登记有哪些优势？

🔍 **任务评价**

序号	评价项目	评价指标	分值	自评（20%）	互评（20%）	师评（60%）	合计
1	知识目标（25分）	熟悉掌握轨道损伤的类型知识	5				
		能掌握钢轨损伤的预防措施知识	10				
		能掌握钢轨损伤突发事件应急处置流程的知识	10				
2	能力目标（50分）	能具备钢轨磨损的应急处置能力	15				
		能具备钢轨擦伤的应急处置能力	20				
		能具备钢轨锈蚀应急处置能力	15				
3	素质目标（25分）	能具备严谨认真的工作态度和高度的责任心	5				
		能树立责任意识和规则意识	5				
		能具备事故处置时联控汇报意识	5				
		能具备严谨细致的工作作风	5				
		能逐步养成吃苦奉献、拼搏争先的爱岗敬业精神	5				
合计			100				
综合得分							

📋 **拓展阅读**

钢轨断裂生险象火速更换保畅通

玉林铁路陆川工务工区的职工上早班时接到通知：黎湛铁路下行线 189 km 加 100 m 处的美坡站 2 号道岔左股的一出钢轨发生断裂，严重威胁列车运输安全。

险情就是命令！陆川工区马上组织 10 名职工，带着抢险工具和材料赶往故障地点。

在现场，只见下行线的 2 号道岔左股直基本轨钢轨距跟端接头约 700 mm 处垂直断裂，裂纹已延伸至轨底，如断轨得不到及时处置，后果不堪设想。

得知情况后，电务职工也迅速赶到现场协助抢险。由于附近站区没有备用的直基本轨，而 2 号道岔与上行线的 4 号道岔属于联动号道岔，施工势必中断铁路上下行两条线，使铁路运输计划受到扰乱。为把影响减少到最低程度，经工务人员反复调查论证，决定用轨距杆固定断缝两旁的轨距，再加紧前后各 50 m 的连接零件，然后把险情向行车调度汇报，联系要点进行施工。16 时 28 分，封锁时间一到，抢险人员马上各就各位，经过近 1 小时的紧张施工，顺利把故障处置完毕，2301 次客车以正常速度通过抢险地点。

任务 1.6　城市轨道交通隧道漏水突发事件应急处置

任务引入

×年×月×日，A 站至 B 站区间发生漏水事故，引发天然气爆炸，大火造成的直接经济损失达 130 万元，车站附近约有 5 400 多户居民的用电、用水、用气及电信被中断。

假如你是一名站务员，你会如何解决隧道漏水突发事故？

学习目标

认知目标：
（1）熟悉城市轨道交通隧道漏水对行车组织造成的影响；
（2）了解城市轨道交通隧道漏水的处置流程。

能力目标：
（1）能够进行城市轨道交通隧道漏水的应急处置；
（2）能够进行城市轨道交通隧道漏水的安全卡控。

素养目标：
（1）具备严谨、认真、细致的工作态度和创新文化意识；
（2）保持沉着冷静、处变不惊的工作态度；
（3）明确城市轨道交通隧道漏水安全生产责任；
（4）具有绿色环保生产的责任意识。

视频

巩固提高

测试

巩固提高

知识准备

1.6.1　地铁隧道漏水原因分析

1. 水文地质方面

由于各地水文地质情况多种多样，地铁隧道不可避免地要通过一些不良地质，而积水溶洞和地下河流等不利情况就是隧道漏水的主要水源。在这些地区，岩层往往比较破碎，岩溶发育较好，裂隙水贮藏丰富。这些水往往稳定地存在一定的空间里。而在这些地方开挖隧道时，会不可避免地打破其原有的力学平衡，导致地下水涌出，影响施工质量和安全。

2. 施工技术方面

到目前为止，地铁隧道施工技术已经比较成熟、种类繁多。现在一般采用的主要施工方法有：明（盖）挖法、浅埋暗挖法、盾构法、沉管法、冻结法等。针对不同的地质情况、环境因素和经济条件，施工单位须采用适当的施工方法，才能处置好隧道漏水问题。但是，当前一些施工单位或者建设单位只考虑经济上的节省，而忽略施工质量。一般情况下，他们就选择造价最小的施工方法，比如明挖法等；还有，当采用多种方法组合的时候，组合不当、技术接轨不佳，这些问题均可以导致隧道严重漏水。

3. 处置措施方面

（1）设计不完善。由于工程地质及水文地质条件复杂，地下结构形式多样，地下结构体与其赋存的地层之间的相互作用关系不明确，以及目前相关设计规范、设计准则和标准存在一定程度的不足，导致地铁自防水设计不完善。另外，施工组织设计不合理及施工单位擅自调整施工方案，以至于设计阶段就存在漏水风险。若在地铁结构自防水设计中，出现结构选型不当或荷载估算与真实偏差较大，在混凝土等级及配筋设计方面失误，则会导致地铁混凝土的抗裂性能不足，出现漏水问题。

（2）施工设备、操作技术不达标。各建设施工单位的施工设备及技术水平不一。由于地铁工程施工技术方案与工艺流程复杂，不同的施工方法有不同的适应条件。因此，如果不严格遵守施工方案与工艺流程，施工设备差、操作技术水平低的施工单位就无法保证工程质量。工程项目在涉及选择工程建设地址、减少对周边环境的影响、提高经济效益时会遇到很多管理决策问题。此外，在施工过程中，施工单位施工不规范及监理单位的失职，也会使工程存在极大的安全隐患。

1.6.2 地铁隧道漏水应急处置措施

1. 处置流程

（1）现场值班人员记录好故障发生的时间、地点、影响范围等相关信息，并及时向抢险负责人报告及发布抢险信息。

（2）抢险工作组在抢险负责人统一指挥下，根据故障抢险特点携带好相应的工器具材料，按照现场应急救援方案规定的职责与分工，立即前往距离故障地点最近的车站或车辆场段故障发生地点开展抢险救援工作。

（3）办理好抢险作业申请登记后，以最快速度携带工器具材料到达故障抢险地段，立即开始故障抢险并做好抢险记录，配合其他专业抢险队的抢险工作。当故障抢险超出结构抢险队的应急处置能力时，要立即报告上级部门予以协调，并做好现场的临时处置和抢险配合工作。

（4）故障排除后，抢险队负责人对故障应急处置措施施工质量进行回检，确认作业质量达标和满足列车的安全运营和人员安全，报告应急抢险结束，并撤出施工现场及带出所有工器具材料。

2. 处置措施

（1）隧道侧墙上或顶部出现严重渗漏，抢险人员应迅速执行作业登记程序，待接触网停电，并由供电专业人员挂完地线后，用引流管、引流槽固定渗漏点处进行临时引流，按照"先通后复"的原则，尽快恢复运营。

（2）待运营结束后，抢险人员按照相关维修规则和工艺手册要求进行注浆治理。迅速查找渗漏水源，关闭水源阀门，并组织人员进行积水处置，同时联系水务部门，共同查找进水水源。

（3）临时处置完毕后，现场所有没用的材料、设备、工具全部清理干净，垃圾装袋清运，道床进行检查确认确实无异物，最后用拖把将站台拖干净。

任务实施

任务场景	车站实训室
任务分组	在这个任务实施中，采用分组的方式进行，每3人为一组，通过自荐或推荐方式选出组长，负责本组任务实施的组织，实施过程中小组成员要相互帮忙，共同完成任务
实施过程	（1）请结合上述问题，作为站务员，阐述你会如何解决。 （2）请给出区间隧道漏水解决方案。 （3）写出区间隧道漏水应急预案。 （4）结合区间隧道漏水应急预案写出处置过程联控用语。 （5）3人一组模拟演练隧道漏水突发事件处置流程，录制视频报告。
任务要求	（1）解决方案、应急预案以文本方式上交，需绘制出处置流程图。 （2）需要有片头及片尾，片头包括片名、班级、组别、组员姓名及扮演角色分配等环节字幕，片尾包括字幕
任务反思	（1）城市轨道交通隧道漏水原因有哪些？ （2）城市轨道交通隧道漏水应急处置措施有哪些？ （3）在任务实施过程中，个人自身素养提升方面有哪些收获？ （4）目前在隧道防水方面都用到了哪些新型施工技术？

🔍 任务评价

序号	评价项目	评价指标	分值	自评（20%）	互评（20%）	师评（60%）	合计
1	知识目标（25分）	熟练掌握地铁隧道漏水原因的知识	5				
		能掌握地铁隧道漏水应急处置流程知识	10				
		能掌握地铁隧道漏水应急处置措施及应急处置的知识	10				
2	能力目标（50分）	能具备地铁隧道漏水原因分析的应急处置能力	15				
		能具备地铁隧道漏水的应急处置能力	20				
		能具备地铁隧道漏水联控汇报的应急处置能力	15				
3	素质目标（25分）	能具备严谨认真的工作态度和高度的责任心	5				
		能树立责任意识和规则意识	5				
		能具备事故处置时联控汇报意识	5				
		能具备严谨细致的工作作风	5				
		能逐步养成吃苦奉献、拼搏争先的爱岗敬业精神	5				
合计			100				
综合得分							

📋 拓展阅读

让钢轨在冻土上延伸——中国科学院寒区旱区环境与工程研究所赖远明院士

青藏线东起西宁，南至拉萨，翻越了唐古拉山，跨越了长江之源，9年前，全长1 956 km的青藏铁路正式通车。这条被称作铁路建设史上奇迹的"天路"克服了多个世界级困难，其中一大困难便是冻土路程最长，多年冻土地段长达550 km。钢轨要在雪域高原上得以延伸，必须让这些冻土保持冰冻。但极特殊的是，青藏高原大多是高温冻土——0 ℃以下、－1.5 ℃以上含有冰的岩石和土壤。极小的温度上浮就会让它们融化。中国科学院寒区旱区环境与工程研究所赖远明院士长达6年的研究，让数百千米的冻土在铁轨下能够坚固支撑。192天的实验，只为确定铁轨下要铺多大的碎石头。"高温冻土是个调皮分子，它极易受到工程影响以及全球气候变暖而融化，从而导致地基下沉、变形。"赖远明介绍，"天然地表－1.5 ℃，但是用粗颗粒土、混凝土等修筑路面后将比天然地表温度高出约3 ℃，这就相当于给底下的冻土安了一个热源。"

同时，全球气候变暖对高温冻土也有着不可估量的影响。"气象学家测算未来50年青藏高原的气温将上升2.2～2.6 ℃。"这2.6 ℃也必须加入减温范围。怎样让冻土温度保持零下？过去的做法通常是"被动保温"，即在地表铺上隔热材料，减少外部热量下传，然而这种被动抵御的方式并不持久。时任兰州冰川冻土研究所所长、也是赖远明恩师的程国栋院士曾提出"主动冷却路基"的方法，但主动冷却路基如何修建，这在国内外冻土工程学研究中还是一个空白。

1999年，举世瞩目的青藏铁路工程亟待上马，这一年，赖远明入选"百人计划"。事实上，当时赖远明并不完全满足"百人计划"的入选要求，"当时要求在国外具有两年以上科研工作经历的条件，我只出国学习了一年。"赖远明回忆。但在求贤若渴的程国栋院士的极力推荐下，他被破格录取了。程院士的理由是：国家太需要这样既懂土木工程、又懂冻土，并愿意扎根西部的优秀人才了！

当时的冻土专家多是地质地理专业背景，主要研究冻土的天然属性，难以在冻土路基结构设计方面提出精准的解决方案。比如国内外冻土专家都发现了一个现象：碎石层下的温度较普通土层下要低。但是要达到最好的降温效果，碎石的粒径是多少、缝隙应该多大、怎样铺设？难以得出一个量化的答案。

赖远明没有让恩师失望，经过192天16组的实验，搞清了碎石层降温的机理，提出具有良好降温效果的粒径范围是10～30 cm。这个数字突破了防止高温冻土升温的第一道难关。"我的结构力学背景派上了用场。"研究生期间攻读结构力学专业的赖远明发挥了他在弹粘塑性力学、有限元和数值分析等方面的知识技能，建立了研究冻土地区开放边界块碎石路基温度场和流场特性的数学模型，提出了分析块碎石路基对流换热降温规律的计算方法，解决了青藏铁路块碎石路基这类含有流体－固体耦合传热温度计算的关键科学难题。他在力学上的深厚功底也成为他此后屡破难题的法宝。刻苦的动力还来自一颗感恩的心。赖远明牢记读书生涯中得到的宝贵支持："上大学时，免除了我所有学费和医疗费用，国家每个月还给我21元助学金，读研究生时每个月能领到57元助学金。"不善言辞的赖远明说得实在，也只有在自己的日记中曾写下"寸草报春晖"这样对他来说最华丽的语言。

任务 1.7　城市轨道交通管道漏水突发事件应急处置

任务引入

×年×月×日，地铁 1 号线 A 站由于消防水管伸缩节开裂，导致消防水从天花板泻下，对车站内正常客运服务造成较大影响。

假如你是一名站务员，你会如何解决城轨车站天花板漏水突发事故？

学习目标

知识目标：

（1）熟悉城市轨道交通管道漏水对行车组织造成的影响；

（2）了解城市轨道交通管道漏水的处置流程。

能力目标：

（1）能够进行城市轨道交通管道漏水的应急处置；

（2）能够进行城市轨道交通管道漏水的安全卡控。

素养目标：

（1）具备稳步推进碳达峰中和的工作意识；

（2）保持沉着冷静、处变不惊的工作态度；

（3）明确城市轨道交通管道漏水安全生产责任。

视频

巩固提高

测试

巩固提高

知识准备

1.7.1　城市轨道交通给排水系统的构成

地铁给排水系统是由给水系统、排水系统两大部分组成的。

1. 给水系统

给水系统主要包括生产、生活给水和消防用水系统，应尽可能使用城市供水管网供水保证水量、水质和水压。城市供水管主要包括：引入管、水表、止回阀、电动蝶阀、给水管道、用水设备；消防管网采用环状，生活管网采用枝状直接从市政管网中引出；地下站主要生产用水，如空调冷水机组及冷却塔用水等也是从生活管网上接至用水点；生活给水管材主要采用复合塑料管，消防给水管材主要采用镀锌钢管及球墨铸铁管以增加耐腐蚀性。

2. 排水系统

排水系统主要包括地铁车站乘客用及站务人员卫生间的污水；地铁车站地面冲洗废水；区间隧道渗漏水；集中空调冷凝水；风亭、车站等出口雨水；消防灭火、管道破裂时的事故水等。排水系统应及时将消防废水、结构渗漏废水、车站冲洗废水、雨水、卫生间粪便污水、盥洗污水等进行处置，分别排入城市污、雨水管网系统。

1.7.2　地铁管道漏水应急处置措施

1. 处置流程

（1）现场值班记录好故障发生的时间、地点、影响范围等相关信息，并及时向抢险负责人发布故障抢险信息。

（2）抢险队接到故障抢险信息后，根据故障抢险特点携带好相应的工器具材料，立即前往故障发生地点。

（3）办理好抢险作业申请登记后，携带工器具材料到达故障抢险地段，开始故障抢险并做好抢险记录，其他配合的专业抢险队进行抢险工作。当故障抢险超出运营室抢险队的应急处置能力时，要立即报告上级部门予以协调，并做好现场的临时处置和抢险配合工作。

（4）故障排除后，抢险负责人对故障应急处置措施进行回检，确认满足列车的安全运营和人员安全要求，报告应急抢险结束，并撤出施工现场及带出所有工器具材料。

2. 处置措施

1）车站水管爆裂的现场应急处置措施

（1）现场人员及时将情况上报综控室，并且由站务人员先行关闭该区域的阀门以截断水源，控制阀门出现不能够完全关闭时，尽量打开同一管路上爆管位置相邻阀门开关，以减轻管路水压或剩余水量，尽量把影响降至最低。

（2）站务人员维持现场秩序，放置提示标志，综控广播提示乘客，以免造成不必要的恐慌。

（3）排水完成后站务人员组织保洁对过水区域进行清扫作业，确保地面干净无水渍，避免因地面湿滑对乘客造成伤害。

（4）抢险人员接到故障后，立即组织人员迅速携带对应的工具、备件前往故障地点抢修，到达事故现场后，应先确认漏水管道上的控制阀门是否关闭严密，检查该区段排水设施是否正常，保证车站的正常运营，将爆管的影响降至最低。

（5）找到爆管点，以最快的速度修复爆管处，恢复车站相关区域的供水。

（6）若爆管处位于非公共区，应立即处置，更换相关管件，高效地完成爆管点的修复；若爆管处位于公共区，先找出爆管点，分析爆管原因，确定当时修复或待列车收车时修复。

（7）爆管修复完后应打开阀门重新试压，检查是否存在漏水隐患，确认是否已完全修复。

（8）确认水管爆管修复完毕后，撤去提示标志，打开相关阀门，恢复正常供水。

2）隧道区间消防水管爆裂的现场应急处置措施

（1）现场人员及时将情况上报控制中心，并视情况做相应的措施。

（2）控制中心接到现场报告的故障信息后，下发指令，并通知车站综控室。

（3）综控室先行关闭爆裂管段两端车站站台的消防蝶阀（包括手动和电动），设置警示标志，并由综控室通知综合维修抢险队。

（4）抢险队接报故障后，立即组织人员迅速携带对应的工具、备件前往故障地点抢修。

（5）抢险人员到达事故现场后，应先确认漏水管道上的控制阀门是否关闭严密，检查该区间排水设施是否正常。

（6）检查该区间积水情况，并根据检查情况决定是否立即组织抢修，是否启用应急排水泵。

（7）若不直接影响列车安全运行，可以不需立即进行抢修，向综控室说明情况后，当日运营结束后进行抢修。

（8）若不能保证列车安全运行，需立即进行抢修，向综控室汇报情况，进行清点，进入区间进行抢修。

（9）抢险人员确定爆管长度，用活动扳手在两端将柔性卡箍拆下，然后将运送的镀锌钢管割好并对好位，经确认无误后，再装上柔性卡箍。

（10）爆管修复完后应打开阀门重新试压，抢险队人员检查是否存在漏水隐患，确认是否已完全修复。确认水管爆管修复完毕后，撤去提示标志，打开相关阀门，恢复正常供水。

🔧 任务实施

任务场景	车站实训室
任务分组	在这个任务实施中，采用分组的方式进行，每5人为一组，通过自荐或推荐方式选出组长，负责本组任务实施的组织，实施过程中小组成员要相互帮忙，共同完成任务
实施过程	（1）请结合上述问题，作为车站值班员，阐述你会如何解决。 （2）结合任务问题，给出解决方案。 （3）写出车站管道漏水应急预案。 （4）结合车站管道漏水应急预案写出处置过程联控用语。 （5）针对车站管道漏水解决方案，角色扮演解决方案，并进行演练录制视屏。 （6）写出车站管道运用到的调度命令。
任务要求	（1）进行该事故故障分析，给出解决方案，并按照应急预案编写方式，编写相应应急预案，文本形式上交。 （2）录制事故应急处置演练视屏，并将事故应急处置演练视屏转化为二维码上交，要突出岗位之间的配合度，且语言流畅，安全卡控点到位

续表

任务场景	车站实训室
任务反思	（1）城市轨道交通管道漏水原因有哪些？ （2）城市轨道交通管道漏水应急处置措施有哪些？ （3）在任务实施过程中，个人自身素养提升方面有哪些收获？ （4）目前在车站设备维护运用到的BIM新技术对于车站日常施工维护有何提升？

🔍 任务评价

序号	评价项目	评价指标	分值	自评（20%）	互评（20%）	师评（60%）	合计
1	知识目标（25分）	熟练掌握城市轨道交通给排水系统构成的知识	5				
		能掌握管道隧道漏水应急处置流程知识	10				
		能掌握地铁管道漏水应急处置措施及应急处置的知识	10				
2	能力目标（50分）	能具备地铁管道漏水原因分析的应急处置能力	15				
		能具备地铁管道漏水的应急处置能力	20				
		能具备地铁管道漏水联控汇报的应急处置能力	15				

续表

序号	评价项目	评价指标	分值	自评（20%）	互评（20%）	师评（60%）	合计
3	素质目标（25分）	能具备严谨认真的工作态度和高度的责任心	5				
		能树立责任意识和规则意识	5				
		能具备事故处置时联控汇报意识	5				
		能具备严谨细致的工作作风	5				
		能逐步养成吃苦奉献、拼搏争先的爱岗敬业精神	5				
合计			100				
综合得分							

拓展阅读

国内相关地铁漏水事故案例

×地铁：×日×时×分许，一段×地铁施工工地突然发生路面大面积塌陷事故，造成严重的人员伤亡和大面积的财产损失。这就是震惊全国的"11·15×地铁事故"。截止至24日死亡人员已确认为17人，另有4名失踪人员仍未找到。事故现场一万多立方米淤泥已经被清理掉一半，之前预计大部分遇难者被埋在基坑底部，随着清淤工作的进行，这个猜测也被证实。

×地铁十号线已经发生了多次事故：×年×月×日，位于×区熊猫环岛的地铁十号线22标段发生坍塌事故，至少400 m²范围的基坑塌陷10余米。事故造成一根直径1.4 m的自来水管悬空，一根直径60 cm的水管断裂，一辆翻斗车被埋在土中。事故没有造成人员伤亡。×年×月×日，东三环路京广桥东南角辅路污水管线发生漏水事故，污水灌入地铁十号线施工区间段，导致三环路南向北方向部分主辅路塌陷，施工人员安全撤离，未造成人员伤亡。

案例警示：城市轨道交通多属于地下隧道，一旦隧道或者车站内发生漏水事故，将会对行车安全、客运安全造成极大的危害，甚至危害生命安全。因此在日常运营过程中，要加强漏水事件应急演练，同时车站配备相应的应急防洪设施，用于日常应急演练及漏水事件的应急处置。

任务1.8　城市轨道交通接触网、线缆断裂突发事件应急处置

 **任务引入**

　　×年×月×日16：00，地铁线路下行区间接触网 R15－16 支柱处横向连接电缆固定扎带因疲劳、腐蚀发生断裂，导致一根横向电连接电缆逐渐下垂侵入受电弓动态包络线，与电客车受电弓发生碰撞及撞弓，造成受电弓损坏以及接触网吊弦拉断、定位器脱落、接触线断线。该区间列车第4、5节车厢报牵引设备重大故障，列车失去牵引力，故障造成下行区间中断行车2小时11分，上行区间中断行车约1小时24分。接触网抢修人员进入轨行区现场检查，对故障部位进行清理、维修，故障车由工程车连挂返回车辆段。

　　假如你是行车调度员，你会如何解决下列行车问题：

　　(1) 故障区域处于线路中段，应如何组织行车？

　　(2) 故障区域处于线路一端，应如何组织行车？

学习目标

认知目标：

(1) 熟悉城市轨道交通接触网、线缆断裂对行车组织造成的影响；

(2) 了解城市轨道交通接触网、线缆断裂的处置流程。

能力目标：

(1) 能够进行城市轨道交通接触网、线缆断裂的应急处置；

(2) 能够进行城市轨道交通接触网、线缆断裂的安全卡控。

素养目标：

(1) 具有制造强国的理想职业追求；

(2) 保持沉着冷静、处变不惊的工作态度；

(3) 明确城市轨道交通管道漏水接触网、线缆断裂安全生产责任；

(4) 具备扎根一线的劳动精神与奋斗精神。

视　频

巩固提高

测　试

巩固提高

知识准备

1.8.1　弓网故障应急处置参考

1. 调度方面

(1) 收到故障信息后，结合现场实际，发布乘客疏散及关站指令，并调整行车组织。

(2) 组织对受影响区域接触网停、送电。

(3) 根据现场需求组织列车救援、驶离故障区域。

(4) 处置结束后，组织各专业检查设备、恢复行车及客运服务。

2. 驾驶员方面

(1) 驾驶员发现异常立即报告行调，按行调命令执行。

(2) 通过列车广播安抚乘客。

(3) 需抢修时，配合车站做好乘客疏散，做好现场沟通及信息续报，与其他专业做好

协调与配合。

（4）弓网故障处置完毕后，根据行调命令行车。

3. 车站方面

（1）根据指令开启隧道应急照明、执行乘客疏散等。

（2）做好乘客服务，指引内、外部救援力量进入车站开展救援。

（3）组织保安、安检、保洁、车站工班等人员，联系驻站公安维护好车站治安秩序。

（4）与抢修人员做好信息交流与沟通，做好信息续报；与其他抢险队做好协调与配合。

（5）应急处置结束后，根据指令做好运营恢复工作。

4. 各专业方面

（1）接触网专业收到弓网故障信息后，立即组织人员携带应急工器具赶赴现场进行救援。

（2）接触网断线时，接触网未停电挂地线前，任何人不得接近断线落下地点。

（3）接触网专业向调度请求故障区域接触网停电，配合接挂、撤除地线。

（4）车辆专业根据现场情况将事故受电弓强制降弓或破拆，切断弓网气路阀，并对受电弓绑扎固定牢固。

（5）待故障列车被救援、驶离受影响区域后，接触网专业检查受影响区域接触网受损情况，并做好应急处置。

（6）其他专业按照应急抢险组组长的指令，做好相关设备的检查工作，保障弓网故障处置完毕后设备正常运行。

1.8.2　供电中断应急处置参考

1. 调度方面

（1）调整供电方式，与地调沟通协调组织送电及恢复。积极与供电局调度联系，确认地方电力系统网络的运行情况，初步判断故障影响范围，确定故障期间的过渡措施及恢复供电所需要的时间，进行相关倒闸操作，并通知供电专业现场保障及故障抢修。

（2）与车站、驾驶员确认停电信息，驾驶员尽量维持列车进站；初步判断30 min内恢复供电，组织列车在受影响区域的站台开门或在区间待令并调整行车组织；若在30 min内不能恢复供电，立即下达关站、乘客疏散命令。供电恢复后，通知车站、驾驶员及各专业检查设备，恢复行车和客运服务。

2. 驾驶员方面

（1）驾驶员发现接触网停电后，尽量维持列车进站，并及时报告行调，按调度命令执行。

（2）通过列车广播，对乘客进行安抚。

（3）按照行调指令，配合车站做好乘客疏散，做好列车防护措施。

（4）接触网恢复供电后，根据行调命令投入运营服务。

3. 车站方面

（1）车站工作人员做好乘客服务，根据调度指令执行乘客疏散和车站关站等命令。

（2）发生乘客受伤及时拨打120，协助实施现场紧急救护。

（3）直梯内有人员被困时对被困人员进行救助。

（4）组织保安、安检、保洁、驻站工班等人员，联系驻站公安，维护好车站治安秩序。

（5）与抢险救援组做好信息交流与沟通，做好信息续报；与其他抢险队做好协调与配合。

4. 各专业方面

（1）供电专业接报故障信息后，立即赶赴故障现场进行确认，并及时向调度汇报现场情况。

（2）供电专业根据调度指令做好设备倒切时的现场确认工作，调度无法远方操作时根据调度命令进行现场操作；根据故障报文做好故障设备的故障确认与设备抢修工作；恢复供电后，做好相关设备的恢复和状态确认工作。

（3）机电相关专业对停电车站机电设备的运行情况进行检查，确保应急电源和应急照明正常投入；解救直梯被困人员；密切注意积水井水位变化。恢复正常供电后，做好相关设备的恢复工作。

（4）信号、通信、车辆、工建相关专业按照抢险救援指令，做好各自设备设施检查巡视，必要时关闭相关设备；恢复供电后，及时恢复和保障设备正常运行。

🔧 任务实施

任务场景	线路轨道场地
任务分组	在这个任务实施中，采用分组的方式进行，每5人为一组，通过自荐或推荐方式选出组长，负责本组任务实施的组织，实施过程中小组成员要相互帮忙，共同完成任务
实施过程	（1）在上述问题中故障出现，使该区间列车第4、5节车厢报牵引设备重大故障，作为车站值班员，阐述你会如何解决。 （2）结合车辆故障，请给出解决方案。 （3）写出接触网故障应急预案。 （4）结合应急预案写出处置过程联控用语，绘制海报。 （5）结合故障处置流程填写行车日志。

续表

任务场景	线路轨道场地
任务要求	（1）进行该事故故障分析，给出解决方案，并按照应急预案编写方式，编写相应应急预案，文本形式上交。 （2）海报 A3 彩色绘制上交，突出演练角色分工。 （3）行车日志要填写完整
任务反思	（1）城市轨道交通弓网故障的原因有哪些？ （2）城市轨道交通供电中断的原因有哪些？ （3）在任务实施过程中，在个人自身素养提升方面有哪些收获？ （4）目前在供电系统故障监控中，ISCS 系统运用到了哪些新技术，增加了哪些新的功能？

🔍 任务评价

序号	评价项目	评价指标	分值	自评（20%）	互评（20%）	师评（60%）	合计
1	知识目标（25 分）	熟练掌握城市轨道交通弓网故障的知识	5				
		能掌握城市轨道交通供电中断知识	10				
		能掌握城市轨道交通供电中断车站处置流程知识	10				
2	能力目标（50 分）	能具备城市轨道交通弓网故障的应急处置能力	25				
		能具备城市轨道交通供电中断的应急处置能力	25				

续表

序号	评价项目	评价指标	分值	自评（20%）	互评（20%）	师评（60%）	合计
3	素质目标（25分）	能具备严谨认真的工作态度和高度的责任心	5				
		能树立责任意识和规则意识	5				
		能具备事故处置时联控汇报意识	5				
		能具备严谨细致的工作作风	5				
		能逐步养成吃苦奉献、拼搏争先的爱岗敬业精神	5				
合计			100				
综合得分							

拓展阅读

郑州市轨道交通有限公司杰出青年员工先进事迹

曲泽超现任设施设备部机电室屏蔽门专业技术工程师。2013年10月从713研究所来到公司，一直从事屏蔽门专业的技术管理工作。入司以来，分别获得公司级"党员先锋示范岗"和分公司级"技术提升活动先进个人""优秀培训师"等荣誉称号。

1. 锤炼思想，提高境界，永葆共产党人本色

曲泽超同志在思想上严格要求自己，在大是大非面前立场坚定、旗帜鲜明，始终与党中央保持高度一致，工作中，他认真执行党的各项方针、路线、政策。他关心国家大事，运用学到的政治理论知识来指导自己的实际工作，时刻不忘"与时俱进、开拓创新"的时代责任与担当。工作之余，曲泽超同志积极参加党总支组织开展的各项学习和活动，在活动中表现积极，在学习中表现突出。在党组织的培养和锤炼下，曲泽超同志在思想和工作上日趋成熟，目前已经成长为公司的青年骨干力量，2014年度该同志被公司授予"党员先锋示范岗"荣誉称号。

2. 工作认真，爱岗敬业，默默奉献在基层

曲泽超同志在担任屏梯技术主管期间，始终以身作则，思想上不等不靠不要，工作上想公司之所想、急公司之所急。他勤奋好学、集思广益、善于总结、善于钻研。工作中，他采取各种措施和办法来提升工人的业务水平和劳动效率，他采取的"传他手艺、帮他提高、带他进步"的工作思路，使工班一线员工在段时间内从技术零储备成长为技术扎实、操作熟练的技术工人，并引导员工从单兵作战发展为互帮互助协同作业，工作从自检提升为互检他检，经过近一年时间的努力，曲泽超同志成功地打造出了一支能维修、敢维修、会维修的精英维修团队。

曲泽超同志作为一名共产党员，始终积极发挥着先锋模范作用，2014年11月6日晚，市体育中心站要进行屏蔽门年检作业，曲泽超同志作为工程师和现场负责人，他积极要求重点监控作业，到达车站现场后，立即开始清点作业，曲泽超同志核对了一下时间，已经是凌晨快一点了，距离检修开始时间已经超过一个半小时了。按照正常工作进度，年检项目任务肯定完成不了。他当机立断，根据工作现场任务量及人员情况，利用简短的时间进行了合理有效的策划与分工。随后，他拎起工具，与同事们一道投入年检作业中去，大家各司其职、埋头苦干，单调的击打声已变成一曲曲动听的交响乐，它驱除了困倦与疲乏，带来了快乐与振奋。凌晨4点前，他们圆满地完成了这项重要的检修任务，看着大家额头渗出的汗水，曲泽超同志脸上露出了欣慰的微笑。

3. 积累知识，善于总结，争做技术创新带头人

在技术管理方面，曲泽超同志善于归纳、善于总结，他根据屏蔽门专业特色，结合日常故障情况，编制出了屏蔽门典型故障案例分析20多篇，针对重大故障，编制出了屏蔽门《应急处置指南》《应急预案》《应急处置程序》等共5本，使一线员工在处置故障时，做到有章可依，并能够在短时间内迅速掌握常见故障处置技巧。针对特种设备电扶梯多次客伤事件，他多次组织召开技术专题分析会，经过讨论与论证，制定出了科学合理、安全高效、切实可行的改造方案，通过在地铁站进出口加装174台电扶梯语音播报装置，极大地降低客伤概率，提升了地铁运营服务品质。曲泽超同志在完成日常业务工作之余，注重科技成果的积累，自入职以来，他先后组织完成了滑动门导靴脱落改造、端门锁改造及屏蔽门防夹人挡板改造等工程项目，通过改造项目的实施，端门锁故障率也明显下降。鉴于此，曲泽超同志荣获了2015度"技术提升活动先进个人"荣誉称号。

4. 锤炼团队，强化管理，做最有力的执行者

在精细化管理方面，曲泽超同志善于抓住工作中问题的实质，并提出有效的解决办法。在他负责郑州地铁1号线运维过程中，他先后组织并主持召开了10多次故障专题分析会。其中PEDC作为屏蔽门系统的心脏，出现故障后会造成电客车晚点，给市民出行带来很大麻烦。在处置PEDC故障过程中，他组织维修团队员工利用示波器等精密仪器对PEDC偶发故障进行连续检测，经过20多个昼夜的不间断诊断，抓取了6 000多条初始数据，他凭借精湛的专业知识，经过反复分析、论证、试验，最终使问题得到了彻底解决，并为以后深入分析设备重大故障，提供了重要依据。目前，在运营公司，曲泽超带领的精细化维修团队已经成为公司精细化管理的典范。

青春是一首歌，回荡着欢快、美妙的旋律；青春是一幅画，镌刻着美丽、浪漫的色彩。曲泽超同志在平凡的运营工作岗位上兢兢业业、积极进取，他用勤勉踏实的工作作风，默默无闻的奉献精神，给无悔的青春增添了更加亮丽的色彩。他将继续脚踏实地、默默无闻、无私奉献，在平凡的工作岗位上，用自己的实际行动，追求着自己的人生理想，实现着自己的人生价值，诠释着对工作的忠诚与担当。

项目1　城市轨道交通施工作业综合演练实训手册

手册

巩固提高

项目 2
城市轨道交通联调联试突发事件应急处置

项目描述

城市轨道交通建设是一个包含多专业的巨大系统工程，在必要的车站隧道等土建工程完成后，还需要进行系统建设：自动售检票设备、电扶梯、屏蔽门、车辆以及保障车辆运行和电力等，还有乘客看不到但却与整个地铁运营息息相关的通信信号、综合监控、通风空调，这些系统设备的建成、调试与正常运行是新线开通后安全运营的坚实基础，重要性不言而喻。联调联试标志着各设备系统开始从安装、单体调试阶段逐步进入系统间相互磨合和整体运转阶段。本项目对城市轨道交通联调联试中隧道水冲洗、钢轨预打磨、冷滑、热滑、动车调试等各类突发故障、事件进行分析并开展应急处置。

任务 2.1 分析城市轨道交通隧道水冲洗突发事件应急处置

任务引入

×日×城市轨道交通×号线夜间隧道冲洗过程中，因区间电路跳闸导致部分区间照明关闭，影响了施工组织作业。

假如你是一名站务员，请结合案例写出该故障的原因分析，并形成该故障的处置思路或处置方案。

学习目标

知识目标：
（1）熟知隧道水冲洗的目的；
（2）熟知冲洗的方式。

能力目标：
（1）能预想隧道冲洗过程中可能发生的突发事件；
（2）能具备隧道冲洗过程中突发事件的应急处置基础知识。

素质目标：
（1）具备城市轨道交通隧道水冲洗综合业务素质；
（2）掌握城市轨道交通隧道水冲洗基础知识，避免忙中出错；
（3）具备突发事件提前预想、预判、预防的能力；

视频

巩固提高

（4）树立质量强国的理念。

知识准备

在城市轨道交通建设过程中，会遗留较多建筑粉尘，粉尘附着在隧道壁上或堆积在排水沟内，当调试阶段开始动车调试后，电客车行驶所带动的气流会逐渐将这些粉尘吹起，弥漫在隧道内，严重影响行车安全和调试人员安全。因此在动车调试前，由建设单位组织对隧道进行多次水冲洗，确保隧道环境整洁及工程顺利移交。

测试

巩固提高

2.1.1 隧道水冲洗目的

隧道水冲洗是在调试接管区间施工结束后、冷滑开始前，在区间具备水源及排水功能的条件下，联调方组织人力对区间地面、排水沟及疏散平台上的垃圾、灰尘进行清洗，对隧道顶部、侧壁、道床、排水沟的浮尘、灰尘进行冲洗。由于在联调联试阶段，隧道风机也处于调试中，无法投入使用，因此在接管轨行区后，联调方会组织对隧道进行冲洗，确保隧道环境整洁。

2.1.2 隧道冲洗方式

隧道冲洗采用轨道车牵引专用的全断面隧道冲洗车进行，该装置能够完成隧道壁面、路基和排水沟的机械化清洗工作。隧道壁面可以全截面清洗，也可分段选择避开电气设备进行清洗，针对壁面与轨道的不同工况采用不同的清洗压力从而保证良好的清洗效果。

2.1.3 隧道冲洗的应急响应

隧道冲洗时，可能会发生的突发事件有人员擅入轨行区；区间内排水不满足冲洗要求，冲洗水漫过钢轨、区间；隧道内路基及排水沟壁上附着大的建筑垃圾、淤泥，影响水冲洗效果；轨道车故障需救援；超限等。

1. 准备及人员安排

（1）隧道水冲洗，一般由施工单位负责。

（2）清洗前，施工单位应将区间内的施工材料及施工器具堆放整齐，避免被当成废料清理。

（3）隧道冲洗前，施工单位应做好各专业设备的污水防护措施，防止水淹损坏设备。

（4）对隧道冲洗人员进行安排，轨道车驾驶员负责驾驶轨道车，确保行车安全；随车调度，安排轨道车径路线，监督隧道清洗工作，随时报告清洗进度；安全员，负责行车安全及施工安全，发现问题及时制止纠正。

2. 制定应急处置方案

1）人员擅入轨行区应急处置

驾驶员发现有人员在轨行区时，立即停车，报随车调度。如擅入人员到达安全地点后驾驶员鸣笛动车前往下一站；若列车已经撞上擅入人员，经随车调度下车确认，并将现场情况报告指挥人员，待事故处置完毕，经公安人员同意后，按照行调指示动车。

车站发现或接报有人员擅入轨行区时，立即报告相关指挥人员，排查是否在车站施工人员擅入轨行区；接调度指令现场配合处置和取证；发生撞人事件后立即拨打120，待公安到达现场后协同公安进入轨行区取证。

2）隧道内积水影响轨道车运行

隧道内水冲洗时，因排水不畅，导致区间积水漫过轨面后，轨道车驾驶员立即停车，停止隧道水冲洗。随车调度安排设备标段人员下线路排查积水原因，使用排水泵等对积水部位进行排水，查找排水不畅原因。待积水排净，区间排水设施恢复后，按施工计划完成隧道水冲洗施工作业。

3）轨道车故障救援

隧道水冲洗施工作业时，发生发电机故障或轨道车故障无法动车，且长时间无法恢复时，由驾驶员将此情况报告随车调度，由随车调度协调安排场段工程车调至牵引隧道冲洗车的轨道车处，等候救援。

救援列车应距被救援车 15 m 外停车，以 5 km/h 速度接近故障轨道车 3 m 处一度停车，听候救援负责人（故障轨道车随车调度）的指挥连挂，由救援列车驾驶员牵引回段。

3. 熟悉应急处置机制及流程

进行隧道水冲洗各相关人员，特别是随车调度、轨道车驾驶员、隧道清洗人员，必须熟悉应急处置机制及流程，确保能在发生突发情况时做出快速、正确反应，避免人身伤害和安全事件的发生。

任务实施

任务场景	校内实训室
任务分组	在这个任务实施中，采用分组的方式进行，每 5 人为一组，通过自荐或推荐方式选出组长，负责本组任务实施的组织，实施过程中小组成员要相互帮忙，共同完成任务
任务实施	各小组根据以上任务描述，完成以下任务实施过程。 （1）请结合案例写出该故障的原因分析，并形成该故障的处置方案。 ①原因分析。 请说明导致本次故障的可能原因有哪些？有哪些风险？ ②准备工作。 请说明该故障时的准备及人员安排。 ③设备分析。 请说明处置该故障时应采用哪种设备？ （2）结合冲洗隧道作业，写出冲洗隧道中注意哪些安全因素，应采取哪些措施进行隧道冲洗，并如何联合控制施工列车开行，写出其步骤，并 PPT 汇报。

任务场景	校内实训室		
任务要求	（1）提交的故障处置方案需包括原因分析、风险分析、准备工作、设备选择、处置过程等内容，报告封面须有小组成员分工说明及成员贡献率，形成纸质版资料上交； （2）提交汇报PPT需满足以下要求：汇报PPT应包括安全分析、采取措施、具体的操作步骤等；每组提交一份，首页应标明小组成员分工说明；文件名命名为"××班××组××（姓名）"		
任务反思	（1）导致此类故障的因素有哪些？ （2）掌握的实操技能有哪些？ （3）在任务实施过程中，在个人自身素养提升方面有哪些收获？ （4）在处置该故障时应如何做才能践行工匠精神？		

🔍 任务评价

序号	评价项目	评价指标	分值	自评（20%）	互评（20%）	师评（60%）	合计
1	知识目标（25分）	熟知隧道水冲洗的目的	10				
		熟知冲洗的方式	15				
2	能力目标（50分）	能预想隧道冲洗过程中可能发生的突发事件	25				
		能具备隧道冲洗过程中突发事件的应急处置基础知识	25				
3	素质目标（25分）	具备城市轨道交通隧道水冲洗综合业务素质	5				
		掌握城市轨道交通隧道水冲洗基础知识，避免忙中出错	5				
		具备突发事件提前预想、预判、预防的能力	10				
		树立质量强国的理念	5				
合计			100				
综合得分							

拓展阅读

×日早晨5时18分许，兰新铁路发生列车与铁路施工人员相撞事故，导致9人遇难，无受伤人员，事发路线已恢复通行。

兰州铁路局通报，4时06分至7时06分，按照兰新线天窗施工计划，在兰新铁路玉石至金昌区封闭下行线，武威工务段进行大机维修作业，此时上行线仍处于正常运行状态。天窗施工指在铁路24小时不间断的运行图内不铺画列车运行线或减少列车运行次数，为铁路维修养护、施工预留的空闲时间。

5时18分，铁路部门施工作业人员侵入兰新线上行线，在K361+402 m处与正在运行通过的乌鲁木齐至杭州的K596次列车发生碰撞，导致9人遇难。事发线路弯较急，曲线半径为596.1 m。6时43分，兰新铁路运输恢复正常。

根据中国铁路交通事故等级规定，造成3人以上10人以下死亡为较大事故，这起事故即属于较大事故。

兰州铁路局的内部《事故速报》显示，9名逝者全部为兰州铁路局武威工务段工人，均为劳务外包人员。×日共有59人参与作业。此外，事故地点不在原计划的维修区间内。规定的维修作业区段为K361+900 m至K367+800 m处，而事故发生地为K361+401 m处。

一位在铁路系统从业超过20年的人士告诉《财经》记者，劳务外包在铁路系统比较普遍，很多工务段大量招募农民工进行作业。不少劳务工即使培训后也不完全必备铁路人员的专业素质，平时的施工维修工作有时也不能按时完成，人员伤亡事故偶有发生。

兰州铁路局表示，接到事故报告后，铁路部门迅速启动突发事件应急预案，全力开展救援善后工作。铁路部门向遇难人员表示沉痛哀悼，向遇难者家属表示慰问。后续将全力做好善后工作，彻底调查事故原因，全力杜绝类似事故发生。

案例警示：基础不牢、地动山摇，没有安全、一切白谈！通过上述案例，我们应牢牢记住：只有在工作中高度树立尽职履责的责任意识，才能在团队中发挥好个人力量。做到不伤害自己、不伤害他人、不伤害集体，是干好工作的基础，我们要将安全这个主题牢牢抓在自己的手里。

任务2.2　分析城市轨道交通钢轨预打磨突发事件应急处置

任务引入

×年×月，地铁某线路区间小半径曲线钢轨开始出现滚动接触疲劳（图2.1），经过一年的观察，目前钢轨滚动接触疲劳有所发展（图2.2），其中在曲中两侧较为明显，并伴有掉块（图2.3）。

该线路轮轨噪声较开通时有较明显增大。根据现场轨道检查数据及添乘情况来看，噪声较大地段，普遍存在钢轨接触疲劳裂纹及掉块，因此，初步判断造成轮轨噪声增大原因为钢轨滚动接触疲劳。

图2.1 2012年12月份钢轨接触疲劳

图2.2 2013年11月份钢轨接触疲劳

曲线上股作用边有连续不规则性掉块，掉块长度最长5 mm、宽度最宽3 mm、深度最深2 mm，如图2.4所示。

图2.3 半径350 m曲线下股变坡点处接触疲劳麻粒掉块

图2.4 半径350 m曲线上股接触疲劳掉块

学习目标

知识目标：

（1）学习联调联试钢轨预打磨发生突发事件类型；

（2）熟知钢轨预打磨发生突发事件应急处置知识。

能力目标：

（1）具备城市轨道交通钢轨预打磨期间故障应急处置能力；

（2）能正确运用城市轨道交通钢轨预打磨期间故障应急处置时的联控用语。

素质目标：

（1）具备城市轨道交通钢轨预打磨综合业务素质；

（2）掌握城市轨道交通钢轨预打磨基础知识，避免忙中出错；

（3）具备突发事件提前预想、预判、预防的能力；

（4）培养精益求精的劳动精神。

视 频

巩固提高

测 试
巩固提高

知识准备

城轨列车与轨道之间的相互作用关系即轮轨关系，是制约乘客乘坐列车的安全性、舒适性及平稳性的关键因素。一方面，线路的高平顺性及曲线半径的合理配置可减小列车的振动和轮轨间的动力作用，使行车的安全和平稳舒适性能得到保障，轨道和列车走行部件的寿命和维修周期也随之延长；而列车的垂向、横向作用力又反过来明显影响轨道及路基

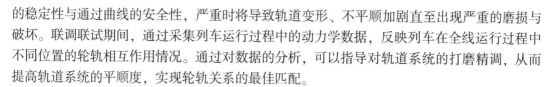

的稳定性与通过曲线的安全性，严重时将导致轨道变形、不平顺加剧直至出现严重的磨损与破坏。联调联试期间，通过采集列车运行过程中的动力学数据，反映列车在全线运行过程中不同位置的轮轨相互作用情况。通过对数据的分析，可以指导对轨道系统的打磨精调，从而提高轨道系统的平顺度，实现轮轨关系的最佳匹配。

2.2.1 钢轨基本知识介绍

钢轨是轨道的主要组成部分，它的功能是引导车辆的车轮前进，承受车轮的压力，并传递到轨下结构，因此，要求钢轨能为车轮提供可连续、平顺的滚动轨面。

钢轨的外形可分为轨头、轨腰和轨底三部分，截面为工字形。

钢轨的工作条件十分复杂，车轮施加于钢轨上的作用力，其大小、方向和位置都具有很大的随机性，它主要承受轮载作用下的弯曲应力，中轮轨接触点承受接触应力。当轮轨关系良好时，轮轨接触点在钢轨顶面中心，此时，钢轨承受正压力，当轮轨关系不好时，轮轨接触点偏离，此时，钢轨承受扭力。在曲线钢轨上，由于外轨设置超高，钢轨还要承受水平方向的推力。在温度变化下，钢轨内部产生温度应力。根据以上各种受力情况，钢管中荷载及温度作用下，将发生压缩、伸长、扭转、压溃、磨耗、裂纹等各种复杂的变形。

2.2.2 轨型选用

城轨线路正线采用 60 kg/m 轨，站场线路除试车线、出入场线采用 60 kg/m 轨以外其余均采用 50 kg/m 轨。由于小半径曲线的因素，城轨线路正线近年来采用 PD3 轨，目前，该钢轨已更名为 U75 V。铺设普通线路的钢管一般都制有螺栓孔，铺设无缝线路的钢轨都不预制螺栓孔。

2.2.3 钢轨滚动接触疲劳伤损原因分析

钢轨滚动接触疲劳伤损主要是由于金属接触疲劳强度不足和车轮的重复作用，导致钢轨顶面金属冷作硬化，最终形成接触疲劳伤损，其形式有接触疲劳裂纹和轨面剥离掉块等。钢轨滚动接触疲劳损伤是长期运营下钢轨发展的客观事实，随着客流量的增加及行车速度的提高钢轨滚动接触疲劳发展速度会越来越快。

根据钢轨滚动接触疲劳裂纹主要发生的区域以及根据钢轨滚动接触疲劳裂纹的走向及造成对钢轨的破坏形态，钢轨滚动接触疲劳裂纹破坏形态基本分为以下几大类：

1. 麻点剥落

由于车轮循环荷载作用在钢轨表面形成，并因为裂纹形成处接触点应力集中而导致裂纹处钢轨表面呈小颗粒麻点状脱落，形成点蚀破坏（图 2.3），钢轨截面可看出明显的 V 形或者 U 形小凹坑，但深度都相对较小，一般为 0.2 mm 以下。麻点脱落通常容易发生在表面接触应力较小、摩擦力较大的地段，在曲线下股较明显，麻点剥落一般成群发生。根据国铁的经验，通过打磨可以完全消除这种破坏。

2. 剥离

裂纹的方向一般是与车辆前进方向一致，与轨面成一定角度随着车辆荷载不断发展，当裂纹发展一定程度后，由于向钢轨内部发展受到阻力作用后而改变向表面扩展，最后达到表面，形成钢轨剥离掉块（图 2.4）。钢轨剥离掉块多发生在钢轨滚动接触疲劳裂纹沿车辆走向但与车轮成一定角度发展成网状，也就是传统所说的鱼鳞状剥离裂纹（图 2.2），一般多发在曲线上股。出现掉块后按照《线路检修规程》中钢轨表面剥离掉块大小对钢轨伤损进行判定，如达到重伤标准后，应立即进行更换。

曲线半径的大小对钢轨接触疲劳磨耗发生及发展影响较大，曲线半径越小钢轨接触疲劳磨耗量越大。

2.2.4　处置措施

针对钢轨滚动接触疲劳情况，结合不同的钢轨解除疲劳破坏形态的特点及处置方法，将从以下几点制定相应的措施保证行车安全：

（1）轨道专业加强对钢轨滚动接触疲劳裂纹及掉块地段的日常巡检观察记录工作。重点检查小半径曲线地段钢轨，对已出现掉块的地段进行点名检查，如出现裂纹、掉块达到钢轨轻伤标准时，及时进行更换确保行车安全。

（2）在客观条件下，提高检修标准，保持曲线状态良好、方向圆顺、轨距水平不超限。使用轨检仪检查线路，配合轨检车动态检测，能够及时有效地监控线路动、静态质量，做到出现问题及时发现及时处置。其次是检查精度，线路检查基长从 3.125 m 提高到 0.125 m，几何尺寸的精度从 ±1 mm 提高到 ±0.1 mm，能够保证检查无死角无漏洞。

（3）在开通运营前及开通后一年内对钢轨进行预防性打磨能够有效地减缓钢轨滚动接触疲劳的发生和发展。出现钢轨滚动接触疲劳后，通过对钢轨修复打磨能够有效地减少或消灭钢轨滚动接触疲劳。

（4）钢轨润滑状态是影响钢轨滚动接触疲劳发生、发展的原因之一。目前二号线只在半径≤450 m 曲线安装涂油器，根据现场检查数据和添乘情况来看，半径 600 m、800 m 曲线地段已出现钢轨滚动接触疲劳和较明显的轮轨噪声，建议对半径≤800 m 曲线地段都安装涂油器（一号线对半径≤800 m 曲线都已安装涂油器），能够有效地减少轮轨噪声及减缓钢轨滚动接触疲劳的发生和发展。

2.2.5　作业安全及应急处置内容

（1）打磨系统应由专人负责，所有操作、维护人员必须经过培训、考试合格后才能上岗操作，非工作人员严禁操作检测设备。

（2）每次打磨前应对整个系统进行全面检查，确保安全、稳定才能上线打磨作业。

（3）非打磨人员不得操作打磨、检测设备。操作人员不得在检测系统计算机上进行与工作无关的操作。严禁在检测系统上安装运行与检测无关的软件，所有的软盘、U 盘等存储介质插入检测计算机系统前必须严格进行杀毒操作，严防计算机系统受病毒侵害。

（4）隧道内打磨作业时，必须开启隧道风机同时进行喷水，以降低粉尘和火花。

（5）发现的打磨电机、磨石、水泵等处的异常情况要及时记录、处置并报告有关人员。

（6）停车检修并在车下作业时，白天应在打磨车两端插红旗或设置停车信号标志，夜间两端悬挂红闪灯，并设专人防护。

（7）进行打磨系统维护、检修等时，如需切断动力电源，需在电源闸刀处挂设"禁动牌"。

（8）在车底或车下作业时，有关人员应相互联系，切断动力来源，机车制动后在制动阀手把挂"禁动牌"。

（9）操作室内应做好防火安全，严禁吸烟，严禁乱拉电线、乱接电气设备，电气设备必须保持良好状态。

（10）道岔、道口、人防门地段严禁进行打磨作业，打磨与非打磨区段须保留至少1 m作为安全距离。

（11）防火措施：若打磨期间出现初期明火及隐患，立即消除；若火势较大通知打磨车停止作业，并使用消防水枪灭火。

2.2.6　人身安全及处置措施

（1）所有作业人员要坚持人身安全与行车安全并重的原则，不断提高职工遵章守纪的自觉性。开工前，安全负责人组织对全体施工人员进行安全教育，并有签字，未经安全教育的人员不得参加施工。

（2）各项施工作业必须严格执行安全技术操作规程和有关安全制度，严禁简化作业程序。

（3）发现有危及人身安全事件发生时，立即叫停列车，待事件处置完后再完成后续施工。

⚙ 任务实施

任务场景	校内实训室
任务分组	在这个任务实施中，采用分组的方式进行，每3人为一组，通过自荐或推荐方式选出组长，负责本组任务实施的组织，实施过程中小组成员要相互帮忙，共同完成任务
任务实施	各小组根据以上任务描述，完成以下任务实施过程。 （1）进行该事故案例分析，上交分析报告PPT。 ①故障原因分析。 请说明钢轨出现该情况的原因有哪些？ ②故障处置。 请说明处置该故障的方法有哪些？

续表

任务场景	校内实训室
任务实施	③预防措施。 如何预防此类事故的发生？ （2）隧道内打磨作业时，写出如何开启隧道风机同时进行喷水，降低粉尘和火花的处置方案。 ①隧道内打磨作业时的粉尘和火花会产生哪些风险？ ②钢轨滚动接触疲劳裂纹破坏形态有哪些？ ③如何有效降低打磨作业时的粉尘和火花。
任务要求	（1）PPT汇报思路要清晰，制作精美。首页须有小组成员分工说明及成员贡献率。 （2）处置方案的撰写以文本形式撰写，要突出处置过程，方案制作封面，以A4打印版进行提交。文件名命名为"××班××组××（姓名）"
任务反思	（1）学到的理论知识有哪些？ （2）掌握的实操技能有哪些？ （3）在任务实施过程中，在个人自身素养提升方面有哪些收获？ （4）目前钢轨打磨有哪些最新技术？

任务评价

序号	评价项目	评价指标	分值	自评（20%）	互评（20%）	师评（60%）	合计
1	知识目标（25分）	学习联调联试钢轨预打磨发生突发事件类型	10				
		熟知钢轨预打磨发生突发事件应急处置知识	15				
2	能力目标（50分）	具备城市轨道交通钢轨预打磨期间故障应急处置能力	30				
		能正确运用城市轨道交通钢轨预打磨期间故障应急处置时的联控用语	20				
3	素质目标（25分）	具备城市轨道交通钢轨预打磨综合业务素质	10				
		掌握城市轨道交通钢轨预打磨基础知识，避免忙中出错	5				
		具备突发事件提前预想、预判、预防的能力	5				
		培养精益求精的劳动精神	5				
	合计		100				
	综合得分						

拓展阅读

　　小林（化名）在进入公司的近两年中，组织实施了××地铁×号线5个站，×号线3个实验站，2个实验站的能源管理平台安装调试及验收的工作。

　　在××地铁×号线的组织实施工作中和业主的主动沟通，技术方案的讨论，控制方案的定型，在实施工作中的安全生产，施工工艺的完成的工作上得到了业主的一致好评，也得到业主的充分信任与尊重，为以后该部分的工作开展会产生积极的示范效应。

　　在××项目的组织实施工作的前期准备工作就长达半年，在其间与业主的技术沟通，其他供应商的交流中得到较好的工作氛围，在实施工作长达3个月的工作中，能为业主解决技术上的困惑，帮助业主解决中央空调系统施工中的问题，经领导批准和业主的信任，也为尽快推进公司的合同履约工作，领导组织了业主及各设备供应商对裙房中央空调水系统的调试工作，调试达到该项目情况的最好状态，使公司的设备调试工作按期顺利完成。

该部分工作得到业主领导的肯定，能使公司在该项目上得到了较好的声望。

任务 2.3 分析城市轨道交通冷滑试验突发事件应急处置

 任务引入

×年×月×日，×地铁×号线列车在区间冷滑过程中，因区间设备设施侵限导致列车走行部异响，驾驶员立即紧急制动停车。请写出冷滑实验期间可能会发生哪些突发事件，选择一项突发事件写出处置方案，并模拟演练。

学习目标

知识目标：

（1）熟知城市轨道交通冷滑试验知识点；

（2）熟知冷滑的概念、冷滑试验的目的；

（3）熟知冷滑的安全注意事项。

能力目标：

（1）具备城市轨道交通冷滑试验期间故障基础应急处置能力；

（2）能够进行城市轨道交通冷滑试验期间故障安全卡控。

素质目标：

（1）具备城市轨道交通冷滑试验综合业务素质；

（2）掌握城市轨道交通冷滑试验基础知识，避免忙中出错；

（3）具备突发事件提前预想、预判、预防的能力；

（4）培养学生以科学的态度对待科学。

视 频

巩固提高

测 试

巩固提高

知识准备

冷滑试验为列车在不带电条件下，由内燃机车或专用冷滑试验车牵引在轨道上进行的试验，冷滑试验是为热滑试验提供条件。

2.3.1 冷滑

在架空接触网或接触轨无电条件下，受电弓或受电靴沿架空接触网或接触轨滑行的试验。

2.3.2 冷滑检测的项目分类

（1）接触线导高、拉出值；

（2）接触悬挂的弹性，有无不允许的硬点；

（3）吊弦线夹、定位线夹、接触线接头线夹、中心锚结线夹、分段绝缘器、分相绝缘器、线岔等安装状态，有无碰弓、脱弓或刮弓的危险；

（4）接触线的质量，有无弯曲、扭转现象；

（5）受电弓与定位管之间的距离，受电弓与绝缘子之间的距离，受电弓与有关接地体之间的距离；

（6）定位点里程、跨度、高差；

（7）弓网实际接触状态。

2.3.3　试验方式

由轨道车拖曳无动力的动态检测平台完成，或由自带动力的动态检测车独立完成。检测流程如下：

（1）一般是先区间后站场，先正线后侧线，先低速后高速。

（2）一般分三次进行：第一次为低速，对接触网进行冷滑检测试验，运行速度区间为10～15 km/h，站场为5～10 km/h。

第二次为中速，运行速度为25～30 km/h。

第三次为正常速度。

（3）试验路径根据线路情况制定试验交路图。

2.3.4　试验组织机构

（1）试验协调领导小组。

（2）试验指挥部。

试验指挥部下设各功能小组，负责分区、分类处置具体事项。

①车上试验组。

②安全保障组。

③土建、设备保障组。

2.3.5　冷滑试验中可能会发生突发事件处置方式

冷滑试验中可能发生的突发事件有施工人员擅入轨行区间、设备设施侵限、进路排列错误、侵限、接触网断线等。在冷滑试验前，针对存在的风险，编写应急预案和应急处置流程，针对每种可能发生的事故给出具体的解决方案、流程、人员和设备配置要求，加强培训，确保每名参与冷滑试验的人员都能掌握。

2.3.6　安全注意事项及应急处置流程

（1）冷滑试验要严格按照预先制定方案进行，如遇特殊情况须变更试验方案时，应立即报总指挥，由指挥部研究决定。

（2）试验中，地面组应根据试验方案认真检查、确认试验路径、进路排列情况，及时与车上组取得联系；遇突发情况时及时报总指挥，根据其指示进行处置。

（3）车上组应根据地面组的通知，按照试验方案的要求下达发车指令，指挥试验车运行。

（4）安全保障组负责试验沿线各车站、地面线路的安全保卫工作，确保试验正常、顺利进行。

（5）各小组成员须根据所承担的任务明确分工，做好记录，各组组长负责联系工作，确保试验正常进行。

（6）参试人员由总指挥统一指挥，不得随意离岗。

（7）各参试单位应组织专门力量，配好必要的工具、配件，在规定地点待命，随时处置试验中发生的各类突发事件。

（8）试验车上应配备维修人员，维修人员应携带必要的工具及配件，及时处置车辆故障。

（9）如发生车辆故障无法恢复后，及时报总指挥，申请工程车救援。

冷滑试验的目的是在电力机车上线前对其行驶的必要条件做综合检测，在试验时会成立组织机构，由指挥长全面负责动车调试安全、运行工作；随车调度负责监视进路正确，指挥车辆运行，保证车内人员安全；轨道车驾驶员负责查看进路正确，服从随车调度指挥，正确驾驶轨道车；车上另设置清障人员，清理导致轨道车及冷滑检测车无法通过的侵限物体，必要时可以采用不可恢复方式拆除；道岔操作员负责按计划进路操作道岔，确认进路正确；运营单位人员负责协调解决冷滑试验过程中的重大事项。

⚙ 任务实施

任务场景	校内实训室
任务分组	在这个任务实施中，采用分组的方式进行，每5人为一组，通过自荐或推荐方式选出组长，负责本组任务实施的组织，实施过程中小组成员要相互帮忙，共同完成任务
任务实施	结合上述案例请写出冷滑实验期间可能会发生哪些突发事件，并给出处置方案，以PPT形式汇报。 1. 风险分析 冷滑试验可能会遇到哪些突发情况？有什么风险？ 2. 突发事件的处置 请说明突发事件的处置方式。 3. 绘制流程图 以小组为单位，绘制出冷滑试验突发事件的应急处置流程图。 4. 制作汇报PPT 形成完整的应急处置方案，制作汇报PPT。
任务要求	（1）应急处置方案应包含风险分析、准备工作、应急处置和善后工作等部分。 （2）PPT汇报思路要清晰，制作精美，PPT首页须有小组成员分工说明及成员贡献率
任务反思	（1）学到的理论知识有哪些？ （2）掌握的实操技能有哪些？ （3）在任务实施过程中，个人自身素养提升方面有哪些收获？ （4）作为一名一线职工，要做好本项任务应具备哪些基本素质？

任务评价

序号	评价项目	评价指标	分值	自评（20%）	互评（20%）	师评（60%）	合计
1	知识目标（25分）	熟知城市轨道交通冷滑试验知识点	5				
		熟知冷滑的概念、冷滑试验的目的	10				
		熟知冷滑的安全注意事项	10				
2	能力目标（50分）	具备城市轨道交通冷滑试验期间故障基础应急处置能力	20				
		能够进行城市轨道交通冷滑试验期间故障安全卡控	30				
3	素质目标（25分）	具备城市轨道交通冷滑试验综合业务素质	5				
		掌握城市轨道交通冷滑试验基础知识，避免忙中出错	5				
		具备突发事件提前预想、预判、预防的能力	10				
		培养学生以科学的态度对待科学	5				
合计			100				
综合得分							

📋 拓展阅读

　　×年×月×日，×地铁在×号线冷滑试验中有施工人员擅自闯入轨行区间，驾驶员发现后立即拉停列车，经确认，该人员为站台施工作业人员误入轨行区，待该施工人员出清后，冷滑试验恢复正常动车。此次事件主要暴露出地铁单位对于施工管理细节卡控不够严格，导致人员误入轨行区对冷滑实验造成影响，也侧面反映出在地铁日常作业中，外界干扰存在明显的不确定性，一是要求工作人员保持高度警惕和敏感意识，二是对于施工相关卡控措施要不断优化、查漏补缺，三是要保持良好的精神和工作状态。这样才能及时发现问题、解决问题，从而有效保障工作期间地铁工作人员的生命安全。

坚持人民至上、生命至上，这是中国共产党执政为民理念的最好诠释。党的十八大以来，"人民至上"是以习近平同志为核心的党中央治国理政最鲜明的价值取向。从"人民对美好生活的向往，就是我们的奋斗目标"的庄严承诺，到"共产党就是为人民谋幸福的，人民群众什么方面感觉不幸福、不快乐、不满意，我们就在哪方面下功夫"的鲜明态度，再到"江山就是人民、人民就是江山，打江山、守江山，守的是人民的心"的价值取向，都体现了习近平总书记始终把人民放在心中最高位置的人民情怀。

任务 2.4　分析城市轨道交通热滑试验突发事件应急处置

 任务引入

×年×月×日，×地铁 2 号线列车在区间热滑过程中，列车因弓网故障导致迫停区间，驾驶员处置无效后，申请救援，20 min 后救援列车连挂完成后，牵引故障列车回场。

假如你是一名站务员，请写出热滑实验期间可能会发生哪些突发事件，选择一项突发事件写出处置方案？

学习目标

知识目标：
(1) 熟知市轨道交通热滑试验的前提条件；
(2) 熟知热滑试验的实施；
(3) 掌握热滑试验的应急响应等知识。

能力目标：
(1) 能识别热滑试验的进路及速度；
(2) 具备城市轨道交通热滑试验期间故障基础应急处置能力。

素质目标：
(1) 具备城市轨道交通热滑试验综合业务素质；
(2) 掌握城市轨道交通热滑试验基础知识，避免忙中出错；
(3) 具备突发事件提前预想、预判、预防的能力；
(4) 培养集体主义精神。

视频

巩固提高

测试

巩固提高

知识准备

2.4.1　热滑试验的目的和意义

热滑试验是城市轨道交通各主要系统开展动态调试以及开展城市轨道交通联调联试的前提条件。城市轨道交通新建线路的信号、屏蔽门、通信、供电等系统在完成各自系统的静态（单体）调试之后，必须在热滑试验结束后，方可采用城市轨道列车在线路上实际运行开展动态调试，检验车载和地面系统（如信号系统）功能是否匹配，检验相关系统（如信号系统和屏蔽门系统）的联动关系是否正确，检验如供电系统容量是否满足当前负荷等。在各系统动态调试结束后，方可开展联调联试工作，对城市轨道交通新建线路整体性能进行全面检验和评估。

2.4.2　热滑试验的前提条件

热滑试验必须在组织机构明确、各相关方人员到位、热滑方案已制定并得到各相关方认可、安保措施到位的前提下才能开展。此外，热滑试验前还需要具备以下条件：

（1）牵引供变电系统的验收测试完成。

（2）接触网（轨）具备正式送电条件，电压测试正常。

（3）综合接地测试完成，全线各主要电气设备的接地状况良好。

（4）轨道几何状态静态调试完成，测试中发现的问题已整改。

（5）限界检查完成，所有超限位置都已得到整改。

（6）信号等已安装完毕、显示正确。

（7）各道岔单操功能正常并配备钩锁器。

（8）热滑试验列车已整备完毕，具备热滑条件。

（9）专用无线调度系统能够实现行车调度和电力调度的通信要求。

（10）冷滑试验完成，冷滑中发现的问题已经整改合格。

（11）热滑线路沿线行车标志设置完毕等。

（12）以上前提条件都必须在热滑试验前由专人负责落实。

2.4.3　热滑试验实施

热滑试验一般安排三次，每次试验速度和试验进路都不一样。

第一次热滑是遍历性热滑，范围是全线正线、侧线、道岔的正向和侧向，区间运行速度一般不超过 20 km/h，道岔和站内的通过速度一般不超过 5 km/h。

第二次热滑是正线提速热滑，范围是全线正线、道岔正向，区间运行速度一般不超过 30 km/h，站内及道岔区段运行速度一般不超过 20 km/h。

第三次热滑是正线高速热滑，范围是全线正线、道岔正向，区间运行按照设计最高速度，站内及道岔区段运行速度一般不超过 20 km/h。

1. 热滑试验内容

（1）列车按照设计允许速度允许条件下，检验线路、接触网设备在动荷载作用下几何尺寸、结构牢固、可靠程度能否满足设计标准。

（2）检验供电系统设备能否满足列车运行及各系统带电设备运营的需求，继电保护与运行方式配置是否合理，稳定性、可靠性能否达到设计要求。

（3）检验地面信号设备的性能是否符合设计要求。

（4）检验通信、机电设备在使用中各项功能是否符合设计要求，为进行各专业系统综合调试和空载试运行提供条件。

2. 热滑试验程序

（1）热滑试验采用电客车进行，试验后需填报相应的热滑试验报告。

（2）负责热滑试验的组织单位，需在热滑前组织召开热滑启动会，成立组织机构和小组成员，明确热滑时间、区段、各自职责及注意事项，各专业应在热滑试验现场会上确认各专业是否具备热滑试验前提条件。

（3）热滑列车行车指挥流程：由于热滑过程中道岔不具备电动操作的功能，热滑时地面操作人员在所有道岔处待命配合扳动道岔，热滑列车在道岔前方停车，地面操作人员根据热滑进路扳动道岔，确认道岔位置；进路办理过程中随车调度人员与地面道岔扳动人员遵循呼叫应答确认机制，并确认道岔位置。

（4）驾驶员严格按照随车调度员指令，并与尾车驾驶员联系，确认到达位置及运行交路，按限速进行热滑。

2.4.4 热滑试验的应急响应及处置

热滑试验在联调联试前期开展，现场情况复杂、各系统调试工作尚未完成，各系统间的接口关系尚未完全匹配，各相关单位、各专业人员的配合机制尚不成熟，因此在热滑过程中很可能出现突发情况，为了确保热滑试验中出现的紧急情况不会危及行车和人身安全，确保热滑试验能够按期完成，必须采取以下紧急措施：

1. 成立专门机构负责

热滑试验中可能出现突发事件，安全监督组在试验前需制定热滑试验应急预案和应急处置机制，发生突发事件后相关专业部门负责紧急情况的处置应对。

2. 制定应急预案

在热滑试验中，可能发生的典型事故包括脱轨、接触网（接触轨）断电、列车动力缺失、制动异常、道岔无法操作、人员误入轨行区、超限造成车体擦伤等。有关部门在制定应急预案中必须针对每种可能发生的事故给出具体的解决方案、工作流程、人员和设备配置要求，并明确责任、落实到人。

3. 熟悉应急处置程序

热滑各相关人员，特别是行车指挥和车站指挥在热滑试验前必须熟悉应急处置程序，在发生紧急情况时能够迅速做出正确的反应，避免事故的发生以及人员伤亡。

4. 人员和设备到位

在热滑试验前，安全监督组应确保应急处置专业设备和辅助设备（如应急灯、临时应急电源等）齐全并性能完好。行车指挥必须确认应急处置人员到位后方可动车。在热滑试验中，应急指挥确保和现场指挥组、行车调度、各应急处置人员的通信保持畅通，以便在紧急情况下，能够及时到达现场并迅速解决问题。

5. 热滑试验应急处置

（1）热滑试验过程中，如发生异常情况导致试验车不能正常行驶或试验无法继续进行时，应立即上报领导组。

（2）试验过程中，需安排工程抢险车待令，如需工程抢险车救援时，由行车指挥组指挥进行救援。

（3）热滑试验过程中如发生热滑车故障或接触网出现故障停电时，试验车上负责人通知现场指挥组组长，由现场指挥组组长按照安全操作规程发布全线停电命令。验电确认停电后，由车辆和供电工程师穿戴必要的绝缘器具下车，挂地线，进行抢修工作。

（4）鉴于接触网高压危险性，在热滑过程中发生故障时，没有现场抢险组的命令任何人不得下车。

（5）当热滑试验车出现故障、接触网停电长时间不能恢复时，取消热滑，达到安全救援的情况时，通知安排工程抢险车进行救援。

6. 热滑试验安全保障措施

（1）热滑前，相关单位需对热滑区段进行安全检查，并落实发现问题的整改。

（2）热滑区域进行封锁，禁止在热滑区域施工。

（3）各车站确保站台安全封闭，采取措施封闭所有可能进入轨行区的入口，无关人员清除出区间、车站，严禁任何人员进入隧道和轨行区。

（4）车上调度人员与驾驶员严格确认进路，执行呼唤应答机制，严格按照限定的速度行驶。

（5）鉴于接触网的高压危险性，热滑过程发生故障时，任何人没有现场指挥组命令不得下车。

任务实施

任务场景	校内实训室
任务分组	在这个任务实施中，采用分组的方式进行，每5人为一组，通过自荐或推荐方式选出组长，负责本组任务实施的组织，实施过程中小组成员要相互帮忙，共同完成任务
任务实施	各小组根据以上任务描述，完成列车救援处置方案。 1. 前提条件 请说明热滑试验应具备的前提条件。 2. 作业过程分析 请说明热滑试验的程序，并分析每道程序可能存在的安全风险。 3. 应急处置 结合任务描述，讨论组织列车救援的步骤，并绘制流程图。 4. 编制列车救援方案。
任务要求	（1）提交的列车救援处置方案需包括原因分析、风险分析、列车救援流程图、应急处置等内容，处置方案要思路清晰，且能突出部门之间的配合度。 （2）报告封面须有小组成员分工说明及成员贡献率，形成纸质版报告上交
任务反思	（1）学到的理论知识有哪些？ （2）掌握的实操技能有哪些？ （3）在任务实施过程中，个人自身素养提升方面有哪些收获？ （4）采用哪些新技术可以尽可能地减少热滑试验过程中突发事件的发生。

🔍 任务评价

序号	评价项目	评价指标	分值	自评（20%）	互评（20%）	师评（60%）	合计
1	知识目标（25分）	熟知市轨道交通热滑试验的前提条件	5				
		熟知热滑试验的实施	10				
		掌握热滑试验的应急响应等知识	10				
2	能力目标（50分）	能识别热滑试验的进路及速度	20				
		具备城市轨道交通热滑试验期间故障基础应急处置能力	30				
3	素质目标（25分）	具备城市轨道交通热滑试验综合业务素质	5				
		掌握城市轨道交通热滑试验基础知识，避免忙中出错	5				
		具备突发事件提前预想、预判、预防的能力	10				
		培养集体主义精神	5				
合计			100				
综合得分							

📋 拓展阅读

×年×月×日，×××地铁 A 至 B 两站之间的隧道内，15 日早高峰，车厢乘客密集，当列车行至离 B 站约 200 m 远的隧道时，电压突然减弱，列车紧急制动，导致 3 节车厢脱轨，卡在隧道里。目击者称，事故发生后，乘客"像多米诺骨牌般倒下"，其中一节脱轨车厢内冒出浓烟，烟雾随后充满隧道。事故造成 23 人死亡，160 人受伤。这是×× 地铁系统开通近 80 年来最严重的事故之一。基础设施专家说："这是×××地下设施全部历史上最严重的人为灾难。除恐怖袭击外，这是伤亡最严重的一起事故。"×××调查委员会公布×××地铁脱轨事故原因，称事故系地铁内道岔系统故障所致。事故发生时，道岔系统内所使用的 3 mm 电线破损，造成道岔系统无法正常工作。

从上述地铁事故案例来看，就地铁安全问题而言，人机协作十分重要。正如有专家指出的，不管轨道交通自动化技术发展得多先进，始终都是一个人机共同完成的系统。要保证轨道交通运行的安全、高效，一方面要不断推进先进的自动化控制技术，实现对危及行车全过程安全因素的监控。

任务2.5 分析城市轨道交通动车调试突发事件应急处置

任务引入

×年×月×日凌晨01：58，×地铁15号线列车在夜间动车调试过程中，列车停站后动车时发生全列车无牵引故障，经驾驶员现场处置后恢复正常。

请写出在地铁动车调试中都容易发生哪些突发事件？

视频

巩固提高

测试

巩固提高

学习目标

知识目标：

（1）熟知城市轨道交通动车调试期间容易发生的突发事件；

（2）熟知动车调试开行列车规定。

能力目标：

（1）能识别动车调试发生突发事件的类型；

（2）掌握动车调试发生突发事件处置方式。

素质目标：

（1）具备城市轨道交通动车调试综合业务素质；

（2）掌握城市轨道交通动车调试基础知识，避免忙中出错；

（3）具备突发事件提前预想、预判、预防的能力；

（4）增强学生的问题意识。

知识准备

城市轨道交通动车调试，就是对线路、信号、车辆、通信、供电等专业通过行车调度系统统一指挥，并对列车牵引、运行、制动、开关站台门、车地传递视频信息等功能进行综合试验。动车调试目的在于在城市轨道交通线路正式运营前发现问题并及早解决。

2.5.1 动车调试的前提条件

1. 土建专业

车站主体节后及区间完成施工，控制室具备使用条件；车辆段列检库、检修库、信号楼、控制中心投入使用；车站安全门端外装修工作基本完成。

2. 轨道专业

完成长轨锁定，道岔完成工电联检，完成与信号等相关专业的调试并完成验收。

3. 供电专业

供电设备及电缆全部安装敷设完毕；供电设备已完成调试，并已受电、送电，试验报告基本齐全，通过预验收；牵引供电系统具备构成双边供电和大双边供电方式的能力和条件；完成本所电力监控系统的测试，提供测试报告并投入使用；全线接触网（接触轨）完成预验收。

4. 调试相关专业

全线及车辆段等行车线路完成限界测量，并提供测试报告；冷滑结束，完成热滑试验，提供热滑试验报告；动车调试相关人员到岗；全线车站、安保人员进驻到岗并完成区间线路封闭；完成首车静态调试；完成全线轨行区垃圾清理、隧道冲洗工作。

5. 信号专业

完成正线车站、轨旁设备、控制中心设备安装，单体调试，道岔转辙设备调试；完成信号联锁调试和试验，具备站控及临时控制中心显示功能，并提供认证报告；完成车辆段/停车场的均、回流线焊接，设备安装及单体调试；完成 ATS、联锁子系统预验收。

6. 通信专业

具备专用无线通话功能；具备专用电话通话功能。

7. 火灾报警专业

隧道内光纤、电缆敷设完成，设备安装完成。

8. 机电专业（风水电）

隧道内线缆敷设完成，设备安装完毕；车站轨行区上面、侧方设备安装完成或孔洞完成封堵，不危及行车安全；区间照明设备启用。

9. 站台门专业

站台门门体安装完成。

2.5.2 动车调试开行列车规定

行车组织工作必须贯彻安全第一的方针，坚持高度集中、统一指挥，有关行车人员必须执行调度命令，服从调度指挥。

（1）所有开行列车必须有调度命令方可开行，列车开行超越调度命令范围必须重新申请调度命令，由行调组批准，通知相关车站及单位后方可开行。

（2）列车车次不得任意更改。当需要改变列车车次时，须行调组批准，并通知相关车站及单位后方可改变车次。

遇突发事件外，列车须按动车调试运行图行车，一律不得变更进路。遇特殊情况需要变更进路时，须行调组批准，通知相关单位、车站、驾驶员、调试负责人，并确认列车尚未起动后，方可变更进路。

2.5.3 动车调试期间需要采取的保障措施

1. 通信与信息保障

动车调试期间发生突发事件后，应急处置过程中的通信联络采用以无线手持台、固定台为主，手机和固定电话为辅的通信方式。涉及抢险救援工作的各级调度、电客车驾驶员、工程车驾驶员、车站值班站长、行车值班员使用的无线手持台应使用统一频道进行联络。

2. 应急队伍保障

各车站、各级调度、电客车驾驶员、工程车驾驶员、各专业应定期进行应急知识培训和技能训练，满足应急抢险时技能。

3. 安全保障

（1）动车调试前，需联合运营单位、建设单位、施工、监理、设计单位参加，开展综合性安全检查，将影响行车和人身安全的问题整改完成后方可开始动车调试工作。

（2）要加强人身安全教育培训，组织参与动车调试的全体人员对相关规章制度及应急预案进行培训；试运行期间发生突发事件时，设备设施部门及时通知施工单位和设备厂家，做好设备故障抢修和救灾工作，抢修人员要严格遵守各项规章制度，在抢修过程中要注意人身及设备安全。

2.5.4 动车调试发生突发事件处置方式

动车调试期间，可能会发生列车故障救援、供变电故障、信号设备故障、线路故障、列车脱轨、人员擅入轨行区等突发事件，导致设备损坏、人员伤亡等。有关应急处置流程如下：

1. 列车故障救援

（1）故障列车驾驶员对电客车故障进行处置，并将处置情况及时向行调组反馈，当故障无法处置且达到救援条件 6 min 时及时向行调组申请救援；救援时按照行调命令和电客车救援程序实施救援作业，加强安全卡控。

（2）救援列车驾驶员接到救援命令后按照电客车救援程序实施救援作业，加强救援作业的安全卡控。

（3）行调接报正线列车故障时，及时向全线列车发布多停晚发命令；驾驶员申请救援或列车故障 6 min 时，向故障车、救援车驾驶员发布连挂救援命令，视情况组织救援列车进入就近存车线或运行回场段；及时对线上列车运行进行调整，控制好行车间隔并视情况合理组织小交路运行，维持故障情况下的最大限度试运行。

2. 供变电故障应急处置措施

（1）主变电所进线电源失电、地铁供电系统发生设备故障跳闸，导致发生大面积停电故障时，电调积极联系市供电局调度，确认地方电力系统网络的运行情况；通知供电部门做好现场保障和故障抢修；采取越区供电方式恢复主所供电。

（2）正线接触网故障影响正线试运行时，接触网专业申请封锁抢修故障接触网。

（3）单个车站发生大面积停电故障时，若车站应急照明启动且专业恢复 30 min 内可恢复供电，则车站按正常运营要求执行；若车站应急照明未启动或专业恢复 30 min 内无法恢复供电，车站向行调申请列车越站。

（4）行调按专业申请发布封锁令，根据故障影响范围及设备条件采取小交路及单线双向调整列车运行。

（5）供电专业及时通知施工单位排查停电原因并做好设备故障修复。

3. 正线信号设备故障应急处置措施

（1）行调接到或监控到信号设备故障影响行车，及时判断受影响范围，根据故障影响调整列车运行，发布相关调度命令，做好非正常情况下行车组织。

（2）车站判断信号设备故障对本站影响，准备钩锁器、信号灯（旗）、手摇把等备品，做好降级行车准备，严格执行调度命令。

（3）信号专业立即赶赴现场，联系相关信号设备厂家，排查故障原因，抢修恢复设备。

4. 线路故障应急处置措施

（1）当驾驶员报告线路出现晃动、异响等非正常情况时，行调组织后续第一列车限速 25 km/h 通过故障点；如运行正常时，则持续以 25 km/h 继续组织后续列车经过该区段；

如 25 km/h 仍出现严重晃动且伴随异响时，则组织后续列车限速 15 km/h 通过故障点；如运行正常，则持续以 15 km/h 继续组织后续列车通过该区段；如 15 km/h 仍出现严重晃动、伴随异响且轨道专业人员未到现场给出限速等意见时，该区段停运。

（2）轨道专业人员赶赴现场添乘查看，向行调明确给出列车是否限速、停运抢修等意见，通知施工单位做好线路故障抢修，行调按照轨道专业人员要求执行。

（3）如需封锁抢修，车站做好封锁区域红闪灯设置，配合做好设备抢修。

5. 列车挤岔、脱轨应急处置措施

1）列车挤岔

（1）驾驶员立即采取停车措施并报行车调度员，严禁擅自动车；按照抢险救援组主任指令配合设备抢修和处置；达到动车条件时，在信号、工建、车辆等专业人员的监护指挥下开出或退出岔区。

（2）行车调度员通知专业人员对受损道岔进行检查，根据专业申请封锁抢修；扣停开往故障区域列车，及时对线上列车运行进行调整，控制好行车间隔并视情况组织小交路运行，维持故障情况下的最大限度试运行。

（3）信号、工建专业人员待列车移出故障区域后，联合施工单位对受损道岔进行修复。

2）列车脱轨

（1）驾驶员立即采取停车措施并报行车调度员，严禁擅自动车；按照抢险救援组主任指令配合车辆救援起复以及其他设备抢修；需救援时，按行调命令和列车救援程序实施救援作业，加强救援作业的安全卡控。

（2）行车调度员确认有无人员伤亡，通知列车驾驶员做好防护；扣停开往故障区域列车，通知车辆抢险队进行救援起复；根据受影响情况及时对线上列车运行进行调整，控制好行车间隔并视情况组织小交路运行，维持故障情况下的最大限度试运行；需救援时，组织实施列车救援。

（3）车站配合车辆专业开展脱轨列车起复救援，协助相关专业开展设备检查和受损设备抢修。

（4）各专业对相关设备进行检查，联系施工单位、设备厂家对受损设备进行抢修。

6. 车站起火冒烟应急处置措施

（1）车站公共区报火警时，环调执行公共区火灾模式，车站现场确认后，根据现场情况采取进一步措施。

（2）设备区气体保护房间报火警时，环调执行气体喷洒后火灾模式，车站现场确认后，根据现场情况采取进一步措施。

（3）设备区非气体保护房间或设备区走廊报火警时，环调执行报警区域火灾模式，车站现场确认后，根据现场情况采取进一步措施。

（4）行车调度员视情况扣停开往事发车站列车，组织列车小交路或列车越站等。

（5）各相关部门及时通知施工单位排查报火警原因，做好设备故障修复等。

7. 人员擅入轨行区应急处置措施

（1）驾驶员发现有人员在轨行区时，立即停车，报行车调度员。如擅入人员到达安全地点后驾驶员鸣笛动车前往下一站；若列车已经撞上擅入人员，经行车调度员同意后下车确认，并将现场情况报告行车调度员，待事故处置完毕，经公安人员同意后，按照行调指示动车。

（2）行调接报有人员在轨行区时，立即扣停开往该区域上下行列车，通知车站人员进入轨行区寻找擅入者并将其带回车站；如发生撞人事件，立即通知值班主任通报地铁公安分局指挥中心。

（3）车站发现或接报有人员擅入轨行区时，立即报告行车调度员，排查是否在车站施工人员擅入轨行区；接行调指令现场配合处置和取证；发生撞人事件后立即拨打120，待公安到达现场后协同公安进入轨行区取证。

 任务实施

任务场景	校内实训室
任务分组	在这个任务实施中，采用分组的方式进行，每5人为一组，通过自荐或推荐方式选出组长，负责本组任务实施的组织，实施过程中小组成员要相互帮忙，共同完成任务
任务实施	各小组根据以上任务描述，完成列车无牵引故障突发事件处置方案。 1. 前提条件 请说明动车调试应具备的前提条件。 2. 风险分析 请写出在地铁动车调试中都容易发生哪些突发事件？列车无牵引故障会产生哪些风险？ 3. 应急处置 结合任务描述，讨论列车无牵引故障突发事件的处置程序，并绘制流程图。 4. 列车无牵引故障突发事件处置方案。
任务要求	（1）处置方案要思路清晰，符合标准处置方案撰写形式，且能突出驾驶员与调度之间的配合度，文本形式上交； （2）文件名命名为"××班××组××（姓名）"；封面要有小组成员分工以及贡献率

续表

任务场景	校内实训室
任务反思	(1) 动车调试期间，安全保障措施有哪些？ (2) 掌握的实操技能有哪些？ (3) 在任务实施过程中，个人自身素养提升方面有哪些收获？ (4) 我国目前最新的动车调试工艺是怎样的？

🔍 任 务 评 价

序号	评价项目	评价指标	分值	自评（20%）	互评（20%）	师评（60%）	合计
1	知识目标 （25分）	熟知城市轨道交通动车调试期间容易发生的突发事件	10				
		熟知动车调试开行列车规定	15				
2	能力目标 （50分）	能识别动车调试发生突发事件的类型	20				
		掌握动车调试发生突发事件处置方式	30				

续表

序号	评价项目	评价指标	分值	自评（20%）	互评（20%）	师评（60%）	合计
3	素质目标（25分）	具备城市轨道交通动车调试综合业务素质	10				
		掌握城市轨道交通动车调试基础知识，避免忙中出错	5				
		具备突发事件提前预想、预判、预防的能力	5				
		增强学生的问题意识	5				
合计			100				
综合得分							

🗒 **拓展阅读**

×年×月×日上午，某地铁运营分公司乘务中心驾驶员陈某、李某担任0755次列车（0113号车）值班驾驶员，由A站开往B站。9时09分，列车行至C站至D站上行区间时（距离D站500多米处），与轨道左侧掉落并侵入行车线路限界的防火门体发生碰撞。

发生第一次碰撞后，驾驶员陈某随即采取制动措施，列车滑行后头车的第一转向架左侧车轮脱轨。脱轨的第一节车厢车头左侧与该处第一扇人防门门框发生侧面碰撞。与第一扇人防门发生碰撞后，列车车头弹起，并与第二扇人防门上侧门框发生碰擦，这次碰擦导致驾驶室车顶上方通风单元坠落，砸在驾驶员李某的身上，并造成驾驶员李某死亡和陈某受轻伤。致使列车驾驶室顶上的通风单元坠落，最终导致两名驾驶员一死一伤。

在2013年6月，习近平总书记就指出，接连发生的重特大安全生产事故，造成重大人员伤亡和财产损失，必须引起高度重视。人命关天，发展决不能以牺牲人的生命为代价。这必须作为一条不可逾越的红线。

严格来说，安全应该是各行各业、从小到老的一门终身必修课，没有安全作为保障，人们的生命、财产就会在一瞬间消失。更为重要的是，在我国经济进入新常态阶段，在进行结构调整、产能升级的过程中，不可避免地会出现发达国家曾出现过的问题，也是各种问题发生的特殊阶段，在未知的情况下，只有死守安全这条不可逾越的红线，才能保证人身安全和各类财产不受到无谓的伤害。

手　册

项目2　城市轨道交通联调联试综合演练实训手册

巩固提高

项目 3
城市轨道交通车站设备故障应急处置

项目描述

城市轨道交通车站设备的状态对城市轨道交通的正常运营有至关重要的作用，作为一名城市轨道交通站务员，只有熟练掌握城市轨道交通车站电梯、AFC、照明、环控设备、监控设备的操作，才能最大限度地保障车站及地铁的安全运营。城市轨道交通站务员不仅要掌握城市轨道交通车站设备的安全知识，能够进行车站设备故障的应急处置，还要保持沉着冷静、处变不惊的工作态度，逐步养成吃苦奉献、拼搏争先的爱岗敬业精神。

任务 3.1　分析城市轨道交通车站电梯故障及应急处置

任务引入

×年×月×日9时36分，×地铁四号线×站 A 口，因自动扶梯零件损坏，正在上行的电梯突然倒转为下行，导致正在搭乘电梯的乘客纷纷摔倒并发生踩踏。事故造成1人死亡，2人重伤，26人轻伤。

假如你是站务员，你会如何解决电梯故障问题？各小组进行城市轨道交通车站自动扶梯故障分析及应急处置模拟作业。

学习目标

知识目标：

（1）熟悉车站电梯的分类；

（2）掌握垂直电梯、自动扶梯和楼梯升降机安全知识；

（3）掌握城市轨道交通车站电梯故障的应急处置流程。

能力目标：

（1）能够进行城市轨道交通车站垂直电梯故障的应急处置；

（2）能够进行城市轨道交通车站自动扶梯故障的应急处置；

（3）能够进行城市轨道交通车站楼梯升降机故障的应急处置。

素质目标：

（1）培养人民生命健康至上的意识；

视频

巩固提高

（2）保持创新、奋斗的工作积极性；

（3）逐步养成交通强国的民族自豪感。

知识准备

测　试

巩固提高

　　为方便乘客进出车站和乘坐列车，车站各层之间设有步行楼梯与各种电梯。步行楼梯应保持畅通，不得堆放任何物品，任何人员不得滞留，除供乘客上、下外，还应满足紧急情况的疏散需要。电梯主要有垂直电梯、自动扶梯和楼梯升降机三种类型，主要功能是提高车站效率和增强乘客的舒适度，自动扶梯还可作为事故疏散通道，但垂直电梯不得作为安全出口。设于车站控制室的综合监控后备盘（IBP）能够监控电梯运行状态，接收故障报警，必要时可控制电梯停止。

3.1.1　自动扶梯安全

　　车站不间断的客流导致自动扶梯运转频繁，故障发生概率大。而自动扶梯一旦状态不良，很容易造成车站拥挤，甚至危及人身安全。因此，车站必须加强对自动扶梯的管理、监控和维护，以保证其良好的运行状态。工作人员使用钥匙对自动扶梯进行操作时，应严格执行操作规程，不要使用过大的力转动钥匙，防止钥匙断在钥匙孔内。自动扶梯如图3.1所示。

图3.1　自动扶梯

1. 自动扶梯启动安全

　　自动扶梯每天投入运行前，需要检查处于有效使用期内、安全警示标志没有破损、防护设施良好、设备没有表面损坏、干净无异物。发现状态不良及妨碍运行的杂物，应及时进行维护、清除，必要时通知维修人员。检查完毕准备启动前，确认自动扶梯及周围没人，确认紧急停止按钮没有被按动。在自动扶梯上下两端做好防护，防止在启动过程中有人进入，造成伤害。使用钥匙启动自动扶梯后，观察其运行状态，确认正常后撤除两端防护设施，供乘客使用。如果发现异响或振动，立即使用紧急停止按钮停止运转，并通知维修人员。

2. 自动扶梯运行安全

自动扶梯各个梯级保持水平，两边装有与梯级同步运行的扶手装置，并装设多种安全装置，供乘客站立、扶手，保证安全。车站应张贴安全警示标志，引导乘客正确使用自动扶梯，及时制止乘客的危险行为。遇雨雪天气，车站应做好自动扶梯的防滑措施，并提示乘客，防止摔伤。车站可视具体情况关闭自动扶梯，并做好乘客引导提示。车站还应对自动扶梯的使用做出严格限制，禁止运送超长和超重、铁器等沉重物品，站内商户不得利用自动扶梯运送货物。

3. 自动扶梯停运安全

自动扶梯运行中突然加速、减速、发出异样声响或振动时，站务人员应阻止乘客继续搭乘，确认自动扶梯及周围没人后，准备停运检查，使用钥匙使自动扶梯停止运行。在自动扶梯上下两端做好防护，设置临时警示标牌，禁止乘客将其当作楼梯使用，并通知维修人员排除故障。

车站正常运营结束后，也应按上述办法停运自动扶梯，认真检查并清洁出入口、梯级和扶手等部位，确认梯级、梳齿和扶手带等部位没有石子、钉子以及碎纸等妨碍运行的杂物。

4. 自动扶梯转换运行方向安全

如果一个车站在早晨上班高峰时段进站客流量大、出站客流量小；在傍晚下班高峰时段进站客流量小、出站客流量大，为满足运营高峰时段的需要，车站可以根据实际情况设置自动扶梯运行方向，早晨增加进站方向的自动扶梯，傍晚增加出站方向的自动扶梯。

转换自动扶梯运行方向时，应在自动扶梯上、下两端做好防护，确认自动扶梯上及其周围没人。先将自动扶梯停运，再将自动扶梯启动到所需的方向。确认运行状态良好后，撤除两端的防护设施，提供给乘客使用。

5. 自动扶梯紧急停止安全

自动扶梯端部设有紧急停止按钮，高差较大时，扶梯中段也会增设紧急停止按钮。自动扶梯在运行中发生乘客摔倒、衣服被夹、手被夹和掉落异物卡住电梯等紧急情况时，按下紧急停止按钮，自动扶梯就会停止运行。

按压紧急停止按钮前，站务人员应向乘客发出"电梯紧急停止，请站稳扶好"等通知。自动扶梯紧急停止后，站务人员应立即了解乘客受伤情况，进行相应救护。确定自动扶梯上没有人后，在上、下两端做好防护，设置临时警示标牌，通知维修人员检查，排除故障恢复正常后，重新启动，投入运行。

遇紧急情况，可以在车站控制室内操纵综合监控后备盘（IBP），将站内全部自动扶梯同时停止，作为固定楼梯疏散乘客。

3.1.2　垂直电梯安全

1. 垂直电梯简介

垂直电梯主要供残障人士、老年人以及携带大件行李等特殊乘客使用、装设空调通风、应急照明、防火和减振等安全装置。垂直电梯具有障碍物检测功能，当两扇门之间夹人夹物时，电梯门将自动打开。当电梯实际载重达到额定载重时，会有警铃提示，直到载重降至标准才能关门运行。乘客在轿厢内遇紧急情况时，可以使用紧急通话装置或报警按钮与车站控制室联络，寻求帮助。车站控制室可以监控电梯状态，紧急情况下，操纵综合监控后备盘（IBP）使电梯迫降到基站（站厅层或出入口地面）停止运行。垂直电梯如图3.2所示。

图3.2　垂直电梯

2. 垂直电梯困人的处置

垂直电梯运行中因供电中断、故障等停驶，将乘客困于轿厢时，应按以下程序处置。

（1）车站控制室发现或接到乘客困于电梯的信息后，立即通知电梯厂家或运营单位设备维修部门的专业人员前来处置，并报告值班站长、控制中心。

（2）立即组织站务人员到现场维持秩序，疏散围观人群，与被困乘客对话，安抚乘客，缓解乘客情绪。

（3）站务人员应与被困乘客保持联系，详细了解被困人数、有无老幼病残孕人员、电梯内照明和通风等状况。

（4）确认乘客身体不适，出现晕厥、呼吸困难等有可能危及人身安全的情况时，应及时通知120急救人员。

（5）为避免发生危险，除安抚被困乘客保持镇静外，还应告知以下注意事项：不得将身体倚靠在电梯门上，不得自行扒开、撬砸轿厢门，不得将身体探出开启的电梯门，不得按动电梯内的按钮，不得拍打电梯。

（6）如果轿厢门处于开启状态，应先将其关闭，然后设法将垂直电梯移动到就近平层位置，救出被困乘客。

（7）被困乘客救出后，及时了解乘客身体状况，根据情况进行救助。

（8）救出被困乘客后，与维修人员确认电梯状态，确定是否开启使用，并向控制中心汇报具体情况。

（9）确认电梯暂时不能使用时，关闭电梯门，并保证在外力的作用下无法打开，停止电梯运行，关闭电梯总电源。设置电梯暂停服务标志，设置隔离带，停用维修。

3.1.3 楼梯升降机安全

楼梯升降机是专门将坐轮椅的乘客运送至站台或站厅的设备，安装在步行楼梯的一侧，平时折叠，以便节省空间，使用时使用钥匙打开。楼梯升降机的运行可以由乘客在轮椅平台上自行操作，也可以由站务人员在升降机外操作。楼梯升降机到达顶层或底层后，倾斜板自动降下，乘客进入，锁定轮椅制动。升降运行中，护栏自动放下，伴随声光报警提醒步行楼梯上的人员注意，并保证前进方向无障碍物。楼梯升降机到达底层或顶层后，自动减速并停止，运行方向的护栏自动抬起，倾斜板自动降下，乘客离开。遇紧急情况时，可以操作呼叫按钮通过语音请求帮助，也可以按压紧急按钮停止运行。楼梯升降机如图3.3所示。

图3.3 楼梯升降机

任务实施

任务场景	校内实训室
任务分组	在这个任务实施中，采用分组的方式进行，每5人为一组，通过自荐或推荐方式选出组长，负责本组任务实施的组织，实施过程中小组成员要相互帮忙，共同完成任务
实施过程	各小组根据以上任务描述，完成以下任务实施过程。 （1）进行该电梯故障事故案例分析，上交分析报告。 ①事故案例经过。 请说明 a. 事故概况及案例经过。b. 现场人员伤亡情况，并根据事故划分标准确定其类型。

续表

任务场景	校内实训室
实施过程	②事故现场处置情况。 请说明现场处置情况如何？请分别列举。 ③事故调查与分析。 请说明a. 本起事故责任主体有哪些？b. 事故发生的原因有哪些？c. 你认为本起事故违反了《安全生产法》《电梯使用管理与维护保养规则》等法律法规中哪些条款？④事故对你的启示是什么？如何避免类似事故的发生？ （2）编写一个情景对话，演练事故应急救援过程，并将事故应急处置拍摄成视频上交。
任务要求	（1）提交的分析报告需包括事故简介、等级划分、原因分析、应急处置等内容，报告封面须有小组成员分工说明及成员贡献率，形成纸质版报告上交。 （2）提交视频需满足以下要求：展示中需要有团队名称及每人扮演的角色说明；展示过程中道具自备，服装道具真实，符合场景要求；视频需要合并上交一个，不能上交多个不合并的视频文件；视频文件名命名为"××班××组××（姓名）"；需要有片头及片尾，片头包括片名、班级、组别、组员姓名，及扮演角色分配等环节字幕，片尾包括谢谢观赏等字幕。正片中关键环节需要添加字幕或特效
任务反思	（1）学到的理论知识有哪些？ （2）掌握的实操技能有哪些？ （3）在任务实施过程中，个人自身素养提升方面有哪些收获？ （4）电梯是城市化发展的产物，给人们的生活带来了许多便利，但同时也伴随出现了一些事故的发生，你对于这种现象有什么看法？

🔍 任务评价

序号	评价项目	评价指标	分值	自评（20%）	互评（20%）	师评（60%）	合计
1	知识目标（25分）	能熟悉车站电梯的分类	5				
		能掌握垂直电梯、自动扶梯和楼梯升降机安全知识	10				
		能掌握车站电梯故障的应急处置流程	10				
2	能力目标（50分）	能具备车站垂直电梯故障的应急处置能力	15				
		能具备车站自动扶梯故障的应急处置能力	20				
		能具备车站楼梯升降机故障的应急处置能力	15				
3	素质目标（25分）	能培养人民生命健康至上的意识	8				
		能保持创新、奋斗的工作积极性	8				
		能逐步养成交通强国的民族自豪感	9				
	合计		100				
	综合得分						

📋 拓展阅读

乘客在地铁扶梯上摔倒，工作人员按下"救命"按钮。

×年×月×日15时11分，张先生像往常一样乘坐地铁回家，在地铁3号线×站换乘2号线时，因没有站稳，摔倒在扶梯上。"快！站在电梯上的乘客帮忙扶一下。"站在张先生身后的保洁员××正在擦拭电梯扶手，他边按压电梯紧急制停按钮，边喊周围乘客和工作人员来帮忙。这时，在站台值班的工作人员××也第一时间发现张先生摔倒，小跑着和××一起把张先生从电梯上扶起来，并立即将情况报告给车控室。

三个人刚从电梯上下来，就碰上了拎着药箱赶到现场的值班工作人员××和××。两位赶到现场的工作人员立刻对张先生擦伤部位进行消毒和简单包扎处置。为张先生处置好伤口后，看到张先生走路状态不是很好，地铁工作人员还是不放心。后经人员协调，地铁工作人员××将张先生送到目的地××站后，又将其安全送到家才放心离开。

地铁车站电梯主要包括自动扶梯、垂直电梯和楼梯升降机。步行楼梯应保持畅通，不得堆放任何物品，任何人员不得滞留，除供乘客上、下外，还应满足紧急情况的疏散需要。自动扶梯还可作为事故疏散通道，但垂直电梯不得作为安全出口。

站务人员应具备这样的职业素养：过硬的专业技能才能保证电梯的稳定运行；良好的服务意识和较强社会责任心才能提供优质的服务；敏感的安全意识、密切的团队合作才能保证自身及他人生命安全；较强的自主学习能力，追求突破、追求革新才能适应行业的发展。总的来说，站务人员职业素养主要包括：专业技能、安全意识、团队合作与沟通、社会责任心和服务意识、自主学习能力等。

电梯关乎使用者的生命安全，因此国家出台了《电梯制造与安装安全规范》（GB 7588—2020）《电梯使用管理与维护保养规则》（TSGT 5001—2017）《电梯试验方法》（GB/T 10059—2017）等多部关于电梯生产、安装、维修、运行的标准，作为站务人员，应该不断磨炼自己的技能，不但要让自己技能达到标准，而且要高于标准，这也正是"工匠精神"的精华体现。

任务 3.2　分析城市轨道交通车站 AFC 故障及应急处置

🔈 任务引入

×年×月×日18时50分左右，B地铁站进出站闸机突然发生故障，致使大量乘客一度被困站内。事发时，市民曾先生从B地铁站出地铁，走下楼梯时，发现车站内挤满了人，出站闸机前排起了长龙，有人在后面高喊："怎么回事，快出站啊！"工作人员前来检查后发现，B地铁站所有出口处的闸机同时发生故障，无论是通卡还是单程票，都无法通过闸机。有乘客想要跨过闸机出站，但被工作人员阻止。与此同时，地铁站进站闸机也发生故障，无法刷卡进站。随即，地铁工作人员赶来，组织滞留在站内的乘客从客服中心旁的临时出入口通过人工检票方式进出站。由于列车不停地进站，导致滞留乘客越聚越多，"有将近百人排队"。至19时10分左右，第一批乘客才完全通过临时出站口出站，随后到站乘客也陆续通过临时出站口出站。经过抢修，所有闸机在当天20时04分恢复正常，B地铁站恢复工作。经检修确定故障原因为自动售检票系统B地铁站服务器软件突发异常，已联系承包商对系统进行检测维护，确保进一步完善软件。

假如你是站务员，你会如何解决AFC故障问题？各小组进行城市轨道交通车站闸机故障分析及应急处置模拟作业。

视频

巩固提高

🌐 学习目标

知识目标：

（1）掌握城市轨道交通车站AFC设备故障的应急处置流程；

（2）掌握城市轨道交通车票安全管理的相关知识；

（3）掌握城市轨道交通车站现金安全管理的相关知识。

能力目标：

能够进行城市轨道交通车站 AFC 故障的应急处置。

素质目标：

（1）树立绿色发展、保护环境的意识；

（2）养成低碳生活的良好习惯；

（3）逐步养成吃苦奉献、拼搏争先的爱岗敬业精神。

测试

巩固提高

知识准备

3.2.1　车站 AFC 设备发生故障时的票务处置

1. 出现一个进站或出站闸机故障时

1）应急处置流程

（1）在出现故障闸机前设置"暂停服务"标志牌，及时引导乘客从设备良好的闸机进出站。

（2）由于闸机卡票等，可由站务员进行应急处置。

（3）其他原因造成闸机设备故障，应及时报告值班站长。

（4）值班站长在接到报告后，立即与自动售检票系统（AFC）维修人员联系抢修，并到达现场，进行乘客的疏导工作。

（5）从车站计算机（SC）系统上也可发现设备故障，应及时报告值班站长，并做好设备故障记录。

2）闸机（GATE）常见故障及排除方法

闸机（GATE）常见的故障主要有死机（暂停服务）和回收机构卡单程票。

闸机（GATE）出现故障时，用闸机钥匙打开闸机维护门后（如果是出站闸机要将票箱轻推，使票箱被吸合），用相应的操作员号码和密码登录后根据故障情况予以排除。

当发生死机（暂停服务）故障时，应在 GC 菜单中选择"8 重启关机"，再选择"1 重启"，观察重启后是否恢复正常；若无效或不成功，则关闭电源 5 s，再打开总电源，观察重启后是否恢复正常；如果重启后仍不能进入正常的业务模式，应按照设备故障处置流程进行报障，请专业人员维修。

当发生回收机构卡单程票故障时，应在 GC 菜单中，选择"2 自检"，再选择"2 回收机构"，正常情况下，回收机构自检后就能排除故障。若无效或不成功时，应按照设备故障处置流程进行报障，请专业人员维修。

2. 车站全部自动售票机（TVM）发生故障时

当城市轨道交通车站全部自动售票机（TVM）发生故障时，车站应及时启动设备故障应急预案予以处置，保障乘客的购票乘车需求，避免乘客积压，引发次生事故。

1）应急处置流程

（1）当车站发现或接到全部自动售票机（TVM）故障报告时，经值班站长或客运值班员到现场进行确认后，应立即给各售票窗口配备预制单程票进行出售或通过票务处置机（BOM）出售单程票。

（2）在自动售票机前设置"暂停服务"标志牌，引导乘客到客服中心售票窗口购票，并维持好乘客购票秩序。

（3）当现有窗口售票能力不能满足需要时，及时启用临时售票亭。

（4）监控车站各售票窗口的售票速度，自动售票设备仍未修复而预制单程票的存量仅能维持售卖2 h，车站要及时联系票务部门申请配发预制单程票。

（5）向票务设备维修部门报告故障，维修人员到达后派人配合其工作。

（6）故障修复排除后，撤除自动售票设备前的"暂停服务"标志牌，引导乘客到自动售票机（TVM）自助购票，各相关岗位恢复正常工作。

2）自动售票机（TVM）常见故障及排除方法

自动售票机（TVM）是乘客自助购买单程票的设备，在日常运营中纸币模块、硬币处置模块和单程票出票机构由于频繁工作，使用到一定时间这些模块中的电动磁铁、传递带、电动机和传感器等部件容易老化、磨损或粘满污垢；另一方面还由于乘客不当的操作行为，导致设备故障或部分功能缺失。自动售票机（TVM）常见故障有卡纸币、卡硬币、卡单程票、死机、暂停服务、硬币回收箱无法推到位和纸币钱箱无法上锁等。

自动售票机（TVM）发现故障时，首先应用门禁卡刷卡听到"嘟"一声后，使用钥匙打开后维护门；然后在维护单元菜单上输入操作员编号和密码，按"确定"登录后，根据故障情况予以排除。故障处置完毕后，在维护单元中"注销退出"，并锁上后维护门。

当发生卡纸币故障时，应执行维护命令"3 部件维护→2 部件维修→1 纸币识别器"，用第二用户（操作员）进行二次登录，拉出纸币识别单元，搬开纸币单元上部的绿色扳手打开纸币单元，观察纸币单元的中部及后部位置（靠操作人员一端），取出夹在其中的纸币后，再合拢纸币单元；如不能取出纸币，在自动售票机的前面板，观察纸币单元的退币口处，若发现被卡纸币，用弯嘴镊子将其取出即可。

当发生卡硬币故障时，硬币可能被卡在鉴币器入口处、传送带处、导币槽内和循环找零转盘入口处等位置。当硬币卡在鉴币器入口处时，通过维护命令"3 部件维护→1 部件诊断→3 硬币单元→4 清除入币口堵币"，使硬币退到找零口；当硬币卡在传送带处时，通过维护命令"3 部件维护→1 部件诊断→3 硬币单元→3 传送带后滚"，使硬币进入小回收盒，取出硬币；当硬币卡在导币槽内时，通过维护命令"3 部件维护→1 部件诊断→3 硬币单元→2 初始化"，使硬币进入小回收盒，取出硬币；当硬币卡在循环找零转盘入口处时，执行维护命令"3 部件维护→2 部件维修→2 硬币单元"，打开导币槽保护罩，直接取出硬币，将取下的部件复原即可。

当发生卡单程票故障时，单程票可能被卡住的位置有：出票漏斗（也称歪嘴）处、电磁铁闸口处、出票通道和金属通道衔接处、出票找零口处。当单程票夹在出票漏斗（也称歪嘴）处或电磁铁闸口处时，在打开后维护门后，向后拉红外屏锁位机构拉杆，解锁红外屏门锁之后关闭后维护门，撑起红外屏并保持不动，若单程票夹在出票漏斗（也称歪嘴）处时，拧开出票漏斗滚花螺钉，打开漏斗取出被夹的票，合上出票漏斗，再拧紧滚花螺钉；若单程票夹在电磁铁闸口处时，用非金属物体打开电磁铁闸门，使票进入废票箱或出票口，然后合上红外屏并锁紧，再次打开后维护门并登录，登录成功后自检出票单元，自检成功后关闭后维护门即可。当单程票夹在出票口和金属通道衔接处时，轻轻向后拉出TDU取出被夹的票，再将TDU推到位，自检出票单元，自检成功后关闭后维护门即可。当单程票夹在出票找零口处时，通常情况下，后续乘客买票出票或找零时能被带出来，如不能被带出来，就要使用镊子将单程票从找零口直接夹出。

当发生死机故障时，应在维护单元菜单中，选择"重启"后确定，观察重启后是否恢复正常；若无效或不成功，则关闭工控机电源约 10 s 后，再打开工控机电源，观察重启后是否恢复正常。如果设备仍然出现故障，按照设备故障处置流程进行报障，请专业人员维修。

当发生暂停服务故障时，应在维护单元菜单中，选择"暂停服务原因"后确定，并根据其中内容做相应处置。如果暂停服务与日常操作无关，则在 GC 菜单中，选择"重启"后确定，观察重启后是否恢复正常；若无效或不成功，则关闭工控机电源 10 s，再打开电源观察重启后是否恢复正常；如果重启后不能进入正常的业务模式，按照设备故障处置流程进行报障，请专业人员维修。

当硬币回收箱不能推到位时，取出硬币回收箱后，用钥匙打开箱盖，把箱盖内的复位销拨到上位，再锁上箱盖，即可直接把硬币收集箱推到位。

当纸币钱箱不能上锁时，应取下纸币钱箱，打开纸币钱箱侧盖再锁上（此时应指示绿灯），轻轻把纸币钱箱推到位，再锁紧纸币钱箱（此时应指示红灯）即可。

3. 车站全部进站闸机发生故障时

当城市轨道交通车站全部进站闸机发生故障时，车站应及时启动设备故障应急预案予以处置，保证已购票乘客顺利、快速检票进站。

应急处置流程如下：

（1）当车站发现或接报全部进站闸机无法使用时，客运值班员或值班站长应立即到现场检查确认，并报告行车调度员、车站站长以及相关部门。

报告内容包括：报告时间、报告车站、报告人、具体设备故障（进闸系统）、启动预案或措施、行车调度员姓名和预计设备具体恢复时间等。

（2）确认后，在故障进站闸机前设置"暂停服务"标志牌及隔离带，值班站长应及时与自动售检票系统（AFC）维修人员联系进行设备抢修。

（3）车站应做好对乘客的相关解释工作，及时开启边门，派人引导持票乘客从边门进闸。进行人工检票进站，并告知乘客在出站时需到客服中心进行车票处置。

（4）待故障修复后，撤除"暂停服务"标志牌及隔离带，关闭边门，引导乘客从进站闸机检票进站。

（5）值班站长应联系车站控制室进行相关内容的广播。

4. 车站全部出站闸机发生故障时

当城市轨道交通车站全部出站闸机发生故障时，车站应及时启动设备故障应急预案予以处置，保证出站乘客快速疏散，避免在站内积压。

应急处置流程如下：

（1）当车站发现或接报全部出站闸机无法使用时，客运值班员或值班站长应立即到现场检查确认，并报告车站站长以及相关部门。

（2）确认后，在故障出站闸机前设置"暂停服务"标志牌和隔离带。

（3）车站应做好对乘客的相关解释工作，及时开启边门，派人引导出站乘客从边门出闸，并回收出站乘客手中的单程票，指引持储值票的乘客到客服中心进行票务处置或告知其可在下次乘车时在任意站进行票务处置。

（4）值班站长应及时与自动售检票系统（AFC）维修人员联系进行设备抢修，待故障修复后，撤除"暂停服务"标志牌和隔离带，关闭边门，引导乘客从出站闸机自助验票出闸。

（5）值班站长应安排车站控制室进行相关内容的广播。

5. 车站全部票务处置机（BOM）发生故障时

1）应急处置流程

（1）车站发现和确认全部票务处置机（BOM）故障后，要立即在售票窗口设置"暂停服务"标志牌。

（2）做好对乘客的解释工作，引导需购票的乘客到自动售票机（TVM）上购票，需对储值卡充值的乘客到自动增值机（AVM）上办理充值业务。

（3）派人在各进、出站闸机处看护，对不能正常进出闸的乘客，开启车站边门，并指引其从车站边门进出，同时回收出站乘客的单程票，告知持储值票的出站乘客在下次进站时如无法正常进站，可到客服中心进行票务处置。

（4）将故障情况报告票务设备维修部门、监控员、行车调度员和车站站长。

（5）故障修复后，撤除售票窗口"暂停服务"标志牌，关闭车站边门，恢复售票窗口正常工作。

2）票务处置机（BOM）常见故障及排除方法

票务处置机（BOM）常见故障有死机和打印机卡纸。

当发生死机故障时，应关闭主机电源至少10 s后，再重新打开主机电源，系统自检并启动业务软件后，输入用户名和密码，登录业务软件，检查程序各项功能，如无异常情况，即可重新进行业务操作。

当发生打印机卡纸故障时，应关闭打印机电源，打开打印机的外壳，取下打印纸，检查打印纸的进、出口通道，并清理通道内的纸屑等异物，再装上打印纸，盖上打印机外壳，重新打开电源使用。

6. 车站全部自动售检票系统（AFC）终端设备发生故障时

车站全部自动售检票系统设备故障一般是指车站的自动售票机（TVM）、自动增值机（AVM）、自动验票机（TCM）、票务处置机（BOM）和进、出站闸机（GATE）等终端设备全部无法使用。

车站全部自动售检票系统（AFC）设备发生故障时，车站相关人员应迅速启动设备故障应急预案予以处置，最大限度地保持车站的运营服务和秩序，满足乘客的需求。

1）应急处置流程

（1）车站接报全部自动售检票系统（AFC）设备发生故障后，由客运值班员以上的人员到现场进行检查确认。

（2）确认全部自动售检票系统（AFC）设备发生故障后，车站相关人员及时报告车站站长、行车调度员、票务部门和设备维修相关部门等。

（3）在故障设备前及时设置故障告示牌，及时组织员工售卖纸票，并引导乘客到客服中心购买。

（4）经请示行调同意后，根据车站人员情况，将进、出站各一组闸机中若干闸机通道设为常开状态，进行人工检票、收票，同时做好秩序维护和对乘客的宣传解释工作。

（5）设备故障修复后，组织员工恢复正常运营服务。

2）自动增值机（AVM）常见故障及排除方法

自动增值机（AVM）常见故障有卡储值卡、卡纸币、打印纸卡纸等。

自动增值机（AVM）出现故障时，首先用门禁卡刷卡听到"嘟"一声后，使用钥匙打开后维护门；然后在维护单元菜单上输入操作员编号和密码，按"确定"登录后，根据故障情况予以排除。故障处置完毕后，在维护单元中"注销退出"，并锁上后维护门。

当发生卡储值卡故障时，应执行维护命令"部件维护→部件维修→TTC（储值卡传送模块）自检"，检查储值卡在传送机构中的位置，如果在回收盒中就直接将回收盒取出后拿出储值卡，并将回收盒装回；如果卡在传送机构的传送带中，用手拉传送带，当储值卡被送到手可以接触时，将卡拿出即可。

当发生卡纸币故障时，应执行维护命令"部件维护→部件维修→纸币识别器"，用第二用户（操作员）进行二次登录，拉出纸币识别单元，搬开纸币单元上部的绿色扳手打开纸币单元，观察纸币单元的中部及后部位置（靠操作人员一端），取出夹在其中的纸币后，合拢纸币单元；如不能取出纸币，在自动售票机的前面板观察纸币单元的退币口处，若发现被卡纸币，用弯嘴镊子将其取出即可。

当发生打印机卡纸故障时，应执行维护命令"部件维护→部件维修→打印机"，拉出纸币识别单元，检查有无纸屑或异物堵塞打印纸通道，如有，清理出堵塞物；如没有，取下打印色带，重新安装打印色带即可。

3.2.2 车票安全管理

1. 车票安全管理规定

车票是自动售检票系统（AFC）票务收益的载体，因此必须对车票进行妥善保管，保证车票的安全。

（1）任何时间，车票只能存放于 AFC 票务室、客服中心、自动售票机（TVM）和出闸闸机（GATE）等处，除特殊原因，任何人不可在其他地点放置车票。

除满足运营需要放在自动售票机（TVM）和客服中心的普通单程票与普通储值票外，其他普通单程票和普通储值票存放于 AFC 票务室专用的文件柜，预制单程票、特种票存放在 AFC 票务室保险柜中，钥匙由当班客运值班员全权负责，每班做好交接。备用钥匙封入票务专用信封，由站长负责保管。

（2）车票在运送途中，一律放在上锁的票箱或封闭手推车内。

（3）车票在任何地点存放都要有相应人员负责，一旦发生丢失、损坏，按票务管理规章相关规定处置。

（4）在有监控设备的条件下，清点、交接任何车票，均需在监控摄像头有效范围内进行操作，不得私藏车票。

（5）售票开始前，客运值班员与售票员当面清点所领储值票以及找零款项，并将配发数填写在《售票员结算单》上，待售票员清点确认后双方在《售票员结算单》上签章确认。

（6）运营过程中售票员如要离开客服中心（如上洗手间、吃饭等）的，须通知客运值班员，并退出票务处置机（BOM）操作界面，客运值班员根据情况决定是否安排顶班，如需客运值班员或机动售票员顶班，顶班交接时双方应各自在票务处置机（BOM）设备退出及登录自己的操作号，严禁信用交接、使用他人的操作号进行售票。

（7）售票结束后，售票员要将所有车票交回 AFC 票务室，与客运值班员办理结账交接。

客运值班员核对《售票员结算单》上配发车票数是否等于售出车票数与剩余车票数之和；售票员退回的单程票、乘客退票（含无效票）需经点数及检测车票状态后确认。若数目相等则完成车票交接；若数目不等，合计车票成本，按票务管理规章相关规定处置，并在相应报表上做好记录。

（8）在非运营时间，车站工作人员不得进入客服中心开启、操作票务处置机（BOM）。

（9）在未得到当班值班站长的许可下，任何非当班票务工作人员不得进入 AFC 票务室、客服中心。任何非当班人员在进入 AFC 票务室时，必须有一名当值客运值班员陪同。

（10）在非运营时间，除当班客运值班员、值班站长、售票员和厅巡外，任何人员不得进入 AFC 票务室（特殊情况下，由值班站长或站长批准进入的除外）。

（11）AFC 票务室摄像监控设备必须 24 h 开启，录影资料未经批准不得删剪。

2. 客服中心报警器的管理和使用

1）客服中心报警器的功能

客服中心报警器的控制按钮一般安装在客服中心售票桌的下方，当售票员遇到失火、冒烟和抢劫等紧急情况或人身受到威胁时，可以按下控制按钮，此时安装在客服中心顶部的报警器会发出闪烁灯光和报警声，召唤同事、保安和公安人员等前来帮助。

2）每日检测设备

车站每天开站服务前，票务人员在对售票设备进行检查的同时，应对报警器进行测试；如果发现报警器出现问题，要及时报告值班站长及维修人员。

3）售票员启动客服中心报警器的情况

售票员在客服中心作业时，在保证自身安全的前提下，遇以下情况可启动客服中心报警器召唤支援。

（1）客服中心失火或冒烟。

（2）发生歹徒抢劫或恐吓事件。

（3）其他紧急事件。

4）各员工的职责

（1）站务员。

①发现客服中心报警器鸣响后，迅速前往客服中心支援，并报告车站控制室、通知值班站长。

②协助具有售票资格的站务员进行现场处置，引导疏散乘客。

③根据安排设置隔离带，维持现场秩序。

（2）值班站长。

①接到报告后马上赶到现场进行处置，视情况拨打 119、110、120 等报警和急救电话。

②安排通过广播做好客流控制和引导，安排人员疏导乘客。

③指示具有售票资格的站务员安全处置票款，安排人员替班。

④通知站长和相关部门，保护好现场，配合上级部门进行调查处置。

3.2.3　车站现金安全管理

车站的现金主要由车站的票款收入和车站日常票务运作备用金两部分组成。

车站现金要求放在车站的安全区域。一般现金安全区域主要是指 AFC 票务室、客服中心、临时售票处以及自动售票机（TVM）和自动增值机（AVM）的钱箱。任何无关人员未经车站当班负责人批准不得进入 AFC 票务室、客服中心和临时售票处等区域。在有监控设备的条件下，现金交接、清点应在监控区域进行，现金处置完毕，应立即锁入保险柜中。

1. 车站现金交接规定

1）纸币

交接纸币时需双方当面清点后签认交接（有条件时必须在监控摄像头有效范围进行），交接时若发现数目有误，应及时上报上级主管部门，并调查处置此事。若差额原因无法查明，则所短款项由交班人当场补足，长款随当日票款上交。

2）硬币

交接硬币时需双方当面清点后签认交接（有条件时必须在监控摄像头有效范围进行），对已经加封的硬币进行交接时，接班人确认加封正确完好后，可凭加封数目交接。

（1）加封前须双人在监控摄像头有效范围内清点，确认无误后共同盖章加封。

（2）开封前须双人在监控摄像头有效范围内确认封条正确完好后，开封共同清点。

清点时若发现金额不符，应立即报站长或值班站长到车站票务室签名确认，差额由加封人负责；如未执行双人开封清点规定时，差错由开封人负责。

（3）与银行兑换的硬币，应由双人在监控摄像头有效范围内清点后加封。

（4）严禁信用交接未经清点或未加封的钱款。

2. 更换自动售票机（TVM）、自动增值机（AVM）钱箱规定

（1）在本站停止售票后或自动售票机（TVM）、自动增值机（AVM）发出"钱箱将满"或"钱箱已满"的信息或各站结合本站具体情况制定固定时间更换钱箱。

（2）更换钱箱必须按《车站 AFC 设备操作手册》规定的程序操作。

（3）每日运营结束后，必须更换所有投入服务的自动售票机（TVM）、自动增值机（AVM）的钱箱，数据清零并将设备设为暂停状态（不需断电）。

（4）更换钱箱时，凭门禁卡和钥匙打开自动售票机（TVM）、自动增值机（AVM）维修门，输入指定密码和操作号登录。

（5）更换钱箱时需双人共同进行操作并同时在《TVM（AVM）钱箱更换/清点记录表》记录设备相关钱、票数。

（6）更换完钱箱后须根据《TVM（AVM）钱箱更换/清点记录表》在票务管理终端上输入相关数据。

3. 钱箱清点规定

钱箱清点工作是项严肃、认真的工作，是保证车站现金安全的重要环节。

（1）客运值班员到值班站长处领取钱箱钥匙，并做好记录。

（2）在 AFC 票务室内，由双人在监控摄像头有效范围内负责清点（其中一人为客运值理员），同时须填写《TVM（AVM）钱箱更换/清点记录表》的相应部分，客运值班员在票务管理终端上输入钱箱实际清点数据。

（3）清点钱箱时严禁混点，必须按每台设备换下的钱箱分别清点并记录差异，50 元以上误差需报票务室轮值监控。清点硬币时要在硬币清点机上清点两次，清点纸币时要在纸币点钞机上清点两次，确保数量正确。

（4）在清点中若发现假币、残币、机币，须报票务室轮值监控并用票务专用信封加封

后上交票务室；当班客运值班员在《TVM（AVM）钱箱更换/清点记录表》注明相应的设备号、钱箱号及清点人，相关金额暂不计入本日《车站营收日报》的票款收入，待票务室核查后处置。

（5）填写台账、在票务管理终端上录入数据时要认真，确保钱箱号、设备号、实点数正确无误，同时经手人要在台账上签章确认。

（6）在清点过程中已清点和未清点的钱箱要分开存放，避免遗漏，同时要确保钱币没有卡在点钞设备内。

（7）钱箱清点、数据录入和台账填写要在规定的时间内完成，并按解行的要求进行封存。

4. 车站票款收入管理

车站票款收入主要包括自动售票机（TVM）售票收入、自动增值机（AVM）储值票增值收入、票务处置机（BOM）售票和储值票增值收入、临时售票处售票收入、乘客票务处置收入等。对于车站的票款收入，要求每日运营结束后及时进行清点、登记、系统录入、封装和解行。

票款收入一般要求每日按时解行，不得在车站保管过夜。票款解行工作一般委托专门的押运公司进行。

解行操作程序如下：

（1）有监控的条件下，要求在摄像头有效范围内点清并将票款按银行要求打包，同时填制现金缴款单、封箱清单、零钞交接清单放入银行提供的专用箱内并加封后存放在车站票务室。

（2）核对押运公司职员的身份，用押运交接单与押运公司职员办理交接，将专用箱交押运公司职员解行。

（3）现金缴款单的交款金额填入车站营收日报。

（4）车站在收到银行回单时将现金缴款单随报表上交票务管理部门。

🔧 任务实施

任务场景	校内实训室
任务分组	在这个任务实施中，采用分组的方式进行，每5人为一组，通过自荐或推荐方式选出组长，负责本组任务实施的组织，实施过程中小组成员要相互帮忙，共同完成任务
实施过程	各小组根据以上任务描述，完成以下任务实施过程。 （1）请写出一个（或全部）进站出站闸机故障的应急处置流程。 （2）请写出车站全部自动售票机（TVM）发生故障的应急处置流程。 （3）请写出车站全部票务处置机（BOM）发生故障的应急处置流程。

续表

任务场景	校内实训室
实施过程	（4）请写出车站全部自动售检票系统（AFC）终端设备发生故障的应急处置流程。 （5）编写一个情景对话，演练事故应急救援过程，并将事故应急处置拍摄成视频上交。
任务要求	提交视频需满足以下要求：展示中需要有团队名称及每人扮演的角色说明；展示过程中道具自备，服装道具真实，符合场景要求；视频需要合并上交一个，不能上交多个不合并的视频文件；视频文件名命名为"××班××组××（姓名）"；需要有片头及片尾，片头包括片名、班级、组别、组员姓名，及扮演角色分配等环节字幕，片尾包括谢谢观赏等字幕。正片中关键环节需要添加字幕或特效
任务反思	（1）学到的理论知识有哪些？ （2）掌握的实操技能有哪些？ （3）在任务实施过程中，在个人自身素养提升方面有哪些收获？ （4）随着地铁的发展，无纸车票越来越受到大众的推崇，你对此有什么看法？

🔍 任务评价

序号	评价项目	评价指标	分值	自评（20%）	互评（20%）	师评（60%）	合计
1	知识目标（25分）	能掌握车站 AFC 设备故障的应急处置流程	10				
		能掌握车票安全管理的知识	10				
		能掌握车站现金安全管理的知识	5				

续表

序号	评价项目	评价指标	分值	自评（20%）	互评（20%）	师评（60%）	合计
2	能力目标（50分）	能具备车站 AFC 故障的应急处置能力	50				
3	素质目标（25分）	能树立绿色发展、保护环境的意识	8				
		能养成低碳生活的良好习惯	8				
		能逐步养成吃苦奉献、拼搏争先的爱岗敬业精神	9				
合计			100				
综合得分							

拓展阅读

老外地铁逃票被抓，金发美女老外擅自钻出闸机被罚款 84 元。

×年×月×日下午，在××1 号线××站，一名外籍乘客钻出闸机被执法队员当场抓获。在热心乘客的志愿翻译下，执法队员对该名外籍乘客进行相关条例的解释并对其行为进行教育。最终，执法队员根据《××轨道交通管理条例》向其收取 84 元票款，当事人接受处置结果。

××地铁提示，乘客如遇到车票遗失、闸机故障等类似情况，请至车站服务中心向工作人员寻求帮助，非正常出站被执法队员查获且无法出示有效车票的乘客同样按《××轨道交通管理条例》规定：按最高票价收取票款，同时补交 5 倍最高票款。（按目前最高票价 14 元计算，14 元 + 5 × 14 元 = 84 元。）

城市轨道交通车站客运票务安全管理主要包括车站 AFC 设备故障的票务处置、车票安全管理、车站现金安全管理等内容，保证车站客运票务安全，对于保障车站安全运营至关重要。

作为一名地铁工作人员，不仅要掌握扎实的专业技能，还要有高超的应急处置能力，甚至在碰到一些国际乘客时，可以依据我国相关规章制度，与国际友人友好协商处置问题，这在体现对我国法律法规敬畏的同时，也展示了我国作为友谊之邦的大国气度。

票务设备关乎地铁安全运营，因此国家出台了《城市轨道交通自动售检票系统检测技术规程》（CJJ/T 162—2011）《城市轨道交通自动售检票系统工程质量验收规范》（GB 50381—2018）等多部关于城市轨道交通自动售检票系统的标准，作为地铁工作人员，要熟练掌握各种设备的应急处置方法，更好的服务乘客，让乘客在遵守地铁运营相关规章制度的同时，还能产生宾至如归的感觉，更好地树立城市轨道交通的良好形象。

任务 3.3　分析城市轨道交通车站照明故障及应急处置

任务引入

×年×月×日，×地铁早高峰发生史上最大规模停电事件，5 列地铁陷入停顿，4 000 多名乘客被困地铁隧道中几个小时。人们惊慌失措，被迫走下地铁列车，在漆黑的隧道中沿着钢轨前行 2 个多小时才走出地下隧道。更多人则被困在空间狭小、没有空调设施的地下长达几个小时。

假如你是站务员，你会如何解决车站照明设备故障问题？各小组进行城市轨道交通车站停电故障分析及应急处置 PPT 汇报作业。

学习目标

知识目标：

（1）熟悉车站照明的分类；

（2）掌握城市轨道交通车站停电的应急处置流程。

能力目标：

（1）能够进行城市轨道交通车站照明故障的应急处置；

（2）能够进行城市轨道交通车站全站停电的应急处置。

素质目标：

（1）培养螺丝钉精神，培养大局意识；

（2）树立节约优先意识；

（3）弘扬劳动精神，养成吃苦奉献的习惯。

视频

巩固提高

测试

巩固提高

知识准备

3.3.1　车站应急照明

城市轨道交通工作场所照明种类可分为正常照明、应急照明、值班照明和过渡照明。正常照明是指在正常情况下使用的室内外照明，应急照明是指因正常照明的电源失效而开启的照明，值班照明是指非工作时间为值班设置的照明，过渡照明是指为减少建筑物内部构筑物与外界过大的亮度差而设置的、亮度可逐次变化的照明。

应急照明包括备用照明和疏散照明，正常情况下由交流电源供电。当交流电失效时，自动转换为蓄电池供电；交流电源恢复后，又自动转换为交流电源供电。应急照明持续供电时间不小于 60 min，由正常照明转换为应急照明的切换时间不大于 5 s。

备用照明用于确保正常活动继续进行，车站控制室、站长室、消防泵房和变配电房等应急指挥和应急设备应用场所的备用照明照度不小于正常照明照度的 50%，其他工作场所的备用照明照度不小于正常照明照度的 10%。

疏散照明用于帮助人们在火灾初期的浓烟中辨认方向，沿着灯光顺利疏散，由出口标志灯、指向标志灯和疏散照明灯组成。出口标志灯设于站台出口、站厅出口、车站出口、设备房及其他通向外界的应急出口处的上方。指向标志灯设于站台、站厅、自动扶梯、楼梯口，疏散通道间隔不大于 20 m 处、疏散通道转弯处或交叉口、安全出口。疏散照明灯设于站台、站厅、自动扶梯、楼梯口、疏散通道、安全出口、房间通道、风道以及区间隧道等处。

3.3.2　车站全站停电时的应急处置

城市轨道交通车站全站停电时，应急处置最重要的原则是在有关设备后备电力维持供应能力时间范围内，将所有乘客安全疏散出站，确认电梯是否有人被困。

1. 处置流程

（1）全站停电后，立即报告行调、车站站长和相关部门。

（2）如有列车停靠车站，广播注意事项，并派人拿应急照明、手提广播设备等到站台组织乘客下车。

（3）接到行调疏散命令后，通知车站员工停止车站服务，打开全部闸机和员工通道，执行车站疏散程序。

（4）在应急照明不足的区域、楼梯及扶梯口、闸机等通道窄小位置安排员工引导乘客疏散。

（5）疏散完毕后，关闭车站出入口。

2. 相关岗位作业

客运各岗位人员必须服从统一指挥，在车站值班站长或客运值班员的安排调配下安全、迅速、准确、有序地进行有关作业。

1）站务员

（1）打开员工通道门，拿手电筒或应急灯、手提广播到站台协助乘客下车，确保安全；或在站厅维持秩序，引导乘客疏散，并做好乘客解释安抚工作。

（2）乘客疏散完毕后，关闭相应出入口，张贴暂停服务告示。

（3）修复正常供电后，确认设备情况，恢复岗位正常工作。

2）售票员

（1）锁好票款，停止售票兑零，在站厅负责相关区域乘客的疏散工作。

（2）乘客疏散完毕后，关闭相应出入口。

（3）修复正常供电后，确认设备情况，恢复岗位正常工作。

⚙ 任务实施

任务场景	校内实训室
任务分组	在这个任务实施中，采用分组的方式进行，每 5 人为一组，通过自荐或推荐方式选出组长，负责本组任务实施的组织，实施过程中小组成员要相互帮忙，共同完成任务
实施过程	各小组根据以上任务描述，完成以下任务实施过程。 （1）请写出车站全站停电的应急处置流程。

续表

任务场景	校内实训室
实施过程	（2）作为一名站务员，请写出在全站停电情况下的岗位职责。 （3）作为一名售票员，请写出在全站停电情况下的岗位职责。 （4）制作事故应急处置 PPT，汇报事故处置过程及注意事项，并将事故应急处置 PPT 转化为二维码上交。
任务要求	制作 PPT 中须有小组成员分工说明，确定 PPT 汇报人员，汇报时间、地点自定，并将汇报过程形成资料上交，资料文件名命名为"××班××组××（姓名）"
任务反思	（1）学到的理论知识有哪些？ （2）掌握的实操技能有哪些？ （3）在任务实施过程中，在个人自身素养提升方面有哪些收获？ （4）轨道交通经历了蒸汽时代、内燃时代，如今，随着电气化轨道交通在世界各国的普及，请谈谈你对于轨道交通发展前景的认识。

任务评价

序号	评价项目	评价指标	分值	自评（20%）	互评（20%）	师评（60%）	合计
1	知识目标 （25分）	能熟悉车站照明的分类	10				
		能掌握车站停电的应急处置流程	15				
2	能力目标 （50分）	能具备车站照明故障的应急处置能力	25				
		能具备车站全站停电的应急处置能力	25				
3	素质目标 （25分）	能涵养螺丝钉精神，培养大局意识	8				
		能树立节约优先意识	8				
		能弘扬劳动精神，养成吃苦奉献的习惯	9				
合计			100				
综合得分							

拓展阅读

××地铁"××线"××至××两站之间的隧道内由于电线破损，出现道岔故障，从而导致列车脱轨事故。

××地铁1935年开通，是世界最繁忙的地铁之一。15日早高峰，车厢乘客密集，当列车行至离"××"站约200 m远的隧道时，电压突然减弱，列车紧急制动，导致3节车厢脱轨，卡在隧道里。目击者称，事故发生后，乘客"像多米诺骨牌般倒下"，其中一节脱轨车厢内冒出浓烟，烟雾随后充满隧道。事故造成23人死亡，160人受伤。

这是××地铁系统开通近80年来最严重的事故之一。基础设施专家××说："这是××地下设施全部历史上最严重的人为灾难。除恐怖袭击外，这是伤亡最严重的一起事故。"

××调查委员会公布××地铁脱轨事故原因，称事故系地铁内道岔系统故障所致。事故发生时，道岔系统内所使用的3 mm电线破损，造成道岔系统无法正常工作。

城市轨道交通工作场所照明种类可分为正常照明、应急照明、值班照明和过渡照明。地铁车站全站停电时，最重要的原则是在有关设备后备电力维持供应能力时间范围内，将所有乘客安全疏散出站。客运各岗位人员必须服从统一指挥，在车站值班站长或客运值班员的安排调配下安全、迅速、准确、有序地进行车站全站停电时的应急处置。

地铁列车是由一个个系统、一个个部件、一颗颗螺丝钉组成的，地铁工作人员就像是承载广大乘客奔向美好生活地铁上的螺丝钉，只有每一颗都紧紧地坚守自己的位置，履行自己的义务，才能最大程度地确保地铁的安全运营。心中有责不懈怠，他们坚守着、奉献着，用职业操守与素养诠释着"螺丝钉精神"。

照明设备关乎地铁安全运营，因此国家出台了《施工现场临时用电安全技术规范》（JGJ 46—2022）等多部关于城市轨道交通照明的标准，作为地铁工作人员，切实提高自身业务水平，不漏掉任何一个微小的设备、不让任何一个隐患存在，是每个地铁工作人员的工作目标。

任务 3.4　分析城市轨道交通车站环控设备故障及应急处置

任务引入

×年×月×日中午 12 时 09 分，××市地铁 2 号线某站突然发出警报，站厅的广告牌灯光熄灭，通道内的防火卷帘门纷纷落下，车站监控室的门禁开启，车站工作人员、警察、保安纷纷冲出来，一边检查一边询问。经仔细检查后并未发现火情，及时处置后恢复了设备，没有影响地铁运营，也未引起乘客恐慌。

调取监控录像后，发现是一名八九岁的小男孩出于好奇按下了通道内的火灾手动报警按钮，当相关设备被触发后，小男孩吓坏了，贴着墙走向通道拐角处躲了起来，民警对小男孩和他的妈妈进行了批评教育。

学习目标

假如你是站务员，你会如何解决车站环控设备故障问题？各小组进行城市轨道交通车站环控设备故障分析及应急预案制定作业。

知识目标：
（1）熟悉城市轨道交通车站环境控制系统的功能；
（2）掌握正常工况的环境控制系统的相关知识；
（3）掌握事故工况的环境控制系统的相关知识。

能力目标：
能够进行城市轨道交通车站环控设备故障的应急处置。

素质目标：
（1）培养问题意识，养成追求真理的习惯；
（2）养成求真务实的科学家精神；
（3）逐步养成大国工匠精神。

视频

巩固提高

测试

巩固提高

知识准备

环境控制系统主要针对城市轨道交通的地下线路，相对于地面和高架线路，地下线路深埋于地下，空气环境与地面有较大差异。环境控制系统控制空气温度、空气湿度、空气质量、气流速度、气流组织和噪声等环境因素，为乘客和工作人员营造安全、舒适的候车和工作环境，并满足设备正常运转的需要。

3.4.1　环境控制系统的功能

城市轨道交通的地下线路除出入口、风井和排风口等通风道口与外界连通外，基本上与大气隔绝。列车运行、设备运转和人体等会散发大量的热，地下环境潮湿，人群大量呼出二氧化碳，都会使空气变得污浊不堪，难以忍受。仅依靠自然通风不能达到改善空气环境的目的，必须通过环境控制系统的机械和电气手段处置空气。由于城市轨道交通地下铁道的走向一般沿着城市道路，多数新风口设于人群密集、机动车集中的道路两侧，引入的新风中含有粉尘和有害物质，环境控制系统必须进行有效过滤。城市轨道交通车站是人群大量聚集的公共场所，病菌传播速度较快。为此，环境控制系统还应具有杀菌的功能。

环境控制系统应具有三方面的功能：一是正常情况下，对空气进行降温、除湿、通风、滤尘和杀菌；二是列车阻塞在区间隧道时，保证阻塞处有效通风；三是区间或站内发生火灾时，进行排烟与通风。

城市轨道交通的地下线路空间封闭，满足人员生理及心理要求的空气环境完全依靠环境控制系统，一旦环境控制系统失效，空气环境将迅速恶化，不仅影响舒适性，甚至危及生命安全。因此，设置环境控制系统时，必须保证系统局部失效时，整体功能仍可维持在适宜的水平，能够满足人员最基本的生理需求，并在条件允许的情况下适当提高舒适度。

3.4.2　正常工况的环境控制系统

环境控制系统分为通风系统（含活塞通风）和空调系统两种方式。从降低成本、节约能源的角度出发，优先采用通风系统（含活塞通风）。环境控制系统主要由隧道通风系统、车站站厅和站台通风与空调系统、车站设备和管理用房通风与空调系统组成。车站站厅和站台通风与空调系统也称环控大系统，车站设备和管理用房通风与空调系统也称环控小系统。

1. 地下隧道区间通风系统

地下隧道区间是一个狭长的空间，列车在隧道内相当于一个活塞，高速运行会产生活塞效应，形成活塞风。这种通风方式不费能源，应优先考虑使用。正常情况下，地下隧道就采用活塞通风。当活塞通风不能满足排除余热要求或布置活塞风道有困难时，设置机械通风系统。活塞通风不能满足要求的情况主要有三种：一是活塞效应产生的换气量有限，不能满足排除隧道余热的要求；二是受周边环境影响，活塞风道无法修建；三是由于风亭出口位置的关系，活塞风道过长，活塞效应失效。

隧道夏季的最高温度标准为：列车不设置空调时，不得超过 33 ℃；列车设置空调、车站不设置屏蔽门时，不得超过 35 ℃；列车设置空调、车站设置屏蔽门时，不得超过 40 ℃，当隧道温度过高时，必须对隧道进行冷却通风。为了不影响列车运行，冷却通风一般在夜间进行。冷却通风的办法为：开启隧道两端车站的事故冷却风机，一端车站向隧道送风，另一端车站从隧道向外排风；第二天改变方向，原送风车站改为排风，原排风车站改为送风。

2. 车站站厅和站台通风与空调系统

地下车站应设置通风系统，当通风系统达不到空气环境标准时，设置空调系统。设置空调系统的具体条件如下：夏季当地最热月的平均温度超过 25 ℃，且地铁高峰时间内每小时的行车对数和每列车车辆数的乘积大于180；夏季当地最热月的平均温度超过25 ℃全年平均温度超过15 ℃，且地铁高峰时间内每小时的行车对数和每列车车辆数的乘积大于120。

地下车站通常同时设置通风和空调两种系统，两种系统共用一套风管系统，但运行时启用的设备不同。通风系统和空调系统的运行按季节进行转换，一般情况下，从十月中旬至第二年五月底通风系统运行，从六月初至十月中旬空调系统运行。不论哪种系统运行，车站温度不应超过30 ℃。

地面车站和高架车站一般采用自然通风，必要时站厅可设置机械通风系统或空调系统。站厅采用通风系统时，最高温度不应超过35 ℃；采用空调系统时最高温度不应超过30 ℃。

3. 车站设备及管理用房通风与空调系统

车站设备用房主要有通信设备室、信号设备室、环控机房、环控电控室、牵引变电所、降压变电所、照明配电室和电源设备室等，管理用房主要是车站控制室、票务室、值班室、站长室、备品库、会议室、更衣室、休息室、卫生间、垃圾间和清扫工具间等。这些房间因用途不同，对空气环境的要求也不同。

地下车站的各类用房应根据其使用要求设置机械通风系统。对卫生标准较高或生产条件有限制的用房，当通风系统不能满足其要求时，可设置空调系统。地下牵引变电所和降压变电所应设置机械通风系统，考虑到设备发热量大，使用通风系统难以实现或不够经济时，可设置冷风系统。地面变电站采用自然通风就能达到降温效果，当自然通风不能满足要求时，采用机械排风、自然进风。通信设备室、信号设备室等特殊设备用房，对环境温度、湿度有一定的要求，需使用空调系统，维持设备正常运转。为防止卫生间的臭气向站台、站厅扩散，卫生间应设置独立的通风系统，采用机械排风、自然进风，所排出的气体宜直接排出地面。

4. 车站采暖

地下土壤和围护结构是个极大的容热体，夏天吸收热量并储存起来，到冬天再释放出来。再加上列车运行产生的大量热，使得地下车站和隧道在冬天的温度能维持在5~12 ℃以上。因此，地下车站及区间隧道可不设采暖系统。地下车站的设备和管理用房有特殊要求时，可以局部采暖。

地面车站和高架车站是否设置采暖系统，取决于最冷月份室外平均温度。高于−10 ℃时，站厅、站台可不设置采暖系统；低于−10 ℃时，只在站厅设置采暖系统，站台不设。站厅设采暖系统时，厅内温度不低于12 ℃。车站设备用房根据工艺要求设置采暖装置。地面车站和高架车站需要采暖时，应尽可能利用附近的城市热力网，以保证采暖效果可靠，减少维护管理，降低造价。

3.4.3 事故工况的环境控制系统

地下空间狭小，一旦发生意外，疏散通道较少，撤离路程较长。封闭的地下空间使火灾产生的烟雾散发出口很少，积聚在地下，弥漫在隧道中，使能见度降低，更加延缓了疏散速度，并且很容易受到烟雾伤害。所以，在地下车站及区间隧道内必须设置防烟、排烟系统与事故通风系统，使人、烟分流，用机械设备使烟雾顺着一个方向流动并排出，人员则另一个方向撤离。

为节省空间，通常防烟、排烟系统与事故通风和正常通风以及空调系统合用。这时，通风与空调系统应符合防烟、排烟系统的要求，并采用可靠的防火措施，还应具有从正常工况快速转换为事故工况的功能。

1. 列车阻塞在区间隧道的通风

由于非火灾因素的故障，造成列车停在区间隧道，不能继续运行，称为列车阻塞在区间隧道。这种情况下，无论是将乘客暂时滞留于列车中，还是组织乘客向两端车站疏散，乘客都会在区间隧道待一段时间。在这段时间内，列车由于停车失去了活塞效应，隧道活塞通风终止，列车空调停止运转，列车和乘客还在散发热量，大量乘客不断吸入氧气呼出二氧化碳。区间隧道的温度迅速上升，空气含氧量急剧下降，很容易造成身体不适。为了使乘客呼吸到新鲜空气，当列车阻塞在区间隧道时，应对阻塞区间进行有效的机械通风。事故通风办法为开启隧道两端车站的事故冷却风机，一端车站向隧道送风，另一端车站从隧道向外排风。

2. 间道发生火灾的通风排烟

区间隧道发生火灾有两种情况，一是列车着火，二是隧道设施着火。当列车在区间隧道发生火灾时，应尽量运行至前方站，因为在车站组织乘客疏散和进行排烟救火更为便利。当列车着火被迫停在区间隧道时，就需要疏散乘客。隧道设施起火后，列车驾驶员可以根据火势大小和烟雾浓淡，决定继续前行或停车退回，这时不需要疏散乘客。因隧道起火造成供电中断，列车被迫停于区间，这时就需要疏散乘客。

区间隧道发生火灾，不论是否需疏散乘客，都需要迅速启动隧道排烟系统，采用推式排烟，一端车站送风，另一端车站排烟。需要进行区间疏散时，迎着多数乘客疏散方向送风，背着多数乘客疏散方向排烟。不需要疏散乘客时，排烟方向根据现场情况决定。至于从列车头部排烟还是尾部排烟，取决于疏散方向和着火位置。当列车运行方向的头部着火时乘客只能向列车尾部方向疏散，这时由后方车站迎着乘客送风，前方车站排烟；当列车运行方向的尾部着火时，乘客只能向列车头部方向疏散，这时由前方车站迎着乘客送风，后方车站排烟；当列车中部着火时，乘客只能向两端车站疏散，由于靠近车站一端的乘客能很快疏散到站，考虑大多数人的安全，由远端车站送风，近端车站排烟。

随着城市轨道交通的发展，长、大区间隧道开始出现，给隧道通风排烟带来了复杂性需要将区间划分成多个排烟分区，并在隧道中间设置中间排风机井和排烟设备。

3. 车站发生火灾的通风排烟

站厅发生火灾时，火灾探测器报警，将火灾自动报警系统（FAS）置于自动位，将自动检票闸机设为紧急模式，关闭屏蔽门，将气体灭火系统置于自动位，将环境控制系统设为站厅火灾模式进行排烟，关闭站厅送风和站台排风，开放站厅排风和站台送风，形成站台送风、站厅排风的气流，站厅和站台之间形成气压差，避免烟雾扩散到站台。新风来自两个方向：站外新风从出入口流入站厅，站台新风从楼梯口向上流入站厅。这时，车站应组织乘客向出入口方向疏散。

站台发生火灾时，启动站台火灾模式进行排烟，形成站厅送风、站台排风的气流，利用压差原理防止烟雾扩散到站厅。新风来源只有站厅新风，从楼梯口向下流入站台，组织乘客迎着新风向站厅方向疏散。

设备和管理用房发生火灾时，要区分不同情况进行处置。设置气体灭火系统的房间设有机械通风系统，送风管和排风管上装有防火阀，气体灭火时防火阀关闭，灭火完毕后，打开排烟系统，将气体直接排出地面。未设置气体灭火系统的房间发生火灾时，使用灭火器灭火，并关闭送风管防火阀，使排风管处于开启状态，以便及时排烟。灭火完毕，烟雾排尽后，逐步恢复设备运行。

3.4.4 环境系统的控制

地下区间隧道的通风系统以及地下车站通风和空调系统采用中央控制、车站控制和就地控制的三级控制，地下车站设备及管理用房通风与空调系统采用车站控制、就地控制的两级控制。中央控制设于控制中心，对全线环境系统进行监控，使全线的环境系统协调运行。车站控制设于车站控制室，对本站及其管辖区间的环境系统进行监控，用于单独、迅速地处置车站的特殊情况。就地控制就是在各环境系统的电源控制柜处操作控制按钮，用于检修和调试，具有优先权。

 任务实施

任务场景	校内实训室
任务分组	在这个任务实施中，采用分组的方式进行，每5人为一组，通过自荐或推荐方式选出组长，负责本组任务实施的组织，实施过程中小组成员要相互帮忙，共同完成任务
实施过程	各小组根据以上任务描述，完成以下任务实施过程。 （1）请简要描述环境控制系统的功能。 （2）请简要描述正常工况的环境控制系统。 （3）请简要描述事故工况的环境控制系统。 （4）编制一个应急预案，分析事故处置过程及注意事项，并将事故应急处置应急预案转化为二维码上交。

任务场景	校内实训室
任务要求	制作应急预案中须有小组成员分工说明，应急预案需要转化为二维码上交，二维码文件名命名为"××班××组××（姓名）"
任务反思	（1）学到的理论知识有哪些？ （2）掌握的实操技能有哪些？ （3）在任务实施过程中，在个人自身素养提升方面有哪些收获？ （4）地铁的安全运营不仅与轨道、车辆、动力等因素息息相关，周围的环境也起着至关重要的作用，请简要描述其重要性。

🔍 任务评价

序号	评价项目	评价指标	分值	自评（20%）	互评（20%）	师评（60%）	合计
1	知识目标（25分）	能熟悉车站环境控制系统的功能	5				
		能掌握正常工况的环境控制系统的知识	10				
		能掌握事故工况的环境控制系统的知识	10				

续表

序号	评价项目	评价指标	分值	自评（20%）	互评（20%）	师评（60%）	合计
2	能力目标（50分）	能具备车站环控设备故障的应急处置能力	50				
3	素质目标（25分）	能培养问题意识，养成追求真理的习惯	8				
		能养成求真务实的科学家精神	8				
		能逐步养成大国工匠精神	9				
合计			100				
综合得分							

📖 拓展阅读

××邪教的信徒在××地铁三线5列列车车厢内释放自制神经毒气"沙林"，这就是震惊世界的地铁沙林毒气案。

××邪教的信徒当天在××地铁三条地铁线路的5列列车车厢内释放自制神经毒气"沙林"，导致13人死亡，5 500多人受伤，14人终身残疾，这就是震惊世界的地铁沙林毒气案。"沙林"是在第二次世界大战中由纳粹研制出来的，它能破坏神经系统，使受害者窒息，最后因心脏和呼吸系统衰竭而死。

事件发生后，从多个方面强化了应对生化恐怖袭击的机制和措施，包括建立一支500人左右的专门队伍，在生化恐怖袭击发生时，可以尽快介入清除毒源，指导受害群众疏散避难等。

环境控制系统主要分为正常工况的环境控制系统、事故工况的环境控制系统。环境控制系统控制空气温度、空气湿度、空气质量、气流速度、气流组织和噪声等环境因素，为乘客和工作人员营造安全、舒适的候车和工作环境，并满足设备正常运转的需要。

作为一名站务人员，要时刻关注安全、珍爱生命、敬畏生命，养成牢固的现场作业安全意识，同时，要提高自己的业务能力，熟练掌握紧急急救等知识，在旅客需要帮助时，可以及时提供有效的帮助，有效减免事故的发生。

环境控制设备关乎地铁安全运营，因此国家出台了《民用闭路监视电视系统工程技术规范》（GB 50198—2011）等多部关于城市轨道交通环控设备的标准，作为站务人员，要时刻以地铁榜样人物为目标，向他们学习，踏踏实实做好本职工作。

任务 3.5　分析城市轨道交通综合监控系统故障及应急处置

任务引入

×年×月×日上午9时，××市1号线1079号地铁列车行驶至市中心××站时，一名男性乘客在车门打开的瞬间，点燃装满易燃液体的罐子，大火瞬间蔓延。在1079号地铁列车迅速燃烧时，地铁调度员仍允许另一辆列车1080号进站。此时，地铁断电、列车不能行驶，1080号列车在无法开门的情形下也随即燃烧起来，驾驶员没有采取任何果断措施疏散乘客，仍请示调度如何处置。更不可思议的是，在事故发生5 min后，调度员居然还下达"允许1080号车出发"的指令。这次火灾事故伤亡惨重，共造成198人死亡。

假如你是站务员，你会如何解决综合监控系统故障问题？各小组进行城市轨道交通火灾事故分析及宣传海报制作作业。

学习目标

知识目标：

（1）熟悉城市轨道交通综合监控系统的组成；

（2）掌握火灾自动报警系统的相关知识；

（3）掌握车站监控广播安全的相关知识。

能力目标：

（1）能够进行城市轨道交通综合监控系统故障的应急处置；

（2）能够进行城市轨道交通火灾事故的应急处置。

素质目标：

（1）具备严谨认真的工作责任心；

（2）养成奋斗争先的工作态度；

（3）保持吃苦奉献的精神。

视　频

巩固提高

测　试

巩固提高

知识准备

综合监控系统（ISCS）是通过千兆骨干网构建起来的，完成地铁全线资源共享、信息互通，以支持和实现地铁现代化运营管理，提高地铁综合运营水平的综合自动化系统。它集成或互联各监控子系统，通过数据处置与控制功能，人机界面与权限管理功能、报警与时钟同步等功能实现集中管理及调度指挥。

3.5.1　火灾自动报警系统

1. 火灾自动报警系统的功能

火灾自动报警系统（FAS）是一种自动消防设施，通过火灾探测器监控火灾发生时烟雾、热量等特征的变化，确定火灾发生的地点，以进行报警，并自动控制消火栓系统、自动灭火系统、防烟排烟系统、应急广播和应急照明等消防救灾设备，实现对火灾的早期发现和扑救，在火灾防救中发挥着重要作用。

火灾自动报警系统（FAS）通常按中央级和车站级两级设置，中央级设备和车站级设备通过通信网络连接。中央级设置在控制中心，与各车站、车辆段的火灾自动报警系统（FAS）进行通信，接收全线火灾信息，发布消防控制命令，留存火灾事件历史资料，实现对全线消防设施的日常监管和监控管理。车站级设置在车站控制室和车辆段，与中央级火灾自动报警系统（FAS）、车站环境与设备监控系统（BAS）进行通信，采集记录火灾信息并报送中央级火灾自动报警系统（FAS），控制消防救灾设备的启停并显示其运行状态，启动防烟、排烟模式，停止通风、空调系统运行，切断相关区域的非消防电源，独立执行或接受控制中心指令，发布火灾联动控制指令，实现对车站或车辆段管辖范围内的火灾监视和控制。通信网络使得管辖范围内任意地点的火灾信息和控制中心下达的指令均匀地、迅速地、无阻碍地传输，有利于火灾的早期发现和救援。

火灾探测器是火灾自动报警系统（FAS）中最基本、最重要的设备之一，它通过不间断地捕捉火灾发生时冒烟、生热和发光等特征，检测出火灾信息，向火灾自动报警系统（FAS）报警。常见火灾探测器有感烟探测器、感温探测器、感光探测器（又称火焰探测器）和可燃气体探测器，适用于不同的环境和场所。在车站的站厅、站台、各种设备机房、库房、值班室、办公室、走廊、配电室、电缆隧道或夹层均应设火灾探测器，长度超过 60 m 的出入口通道应设火灾探测器，设有气体自动灭火系统的房间应设两种火灾探测器。在防护区内不得有吸烟、烧焊等产生烟雾的行为，防止感烟探测器误报警。设备用房内有空调控制温度，火灾初起时防护区的温度不会迅速升高，感烟探测器会比感温探测器较快感应。

手动报警按钮是以手动方式向火灾自动报警系统（FAS）产生报警信号，作用等同于火灾探测器。手动报警按钮应设于明显和便于操作的部位，安装在墙上时其底边距地高度宜为 1.3～1.5 m，而且应有明显的标志。手动报警按钮应设于有火灾探测器的场所、有人活动的公共场所、地下区间隧道、长度超过 30 m 的出入口通道以及消火栓处，从一个防火分区内的任何位置到最邻近的一个手动火灾报警按钮，距离不应大于 30 m。

2. 自动报警系统的消防联动控制

火灾自动报警系统（FAS）有自动和手动两种触发方式，设置消防联动控制设备。消防联动控制设备包括火灾报警控制器、自动灭火系统控制装置、室内消火栓系统控制装置、防烟排烟系统及空调通风系统控制装置、常开防火门及防火卷帘控制装置、电梯回降控制装置、应急广播控制装置、火灾警报控制装置、应急照明与疏散指示标志控制装置等。实现下列控制及显示功能：启停消防水泵，启停自动灭火系统并发出声光报警，关闭常开防火门，关闭防火卷帘，启停防烟和排烟风机，开启车站屏蔽门和自动检票闸机，显示报警位置，显示保护对象的重点部位、疏散通道及消防设备所在位置的平面图或模拟图等，显示系统供电电源的工作状态，火灾警报与应急广播，切断有关部位的非消防电源，接通应急照明灯和疏散标志灯，控制电梯全部停于首层并接收其反馈信号等。

位于疏散通道上的防火卷帘两侧设置火灾探测器及手动控制按钮，防火卷帘可以自动控制，也可以手动控制。火灾自动报警系统（FAS）对疏散通道上的防火卷帘控制如下：感烟探测器动作后，卷帘下降至距地面 1.8 m 处；感温探测器动作后，卷帘下降到底。如果防火卷帘仅起防火分隔作用，火灾探测器动作后，卷帘自动下降到底。

屏蔽门和自动检票闸机是控制乘客进出站的主要限制关口，确认发生火灾后，通过火灾自动报警系统（FAS）紧急开启站台屏蔽门和自动检票闸机，意味着开放了所有限制通行的关口，可以迅速疏散乘客和车站工作人员。

排烟系统与正常通风空调系统合用，日常运行由车站环境与设备监控系统（BAS）监控管理，火灾自动报警系统（FAS）确认火灾后，向车站环境与设备监控系统（BAS）发布预定防烟、排烟模式指令，环境与设备监控系统（BAS）接收救灾指令后优先执行操作，进行运行模式转换，并反馈指令执行信号。火灾自动报警系统（FAS）将与防烟、排烟无关的通风空调设备关机，切断非消防电源，组织烟气排放，防止火灾蔓延，确保火灾现场的救灾人员安全。

3.5.2 车站监控广播安全

通信系统为控制中心、车站和车辆段等各系统、各部门之间实现语音、数据以及图像等信息的传输。通信系统通常包括传输系统、无线通信系统、电话系统、时钟系统、乘客信息系统、视频监控系统和广播系统等子系统。

传输系统是通信系统中最重要的子系统之一，为其他通信子系统、列车自动监控系统（ATS）、火灾自动报警系统（FAS）、车站环境与设备监控系统（BAS）、自动售检票系统（AFC）和电力监控系统（SCADA）等提供信息传输和信息交换的通道。

无线通信系统是控制中心的调度员与处于移动状态的列车驾驶员、站务人员和检修人员等工作人员实现通信的手段，也是处于移动状态的作业人员、检修人员以及抢险人员相互之间联系的手段。

电话系统包括公务电话、调度电话、站内电话和轨旁电话。公务电话用于控制中心、车站、车辆段和维修部门等各单位对内对外的通信联系。调度电话为控制中心的行车调度员、电力调度员、环控调度员和维修调度员提供与车站、车辆段以及设备室等处所的迅速、直接、点对点的通话，不允许其他无关用户接入，可实现通话录音，具有单呼、组呼、全呼和紧急呼叫功能。站内电话是独立的车站内部电话，不与外部建立联系，主要提供站内各岗位、相邻车站、车站与联锁站之间的直接通信。轨旁电话设于区间线路轨道旁，每隔150~200 m设置一部，供列车驾驶员或维修人员在紧急情况下联系车站及有关部门。

时钟系统通过全球卫星定位系统（GPS）接收时间信息，为全线各车站、城市轨道交通各系统提供标准时间。

以下将对车站乘客信息系统、视频监控系统、广播系统的安全功能进行详细的叙述。

1. 车站乘客信息系统的安全功能

车站乘客信息系统是一个以运营信息为主、公益及商业信息为辅的多媒体综合服务平台。公益及商业信息包括影视播放、天气预报、时钟、新闻、赛事、股票、政府公告、公安提示、公益宣传和商业广告等。运营信息包括常规信息、即时信息和紧急信息。常规运营信息包括乘车须知、换乘信息、车站周边情况、乘客引导和避险逃生指导等；即时运信息包括列车到达时间、列车出发时间、车站服务时间和特别服务安排等；紧急运营信息包括停电、临时停止服务等重要通知，火灾、台风、洪水突发事件警报，紧急出口、疏路线等逃生指示等。除了由分布在车站各处的显示终端播放以上信息外，乘客还可以通过自行操作触摸式查询机获得符合个人需求的信息。

紧急运营信息具有最高优先级，可以中断当前信息的播放，并且不能被其他信息打断直到警告解除，其他信息才能继续播放。

遇列车运行调整较大、列车退出运营和车站运营终止等情况时，车站应及时告知乘客从事件发生至恢复正常，不间断地发布简明扼要的信息，信息内容应包括发生情况、运营安排、时间调整和表达歉意，以便帮助乘客做好出行安排，并对乘客进行疏导。

遇发生火灾、列车阻塞、恐怖袭击等紧急情况时，车站控制室可启动综合监控后备盘（IBP）的乘客信息系统紧急模式，显示导向标志引导旅客疏散方向。

2. 车站视频监控系统的安全功能

视频监控系统（CCTV）也称闭路电视，用于有选择地实时监控或事后察看站台和站厅状况，主要监控设备、列车、客流、客运作业和行车作业等。列车监控的主要内容是接车前的线路空闲情况，列车进、出站时的运行情况以及列车在车站停留时的作业情况。客流监控的主要内容是乘客进、出站情况，乘客在站厅及站台逗留情况以及乘客乘降列车情况。作业监控的主要目的是监督、指导售检票工作、接发列车工作以及巡视服务工作等。监视终端一般设于控制中心、车站控制室、站台端头列车驾驶员立岗处，为调度员、车站值班员和列车驾驶员提供相关的视觉信息。控制中心通过视频监控可以掌握客流变化，及时进行列车运行调整；通过监控也可以及时发现危及行车和人身安全的隐患，进行有效处置。车站通过视频监控发现异常情况时，应及时操作相关设备，掌握并记录现场情况，根据实际情况采取相应自应急措施。列车驾驶员通过视频监控可以观察乘客的上、下车秩序及列车门、屏蔽门开关情况防止意外事故的发生。

3. 车站广播系统的安全功能

广播系统主要由车辆段广播、中心广播和车站广播组成。车辆段广播系统是一套针对车辆段范围的、独立的区域广播系统。中心广播台设于控制中心，可以对控制中心广播，也可以对全线各车站的任何区域广播。车站广播台有站长广播台和站台广播台两种。站长广播台设于车站控制室，可以对站台、站厅和办公区同时进行广播，也可以选定区域单独广播。站台广播台设置在站台监控亭或站台中部墙上，每个站台设一个，是仅面向站台的定向广播，在恶劣环境下仍能全天候使用，有防护门，能够防水。

车站广播有自动、人工两种模式，正常情况下采用自动广播，遇设备故障或广播质量不良时改用人工广播。广播方式分为音乐广播和语音广播，音乐广播的目的是营造良好的候车气氛，语音广播主要面向乘客、运营人员及驻站人员等。语音广播主要起三方面的作用：一是向乘客通告列车运行、提供向导等服务信息；二是向检修、抢修及其他工作人员发布作业命令和通知；三是紧急情况下，通过广播发布通知，组织运营人员协同配合，指挥事故抢险，疏导乘客及车站人员安全撤离。客流量大小决定广播频度，站内乘客人数多时，循环广播的间隔时间应适当缩小。

1）正常运营广播

正常情况下，对乘客的广播主要是通报运营信息，如列车到发时刻、线路换乘办法、车站运营时间、车票使用办法、提醒乘客文明礼貌、告知乘车及候车注意事项等。

2）运营变化广播

非正常情况下，需要向乘客广播行车变化与客运安排，如车次变更、列车晚点、列车越站、时间表变化和车票处置等。

3）安全提醒广播

对乘客的安全广播提醒主要有：安全线注意、乘坐电梯注意、雨雪天气防滑注意、财物防盗、人身安全等。

4）紧急广播

当出现列车计划调整较大、暂时停运或车站运营终止等情况时，车站应及时向乘客进行人工广播。广播内容原则上应包括：吸引乘客注意，说明事实（注意语调和措辞，防止引起乘客恐慌或不安），说明安全状况与运营安排，告知需要乘客配合的行动，并表达歉意以及对乘客的合作致谢等。

（1）运营时刻发生变化。

由于天气不良、列车故障、地面设备故障、乘客进入轨道和物品掉落轨道等原因，导致列车运行调整，造成运营时刻发生变化，车站应向乘客广播，说明原因、列车调整计划和列车预计到达时刻等。广播用语为："各位乘客请注意，由于天气不良（前方列车发生故障、前方车站发生事故、设备故障等），列车时刻调整如下：行车间隔由×分钟调整为×分钟，开往××方向的列车将于×点×分后到达（发出），请您耐心等候。"

（2）运营暂时中断。

发生行车设备故障暂时无法修复、列车撞人撞物以及大型异物侵限等情况，造成列车长时间中断，行车计划改变较大，列车运行时间不确定，车站应及时向乘客广播，说明原因及情况。广播用语为："各位乘客请注意，由于设备故障（前方列车发生故障、前方车站发生事故等），运营暂时中断。有急事的乘客可以到客服中心办理退票手续改乘其他交通工具。给您带来的不便敬请原谅。"

（3）运营终止疏散乘客。

发生火灾、水淹等灾害或爆炸、毒气等公共安全事件时，车站需终止运营，应广播通知乘客，积极组织疏散。广播用语为："各位乘客请注意，由于车站发生紧急情况，运营暂时中断，请您在站务人员引导下迅速、有秩序地离开车站，您以后可持车票到车站办理退票手续。"

🔧 任务实施

任务场景	校内实训室
任务分组	在这个任务实施中，采用分组的方式进行，每5人为一组，通过自荐或推荐方式选出组长，负责本组任务实施的组织，实施过程中小组成员要相互帮忙，共同完成任务
实施过程	各小组根据以上任务描述，完成以下任务实施过程。 （1）进行该火灾事故案例分析，上交分析报告。 ①事故案例经过。 请说明 a. 事故概况及案例经过。b. 现场人员伤亡情况，并根据事故划分标准确定其类型。

任务场景	校内实训室
实施过程	②事故现场处置情况。 请说明现场处置情况如何？请分别列举。 ③事故调查与分析。 请说明 a. 本起事故责任主体有哪些？b. 事故发生的原因有哪些？c. 事故对你的启示是什么？如何避免类似事故的发生？ （2）制作一个宣传海报，阐述火灾事故原因及注意事项，并将宣传海报进行宣讲及上交。
任务要求	（1）提交的分析报告需包括事故简介、等级划分、原因分析、应急处置等内容，报告封面须有小组成员分工说明及成员贡献率，形成纸质版报告上交； （2）制作宣传海报中须有小组成员分工说明，确定海报宣讲人员，宣讲时间、地点自定，并将宣讲活动过程形成新闻文档上交，宣传新闻文件名命名为"××班××组××（姓名）"
任务反思	（1）学到的理论知识有哪些？ （2）掌握的实操技能有哪些？ （3）在任务实施过程中，个人自身素养提升方面有哪些收获？ （4）作为一名地铁站务员，应具备哪些能力来应对车站的各项突发情况，请简要列举。

任务评价

序号	评价项目	评价指标	分值	自评（20%）	互评（20%）	师评（60%）	合计
1	知识目标（25分）	能熟悉综合监控系统的组成	5				
		能掌握火灾自动报警系统的知识	10				
		能掌握车站监控广播安全的知识	10				
2	能力目标（50分）	能具备综合监控系统故障的应急处置能力	25				
		能具备城市轨道交通火灾事故的应急处置能力	25				
3	素质目标（25分）	能具备严谨认真的工作责任心	8				
		能养成奋斗争先的工作态度	8				
		能保持吃苦奉献的精神	9				
合计			100				
综合得分							

拓展阅读

×地铁因机车电路故障，驾驶员紧急制动，车辆大部分材料都是易燃物，从而诱发火灾。

×年×月×日，×地铁因机车电路故障诱发火灾，殃及列车3、4节车厢着火，造成558人死亡，269人受伤。直接原因：机车电路故障。间接原因：驾驶员缺乏经验，紧急制动把列车停在了隧道里；车辆使用的大部分材料都是易燃物；燃烧时产生大量烟雾和有毒气体。

城市轨道交通综合监控系统主要包括火灾自动报警系统（FAS）、车站环境与设备监控系统（BAS）、自动售检票系统（AFC）、视频监控系统（CCTV）、电力监控系统（SCADA）等子系统，只要子系统能够正常运营，才能保障城市轨道交通车站的正常运营。

作为一名地铁工作人员，过硬的专业技能、熟练的应急处置能力是保证车站安全运营的基础。牢固树立"安全第一，预防为主"的意识，把安全制度深深地扎根在每一位地铁工作人员的心中。在遇到事故、危险等紧急情况下，能够保持沉着冷静、处变不惊的工作态度，才能最大限度减轻事故造成的后果。

综合监控系统关乎地铁安全运营，因此国家出台了《城市轨道交通综合监控系统工程施工与质量验收规范》（GB/T 50732—2011）《城市轨道交通综合监控系统工程设计规范》（GB 50636—2018）等多部关于城市轨道交通综合监控系统的标准，作为地铁工作人员，要不断提升自己的业务能力，养成精益求精的职业素养。

项目3　城市轨道交通车站设备故障综合演练实训手册

手册

巩固提高

项目 4
城市轨道交通客运突发事件应急处置

项目描述

在城市轨道交通运营过程中，由于人流量大、电气设备复杂，发生事故时，造成社会舆论影响巨大，其外在影响所带来的损失远大于实际损失价值，国内轨道交通运营企业也逐渐认识到了突发事件管理的重要性，为确保城轨交通安全、正点的运行，城市轨道交通运营人员需要对城市轨道交通车站、列车及服务设施的安全突发事件、乘客受伤事件、路外伤亡事件、乘客醉酒事件、票务事件、车门及屏蔽门夹人夹物事件、突发卫生事件等客运突发事件进行应急处置。同时，在处置中，要时刻坚持"以人为本"原则，耐心处置，树立责任意识和规则意识，逐步具备严谨、认真、细致的工作态度和高度的工作责任心。

任务 4.1　判断城市轨道交通车站火灾情况及应急处置

任务引入

×年×月×日×时×分地铁××站站厅南部有烟雾窜出，接到报警信息后，立即启动《客流控制预案》，××站 B 口采取只出不进控制措施，并开启排烟风机进行排烟。×时×分××站站厅、站台烟雾已全部排完，取消 B 口客流控制，恢复正常运营，事件未造成列车晚点和人员伤亡。经调查本事件是一起因设备维保不到位而导致的空调设备轴承故障，加之后续应急处置不力导致事态扩大，造成了一定社会影响。事件应急处置过程中，车站行车值班员发现 FAS 报警时未同时将冒烟情况报告环控调度员，致使排烟风机启动较晚。

针对本起车站火灾事故，作为车站各岗位工作人员应该怎样处置？

学习目标

知识目标：
（1）了解城市轨道交通车站火灾的成因；
（2）掌握城市轨道交通车站火灾的特点；
（3）熟练掌握车站火灾事故的应急处置程序。

能力目标：
能够进行城市轨道交通车站火灾事故的应急处置。

视　频

巩固提高

素质目标：

（1）具备应急判断能力；

（2）树立责任意识和安全意识；

（3）能增强问题意识。

测试 ●

巩固提高

📑 知识准备

4.1.1　城市轨道交通火灾特征及危害性

1. 不确定性强

城市轨道交通点多线长面广、客流量大，发生火灾的时间和地点不确定，火灾隐患点多且多处于视线死角，发生初期极具隐蔽性，不易发觉；一旦发现，就已达到一定的危害范围和程度，造成疏散和救援困难。

2. 火灾扩散蔓延快

受轨道交通隧道空间限制，火焰向水平延伸，如果发生火灾时未及时控制通风设备，炽热气流就可以传播很远，遇到易燃物品迅速燃烧，实验测得最远引燃距离为 50 倍洞径。在隧道里，热量不易散出，火势猛烈阶段，温度可达 1 000 ℃以上，甚至改变气流方向的变化，对逃生人员影响极大。

3. 逃生条件差

城市轨道交通运营环境的特定性，决定了供乘客安全逃生途径的单一性。除安全疏散通道外，既没有供乘客使用的垂直电梯（设计上仅考虑残疾人专用电梯），也没有紧急避难场所，突发火灾事故中，大量乘客同时涌向狭窄的通道及楼梯，另有检票机等障碍物挡道，严重影响乘客快速逃生。

城市轨道交通火灾是发生在封闭受限制空间的火灾，一般属于不完全燃烧。目前，已知的火灾中有毒烟气的种类（或成分）有数十种，包括无机类有毒有害气体（CO、CO_2、NO_x、HCL、HBr、H_2S、NH_3 HCN、P_2O_5、HF、SO_2 等）和有机类有毒有害气体（光气、醛类气体、氰化氢等）。我国有关统计结果表明，吸入烟气致死占火灾死亡人数的 70% ~ 75% ，其中大部分是吸入了烟尘及有毒气体昏迷后而致死的。

4. 灭火救援疏散困难

现市轨道交通出入口少、通道狭窄、疏散距离长、空间密闭，火灾发生后，隧道内烟雾大且扩散速度大于逃生速度，人员密集、能见度低，易造成混乱，发生挤伤和踩踏现象；而且火灾造成的浓烟、毒气、高温缺氧、停电视线不清、通信中断导致指挥和疏散非常困难；大型的消防及救援设备无法进入现场，灭火和救援难以进行。

4.1.2　城市轨道交通车站火灾突发事件应急处置原则及报告程序

1. 车站火灾类突发事件处置原则

城市轨道交通运营企业遵循"集中领导、统一指挥、救人第一、协同作战"为火灾突发事件应急的基本方针。在具体应对中，应遵循以下原则：

（1）处置车站火灾事件的重要原则首先是保障乘客和员工的人身安全；其次是在保证员工自身安全的情况下尝试扑灭火灾。

（2）车站发生火灾，应遵循通报迅速的原则，并须及时向 119、110、120、OCC、地铁公安报告。

（3）开启站厅火灾排烟模式，并根据火势情况，采取灭火措施。

（4）疏散乘客应尽量绕开火灾区域，及时将乘客疏散到站外安全地点，车站保洁、银行、商铺等工作人员应到紧急出入口或后备紧急出入口集中；设备区工作人员由车站通过人工广播通知撤离。如果火灾发生在站厅，火势较大影响到整个站厅公共区，站台乘客无法从站厅向站外疏散时，立即请求行车调度员安排空车疏散站台乘客，站台保安到站台和站厅之间的通道处阻拦乘客进入站厅。

（5）执行紧急疏散时，尽可能稳定乘客情绪，要特别关注老、幼、残等人士，防止踩踏等次生灾害事件发生。

（6）如火势很大时，在乘客疏散完毕后，应组织车站员工疏散乘客，并做好引导消防人员的导向指引。

（7）值班站长在上级领导到来之前担任事故处置临时负责人。

（8）行车调度员应及时扣停有关列车；来不及扣停的应退回后方站，避免产生更大的影响。若接到车站请求派空车疏散时，即安排邻站列车清客，到事发站接载站台滞留的乘客。

2. 车站火灾类突发事件报告程序

1）车站火灾类突发事件的报告原则

（1）迅速、准确、完整的原则。

（2）逐级上报的原则。

2）车站火灾类突发事件报告前应采取的行动

（1）若发现任何可能影响列车安全运行的情况，例如信号设备损坏、异物落入轨道等异常情况，必须立即利用下列方法，截停可能受影响的列车。

①操作车站控制室内的紧急停车按钮。

②按动站台紧急停车按钮。

③猛烈摇动"危险"手信号，或猛烈摇动任何物品。

（2）若发现设备或装置有故障，则必须立即停用或隔离有关故障设备/装置。

3）车站火灾类突发事件的报告内容

（1）报告人姓名、职务和单位。

（2）事件发生的时间（时、分）和地点（区间、百公尺标、公里标或股道）。

（3）事件发生的概况、原因（若能初步判断）及对运营影响的程度。

4.1.3　城市轨道交通车站火灾突发事件应急响应级别

根据城市轨道交通火灾的特点，各城市轨道交通企业建立健全火灾事故应急处置组织机构和分级响应机制，明确各成员单位的分工和职责，确定不同等级火灾事故应急救援的启动程序和响应措施，如表4.1所示。

表4.1　车站火灾应急分级响应机制

一级处置	仅局限于火情能直观确认在小范围内，周边无可燃物品，可判定火势无法蔓延，现场烟雾较小，能立即扑灭。一级处置应立即疏散事发区域周边乘客，直接对火势进行扑救，向车控室OCC报告；根据情况启动站台火灾排烟模式，不需启动车站紧急疏散程序，不影响行车组织，不需向外单位执行信息通报程序

续表

二级处置	现场火势猛烈或燃烧产生的烟雾较大（含燃烧部位不明确，无法现场判断），对乘客造成影响；火情事件导致乘客恐慌并自行疏散。二级处置应立即疏散事发区域周边乘客，并组织人员对火势实施扑救，开启站台火灾排烟模式并启动车站紧急疏散程序，车站临时关闭；乘客疏散完毕后，根据现场情况（火情是否能控制）执行员工疏散程序，列车不停站通过事发车站，执行相应信息通报程序。应急救援结束后，根据公安部门或抢险救援领导小组指令恢复车站运营
三级处置	发生纵火或爆炸等袭击事件，火灾已蔓延至轨行区或相邻防火分区即可认定并启动三级处置。三级处置应立即启动车站紧急疏散程序，启动站台火灾排烟模式，并对事故现场实施控制（阻止火势蔓延），避免事态恶化，事发车站临时关闭；乘客疏散完毕后，立即执行员工疏散程序，事发车站所在区间停运，组织小交路运行，执行相应信息通报程序。应急救援结束后，根据公安部门或抢险救援领导小组指令恢复车站运营 执行二、三级处置级别时，车站应立即执行车站紧急疏散程序，启动站台火灾排烟模式；车站和 OCC 均应立即向 110、120 报警，通知驻站公安；其他驻站人员应协助车站对设备区人员展开疏散工作，以及设备保障工作；各生产调度通知维修人员和救援队出动，相邻车站听从调度安排赶往增援 执行二级处置时，乘客疏散完毕后，如确认火情已扑灭，可不执行员工疏散程序；如火势无法控制，就应立即下达员工疏散命令

4.1.4 城市轨道交通车站火灾突发事件应急处置程序

1. 车站火灾应急处置程序

（1）火警警报响起时，值班站长通过 FAS、BAS 系统确认报警位置，派 1 名车站员工前往该事发地点查看。

（2）车站员工：携带无线电对讲机前往事发地点，找出报警原因；实时通知值班站长是否发生火警，火警是否已触动了防火系统。

（3）如警报为误报，值班站长要及时通知行车调度员及站内所有员工。

（4）若发生火警，现场员工视情况需要手动操作防火系统；或在安全的情况下，使用灭火器灭火；与现场保持安全距离，并警告其他人远离该处，直至消防人员到场。

（5）值班站长确定火警警报属实后，若火势较大，应立即通知行车调度员召集消防人员到场，并遵照车站疏散程序组织乘客撤离。

（6）启动车站排烟模式。

（7）乘客疏散完毕后，关闭车站出入口（紧急出入口除外）。

（8）如火势很大，值班站长应组织员工撤离车站到紧急集合地点集中，并安排人员在指定出入口引领消防人员到现场灭火。

（9）消防人员到场后，值班站长汇报有关情况，将灭火工作交给消防人员，并加入应急处置救援工作中去。

（10）协助事故调查工作。

（11）值班站长接到可以恢复运营的指令后，清理现场，恢复运营。

2. 各工作岗位处置流程

1）站务员岗位行动

（1）接到火灾情况报告，如有需要，根据值班站长的安排，到现场确认是否发生火灾。

（2）如未发生火灾，报告车站控制室。如确认发生火灾，向行车值班员通报有关情况的同时，在保障自身安全的前提下尝试灭火。

（3）当火势较大，接值班站长要求执行车站疏散程序时，在车站站厅做好相关区域的乘客疏散工作，或根据值班站长的安排在站台进行引导疏散。

（4）若列车因火灾停在隧道，如需前往隧道进行疏散，与值班站长一起前往隧道组织引导疏散。

（5）若站厅发生火灾，站台乘客疏散完毕后，根据安排到站厅协助有困难的乘客出站。

（6）乘客疏散完毕后，根据要求关闭出入口（紧急出入口除外），并张贴告示。

（7）如火势很大，根据安排撤离到紧急集合地点集中，协助做好消防人员进入灭火现场的导向标志，引导消防人员到现场灭火。

（8）消防人员到场后，在值班站长的安排下，配合救援抢险和外部支援人员的工作，加入应急处置救援工作。

（9）接到值班站长可以恢复运营的指令后，协助清理现场，恢复本岗位工作。

2）售票员岗位行动

（1）当火势较大，接到值班站长要求执行车站疏散程序时，立即停止服务，锁好票款。到车站折返区域进行乘客疏散工作，或根据值班站长安排到出入口1引导消防人员进站。

（2）乘客疏散完毕后，根据要求关闭出入口（紧急出入口1除外），并张贴告示。

（3）如火势很大，乘客疏散完毕后根据安排撤离到紧急集合地点集中。

（4）协助做好消防人员进入灭火现场的导向标志，引导消防人员到现场灭火。

（5）消防人员到场后，如有需要，根据值班站长的安排，配合救援抢险和外部支援人员的工作。

（6）接到值班站长可以恢复运营的指令后，协助清理现场，恢复本岗位工作。

3. 站台火灾应急处置程序

各岗位站台火灾应急处置程序具体内容见表4.2。

表4.2　站台发生火灾的应急处置程序

序号	岗位	作业程序
1	值班站长	（1）广播通知车站所有员工站台发生火灾，宣布执行紧急疏散计划； （2）担任"事故处置主任"，到现场组织灭火工作； （3）火势不大时组织员工穿好荧光背心再进行救火
2	行车值班员	（1）报告行车调度员车站站台发生火灾，要求停止本站客车服务，并请求支援； （2）向乘客广播车站发生火灾情况，按压AFC紧急按钮，暂停客车服务，尽快疏散并请求出站； （3）按环控调度员命令执行相应的排烟模式； （4）确认车站残疾人电梯内无人后，通知客运值班员锁闭残疾人电梯； （5）及时向调度中心行车调度员汇报火灾的发展情况； （6）及时向调度中心环控调度员汇报火灾模式运行情况及现场排烟效果

续表

序号	岗位	作业程序
3	客运值班员	(1) 通知停止售票; (2) 做好临时告示,引导乘客疏散; (3) 关闭所有 TVM; (4) 关闭车站电扶梯
4	售票员	(1) 停止售票并收好票款和车票; (2) 到出入口张贴告示,拦截乘客进站
5	站台安全员	(1) 指挥护卫拦截进站乘客,指引乘客疏散出站; (2) 组织乘客从站台未失火的一端疏散到站厅; (3) 列车在该站通过时做好站台乘客安全防护

纵观国内外城市轨道交通运营史上有破坏性的重大事故,火灾事故占了绝大多数,造成了极大的伤亡和损失,有的甚至成为难以解决的社会性问题,因此掌握城市轨道及交通系统火灾事故发生及发展的特点,并根据不同类型、等级的火灾事故采取适合的应急处置方式,各岗位工作人员坚守岗位职责,积极做好各项应对措施,一旦事故发生即可及时、有效地实施应急救援,极大地减少伤亡,减轻事故后果。

任务实施

任务场景	校内实训室		
任务分组	本任务实施中按人数分组,每 5 人为一组,通过自荐或推荐方式选出组长,负责本组任务实施的组织,实施过程中小组成员要相互帮忙,共同完成任务		
任务实施	根据任务引入的案例描述,完成以下实践任务: (1) 请填写车站发生火灾突发事件处置表及各岗位应急处置程序表,见表4.3、表4.4。 表 4.3 车站火灾突发事件处置表		
	车站火灾突发事件描述	处置流程	具体操作步骤

续表

任务场景	校内实训室	

表4.4 车站火灾突发事件各岗位应急处置程序

岗位	应急处置程序
站务员	
售票员	
值班站长	

任务实施

（2）请在实训室模拟本案例任务中发生火灾突发事件的过程，重点展示应急处置方案的响应程序以及各岗位工作人员应急处置流程，并拍摄视频。

任务要求

（1）根据任务案例所描述的车站火灾情况填写事件处置表、各岗位应急处置程序。

（2）展示中需要有团队名称及每人扮演的角色说明；展示过程中道具自备，服装道具真实，符合场景要求。

（3）视频需要合并上交一个，不能上交多个不合并的视频文件；视频文件名命名为"××班××组××（姓名）"；需要有片头及片尾，片头包括片名、班级、组别、组员姓名，及扮演角色分配等环节字幕，片尾包括谢谢观赏等字幕。正片中关键环节需要添加字幕或特效

任务反思

（1）学到的理论知识有哪些？

（2）掌握的实操技能有哪些？

（3）在任务实施过程中，个人自身素养提升方面有哪些收获？

（4）查阅资料看看是否有新型灭火工具，能做到迅速灭火且不伤及乘客和车站设备。

🔍 **任务评价**

序号	评价项目	评价指标	分值	自评（20%）	互评（20%）	师评（60%）	合计
1	知识目标（25分）	能了解城市轨道交通车站火灾的成因	5				
		能掌握城市轨道交通车站火灾的特点	10				
		能熟练掌握车站火灾事故的应急处置流程	10				
2	能力目标（50分）	能具备判断车站火灾原因的能力	10				
		能具备车站火灾事故应急处置的能力	20				
		能具备车站发生火灾事故各岗位报告的能力	20				
3	素质目标（25分）	能具备应急判断的能力	8				
		能树立责任意识和安全意识	8				
		能保增强问题意识	9				
合计			100				
综合得分							

📋 **拓展阅读**

地铁安全"守卫者"

这是一支穿梭于地下的灭火队，置身首都的繁华之外，他们将黑暗狭窄的隧道作为值守的战场。当每天 23 时地铁停运的公告声响起，人潮退去，北京轨道消防支队的例行检查才刚刚开始。新的一天来临，人们随着赶地铁的人流匆匆前行时，多半不会想到，正是消防战士们的默默守卫，地铁运行才能如此安全高效。

地铁运行重要性日益凸显的背后，是一份沉甸甸的消防责任。因为，一旦地下起火，烟雾将在隧道内迅速弥漫，影响救援工作开展，给乘客的生命安全造成极大威胁。

所谓"先其未然谓之防，发而止之谓之救，行而责之谓之戒。防为上，救次之，戒为下"，"防患于未然"是每一位地铁消防员铭记的信条。地铁的安全运营，依靠的不仅仅是线路设备的及时更换、耐火阻燃材料的合理铺设、排烟装置的有效运行，更是消防战士们一双双时刻警惕的眼睛。白天，战士们守候在指挥中心的屏幕后，实时监控每一条线路的运营情况；23时地铁停运后，战士们又步入夜幕进行"错时检查"，全面测试车站和隧道内的消防联动设备，确保车站火灾报警系统、室内消火栓系统、气体灭火系统、防排烟系统等建筑消防设施的完好率。

由于地铁环境密闭且人员众多，小事故也有可能引发大骚动，这便需要及时而有效的应急处置。前不久，一名女乘客携带钓鱼竿到北京出售，在上地铁时因拥挤导致其中一根鱼竿的前端掉在列车和站台之间的第三轨上。成分为碳纤维的鱼竿在750 V电压的冲击下，瞬间形成大火球并冒出浓烟，这一突发状况造成部分乘客的恐慌。地铁工作人员立即通过广播指挥紧急疏散，有效防止了险情的扩大。

随着地铁网络化的形成，消防安全管理范围也随之扩大。轨道交通消防支队联合公安局公共交通安全保卫总队，在每个地铁站配备至少一名民警，"每站有警"已成为北京地铁安保的一大特色。有了地铁安全"守卫者"，地铁出行才能更安心。

任务4.2　判断城市轨道交通列车火灾情况及应急处置

**任务引入**

×年×月×日晚间×点×分左右，××地铁一辆载客列车由A站开往B站途中，一节车厢内突然起火，导致至少18名乘客受伤。当时正值下班高峰时段，地铁内挤满乘客。起火后车厢内有浓烟，能看到约1 m高的火焰。列车停在B站后，有一名乘客瘫倒在站台上，其他市民用衣物帮其拍灭下半身的火焰，该受伤乘客的裤子几乎烧光，露出烧伤的皮肤。××地铁职员已经把火扑灭，疏散B站所有乘客，并关闭B站。

作为城市轨道交通工作人员，遇到列车发生火灾事故应该怎样处置？

学习目标

知识目标：
（1）掌握列车在区间发生火灾的应急处置措施；
（2）掌握列车发生火灾火势较小的处置程序；
（3）掌握列车发生火灾火势较大，需要区间疏散的处置程序。

能力目标：
能够进行城市轨道交通列车发生火灾事故的应急处置。

素质目标：
（1）具备应急判断能力；
（2）树立责任意识和安全意识；
（3）具有大局观。

视 频

巩固提高

测 试

巩固提高

📖 **知识准备**

4.2.1　列车在区间发生火灾的应急处置措施

（1）火势较大，列车被迫在区间停车时。

列车在区间发生（大）火灾的应急处置程序见表4.5。

表4.5　列车在区间发生（大）火灾的应急处置程序

序号	岗位	作业程序
1	驾驶员	（1）列车发生火灾在区间被迫停车后，驾驶员须迅速判明火情，即报行车调度员。 （2）降下受电弓。 （3）广播安抚好乘客，引导其使用灭火器自救，并组织乘客疏散。如火灾发生在前部则采取乘客从后端疏散；如火灾发生在尾部时，则采取从前端疏散；如发生在中部时，则采取前后两端同时疏散。驾驶员打开车头门，引导乘客疏散，在迅速实施前端疏散后，要尽力判明后端疏散情况，若后端乘客未能疏散时，通过列车广播指引乘客打开后端疏散门，在确保自身安全的前提下设法灭火或者到后端疏散乘客。 （4）随即前往着火处灭火
2	火灾两端车站工作人员	（1）行车值班员接到火灾报告后，立即报告值班站长，通知相关岗位人员，将进出闸机设置为紧急模式状态，并开启相应区间的工作照明，做好乘客广播宣传工作； （2）客运值班员接到通知后，立即到车控室协助行车值班员的工作，中央级控制不能实现时按环控调度员的指示操作 BAS； （3）邻近列车的前、后方车站值班站长根据行车调度员指令带领站务人员或车站保安立即进入隧道协助灭火并引导乘客疏散，同时做好消防队员的引导工作
3	调度中心	（1）行车调度员扣停后续列车，环控调度员启动区间火灾模式； （2）通知两端车站疏散乘客，若列车停留区域具备打开侧门条件，调度长根据现场情况判断是否要求驾驶员打开侧门

列车在区间发生火灾时各调度员的应急处置程序见表4.6。

表4.6　列车在区间发生火灾时各调度员的应急处置程序

序号	岗位	作业程序
1	调度长	（1）接收行车调度员的报告，立即落实具体情况； （2）向当值调度员宣布执行列车在区间火灾事故的应急处置程序； （3）通知各调度员组织各工种人员灭火救灾； （4）视情况报告"119""120"，并通知有关人员在紧急出入口等候消防人员或救护队

续表

序号	岗位	作业程序
2	行车调度员	（1）确定火点、火情及伤亡情况，报告调度长； （2）要求驾驶员尽力驾驶列车到达前方站； （3）通报各站，扣停有关客车，调整列车运行； （4）如列车能够行驶到达前方车站，则执行"列车在车站发生火灾"的灭火处置步骤； （5）如列车不能够行驶到达前方车站，则组织区间清客，并通知相邻两站值班站长派人引导乘客进站； （6）通知电力调度员停止该区域接触网的供电； （7）将后续列车扣停在后方车站，组织不受影响的车站降级运营； （8）安排备用列车上线接替火灾列车； （9）火灾扑灭后，调整列车运行
3	设备维修调度员	（1）接收火灾事故的情况报告； （2）通知隧道内受影响设备的维修工程师，必要时启动抢修程序
4	电力调度员	（1）根据火灾位置和行车调度员的通知及时切断相应区域接触网的供电； （2）通知接触网人员配合救火； （3）检查设备情况和隧道电缆是否受影响； （4）在隧道清客时提醒行车调度员注意接触网情况，还要保证乘客不触电的措施
5	环控调度员	（1）确定停车位置、着火位置及疏散乘客的方向； （2）确定隧道通风模式，防止自动执行错误模式； （3）若疏散方向为单向，须操作隧道风机开启相应系统供应新风，让乘客疏散时迎风而行； （4）若疏散方向为双向，首先完成乘客撤离的车站隧道风机执行排烟模式，待人员全部撤离，两边车站隧道风机全部执行排烟模式； （5）随时与事故现场联系，及时掌握现场情况

（2）火势较小，列车可以维持进站时。

列车在区间发生（小）火灾的应急处置程序见表4.7。

表4.7　列车在区间发生（小）火灾的应急处置程序

序号	岗位	作业程序
1	驾驶员	（1）判明火情，并迅速向行车调度员和两端车站报告； （2）根据情况，先行采取灭火措施； （3）维持运行至前方车站； （4）如确认发生火灾，通过广播安抚好乘客，引导乘客使用车上灭火器进行灭火； （5）如火势过大，则停车、降弓并疏散乘客

序号	岗位	作业程序
2	车站工作人员	（1）行车值班员接到行车调度员的通知，通知站台安全员确认火灾情况后，立即报告值班站长、行车调度员、"119""120"及车站办公室。 （2）通知相关岗位人员执行列车火灾紧急疏散预案，并广播通知乘客进行紧急疏散。 （3）将进出闸机设置为紧急模式。 （4）客运值班员接到通知后，立即到车控室协助行车值班员工作，中央级控制不能实现时按环控调度员的指示操作 BAS，对消防系统进行监控。 （5）值班站长带领售检票人员立即前往站台与站台安全员共同做好灭火、疏散的准备。售检票人员负责关停扶梯，站台安全员负责列车上的乘客疏散，并使用消防设备。 （6）售检票人员负责关停站厅出入口扶梯，疏散乘客。 （7）车站保洁员工负责到出入口张贴安民告示，拦截乘客进站，做好引导消防队员进站的准备工作
3	OCC	（1）行车调度员扣停上、下行列车，环控调度员启动区间火灾模式； （2）调度长指令邻近列车和前方车站或后方车站组织工作人员前往火灾列车灭火和协助乘客疏散

4.2.2 列车在车站发生火灾的应急处置措施

列车在车站发生火灾的应急处置程序见表 4.8。

表 4.8 列车在车站发生火灾的应急处置程序

序号	岗位	作业程序
1	驾驶员	（1）立即打开车门，降下受电弓； （2）广播通知乘客疏散； （3）报告行车调度员火灾现场情况； （4）车门正常打开后，迅速进入车厢疏散乘客，并前往着火处确认火灾情况，并先行灭火； （5）加强与行车调度员或事故处置主任联系，并按其指令执行相关任务
2	车站工作人员	（1）值班站长、站台安全员和售检票人员在列车停车开门后，立即采取有效措施进行灭火，并负责疏散列车后端车厢的乘客； （2）行车值班员及时报告行车调度员火灾现场情况，加强与行车调度员的联系； （3）客运值班员操作 BAS，启动消防系统； （4）售检票人员负责在站厅疏散乘客； （5）车站保洁人员接到站控室通知后，马上到紧急出口接应消防员，并引导到火灾现场
3	OCC	（1）行车调度员扣停上、下行列车，环控调度员启动区间火灾模式； （2）调度长指令邻近列车和前方或后方车站组织工作人员前往火灾列车灭火和协助乘客疏散

列车在车站发生火灾时各调度员的应急处置程序见表4.9。

表4.9 列车在车站发生火灾时各调度员的应急处置程序

序号	岗位	作业程序
1	调度长	（1）接收行车调度员的报告，立即落实具体情况； （2）向当值调度宣布执行列车在车站火灾事故应急处置程序； （3）通知各调度员组织各工种人员进行灭火救灾； （4）视情况报告"119""120"，并通知有关人员在紧急出入口处等候消防或救护队； （5）指令车站值班站长将该列车扣停在站内灭火，同时扣停影响灭火的其他列车； （6）与火灾事故车站的值班站长保持联系，及时掌握现场灭火情况； （7）视情况组织有限度的列车运营，如小交路运行和反方向运行等； （8）火灾扑灭后，调整列车运行
2	行车调度员	（1）确定火点、火情及伤亡情况，报告调度长； （2）指令失火列车所在车站紧急疏散乘客并降受电弓，调整列车运行； （3）需要时通知电力调度员停止该区域的接触网供电； （4）通报各站，做好相应措施； （5）指令车站值班站长将该列车扣停在站内灭火，同时扣停影响灭火的其他列车； （6）与火灾事故车站的值班站长保持联系，及时掌握现场灭火的情况； （7）视情况组织有限度的列车运营，如小交路运行和反方向运行等； （8）火灾扑灭后，调整列车运行
3	维修调度员	（1）接收火灾事故的情况报告； （2）通知车站内受影响设备的轮值工程师，必要时启动抢修程序； （3）报告维修部门相关领导及公司安全监察部门
4	电力调度员	（1）在需要的情况下，根据行车调度员的批示，在保证其他列车运行时可切断相关的接触网电流； （2）确定车站大小系统及水系统已自动终止正常运营模式并执行站台火灾模式，否则，下令车站终止该车站大小系统及水系统正常运营模式，人工执行站台火灾模式； （3）若有必要，启动两个相邻车站靠近事故车站一端的隧道风机并按照同线侧通风排烟模式运行； （4）若有列车受困于隧道内，检查相邻车站阻车模式的执行，必要时锁定执行模式； （5）随时与事故车站保持联系，及时掌握现场情况

通过对城市轨道交通火灾的特性分析和城市轨道交通所应采取的防范措施，以及城市轨道交通火灾疏散问题的分析，可以采取以下共性措施予以防范和处置。

（1）城市轨道交通火灾产生的烟气、毒气，以及疏散出口的数量、障碍和缺乏合理明显的疏散路线，是城市轨道交通火灾导致重大伤亡的主要原因。

（2）城市轨道交通火灾的防范，除了装置防排烟设施、必备的消防设施、合理的疏散路线和出口以及高效的应急预案外，更重要的还是必须从车站建筑材料、电气设备安装等方面消除城市轨道交通火灾发生的本质因素（可燃物及着火源等）。

（3）列车在运行过程中发生火灾应尽可能地驶向前方车站，利用车站站台疏散乘客，并利用车站隧道防排烟系统排出烟气。如果列车停在区间，隧道通风系统应向多数乘客疏散方向相反的方向送风，并严格地掌握送风的强度和时间，否则将导致适得其反的效果。

🔧 任务实施

任务场景	校内实训室
任务分组	在这个任务实施中，采用分组的方式进行，每5人为一组，通过自荐或推荐方式选出组长，负责本组任务实施的组织，实施过程中小组成员要相互帮忙，共同完成任务
任务实施	各小组根据任务引入中的案例描述，完成以下任务实施过程。 （1）进行该列车火灾事故案例分析，完成分析报告并上交。 ①事故案例经过。 请说明 a. 火灾概况及原因分析（若案例描述不具体，请分情况分别说明）。b. 现场人员伤亡情况，并根据事故划分标准确定其类型。 ②事故现场处置情况。 请说明现场处置情况如何？请分别列举。 ③事故调查与分析。 请说明 a. 本起事故责任主体有哪些？b. 事故对你的启示是什么？③如何避免类似事故的发生？ （2）针对案例中乘客受伤情况，请利用所掌握知识进行伤口处置及包扎，并将处置过程拍成视频上交。
任务要求	（1）提交的分析报告需包括事故简介、等级划分、原因分析、应急处置等内容，报告封面须有小组成员分工说明及成员贡献率，形成纸质版报告上交。 （2）提交视频需满足以下要求：展示中需要有团队名称；展示过程中道具自备；乘客受伤情况及伤口处置包扎应不少于2种类型；视频文件名命名为"××班××组××（姓名）"；需要有片头及片尾，片头包括片名、班级、组别、组员姓名等，展示中应适当配有字幕

续表

任务场景	校内实训室
任务反思	（1）学到的理论知识有哪些？ （2）掌握的实操技能有哪些？ （3）在任务实施过程中，在个人自身素养提升方面有哪些收获？ （4）说说区间疏散需要用到哪些新型设施设备，你是否有更好的建议？

🔎 任务评价

序号	评价项目	评价指标	分值	自评（20%）	互评（20%）	师评（60%）	合计
1	知识目标 （25分）	掌握列车在区间发生火灾的应急处置措施	5				
		掌握列车发生火灾火势较小的处置程序	10				
		掌握列车发生火灾火势较大，需要区间疏散的处置程序	10				
2	能力目标 （50分）	能具备快速判断列车火灾发展趋势的能力	10				
		能具备列车火灾火势较小时应急处置的能力	20				
		能具备列车火势较大，需要区间疏散的处置能力	20				

续表

序号	评价项目	评价指标	分值	自评（20%）	互评（20%）	师评（60%）	合计
3	素质目标 （25分）	能具备应急判断的能力	5				
		能树立责任意识和安全意识	5				
		能保持沉着冷静的工作态度	5				
		能具有坚守岗位以乘客为先的大局观	10				
合计			100				
综合得分							

拓展阅读

阅读一：城市轨道交通火灾逃生知识

城市轨道交通火灾逃生应遵循以下五大原则：

（1）当乘客还在站台上没有登车的时候，如果发生火灾事故，要按照消防指示标志并听从指挥沿着楼梯逃生。逃生的方向要注意，因为如果发生火灾，地铁里会有一个排风装置、送风装置，这个时候大家要冲着风来的方向走，也就是说要顶着风走，迎风走来的是风而不是浓烟，有助于大家逃生。

（2）乘客在列车上，车厢着火该怎么办？在每节车厢车门上有一个红色按钮，要按住这个按钮和列车驾驶员通话，告诉驾驶员车厢着火了，驾驶员会采取紧急措施；如果在隧道里，要赶紧把车开到站台上，同时驾驶员也会通知指挥中心，指挥中心第一时间启动消防应急预案并及时消防报警。

（3）在地铁上，如果发生火灾，逃生时应采取低姿势前进，不要做深呼吸，可能的情况下用湿衣服或湿毛巾捂住口和鼻子，防止烟雾进入呼吸道。采取自救或互救措施尽快疏散到地面及其他安全区域。

（4）大家可能还会想到一点，在车上有一个小锤可以敲窗户，着火时，大家不要轻易把窗户敲开跳下车窗逃生，因为如果在隧道里其他车厢着火，可能整个隧道都是浓烟，这时候若车厢窗户没有被敲开，还有可能进行屏蔽措施，贸然把窗户敲开，有可能车厢就会进来大量的浓烟，会造成呼吸困难也不利于逃生。

（5）在逃生过程中要坚决听从地铁工作人员的指挥和引导疏散，决不能盲目乱窜，如发现有人摔倒，要马上停下脚步，同时大声呼救，告知后面的人不要靠近，若被人流推倒，要设法靠近墙壁，身体面壁蜷成球状，双手在颈后紧扣，以保护身体最脆弱的部位。如有可能，抓住一样坚固牢靠的东西。已逃离地下建筑的人员切勿再返回地下。

阅读二：青岛地铁一位烈火英雄　这名检修工让一大片农田免遭殃

他是青岛地铁一名普通的检修工，每日行走在检修一线，用手里的扳手履行着"精检细修"的使命；火情突发的危急时刻，他是一名战士，用实际行动展现了属于青岛地铁人的责任与担当。

11月4日中午，下班后孙立亚骑车经过胶州北车辆基地南门西约300 m处，突然发现路边浓烟滚滚，并且伴随着"噼里啪啦"的燃烧声音。他迅速跳下车子，用水杯里的水浸湿衣角后捂住口鼻，靠近观察。透过浓烟，他看到前方杂草堆掀起近1 m高的火焰，过火的长度已经达到20余米，而且在大风的助势下，大火即将进入附近的麦田，现场形势相当危急。

在公司接受过消防训练的他不能退却。于是，他第一时间拨打了119火警电话，准确通报火灾位置及火灾情况。在等待消防车到的时间，他又在现场寻找合适的工具，清理火场周围可能引起燃烧的杂草，最大程度遏制火情蔓延。

火情得到了控制，他才松了一口气。长时间的紧张情绪缓和后，他再也坚持不住了，一下瘫坐在了路边，过了许久才缓过神来。回到宿舍后他才发现自己鞋底不知道什么时候烫掉了一大块，脚底都露出来了，但自己却丝毫没有察觉。在突如其来的火灾中，他临危不乱、从容应对，彰显了地铁人在危急时刻的责任与担当，他在危急关头所做出的正确选择更是平常公司常态化学习消防的成果体现。他用实际行动践行"包容、高效、卓越、责任、精进"的核心价值观，为社会展现属于青岛地铁的"地铁担当"。

任务4.3 判断城市轨道交通车站大客流情况及应急处置

 任务引入

西安是一座历史底蕴深厚的旅游城市，近两年更是成为新晋"网红"城市，引得全国各地的游客前来打卡，2019年全年接待游客突破3亿人次。四通八达的地铁网几乎覆盖了西安的众多著名景点，如钟楼、大雁塔、大唐不夜城、大唐芙蓉园、曲江池、青龙寺、大明宫、半坡遗址等，带动地铁客流不断刷新记录。

习近平总书记在陕西考察时强调，要加大文物保护力度，弘扬中华优秀传统文化、革命文化、社会主义先进文化，培育社会主义核心价值观，加强公共文化产品和服务供给，更好满足人民群众精神文化生活需要。"十四五"规划建议提出，加强文物古籍保护、研究、利用。站在新起点，奋进新征程。西安正在成为令"国人震撼，世界称奇"的国际化文化旅游目的地城市。

作为西安城市轨道交通运营单位，应该如何做好节假日大客流或突发性大客流的应急处置？

视 频

 **学习目标**

知识目标：
（1）掌握大客流的含义和分类；
（2）掌握大客流产生的特点；
（3）掌握车站大客流组织应急处置措施。

能力目标：
能够进行城市轨道交通车站大客流应急处置。

巩固提高

素质目标：

（1）具备预判事务发展趋势的能力；

（2）树立服务意识和责任意识；

（3）树立合作意识；

（4）具有创新思维能力。

测试 ●

巩固提高

知识准备

4.3.1 大客流定义

大客流是指车站在某一时段客流激增，集中到达的客流量超过车站正常客运设施或客运组织措施所能承担的客流量，并呈继续增加趋势。

大客流表现为客流非常拥挤或极度拥挤、乘客流动速度明显减小、客流交叉干扰等，对乘客的出行造成不利影响，对运营安全造成了较大危害。

因此，预见大客流并及时合理编制客流组织方案，对城市轨道交通车站实施客流组织具有重要意义。通常情况下，大客流的出现具有规律性和可以预见性，如大城市由于通勤原因引起的每天早晚高峰：上班高峰一般在 7：30—9：30，下班高峰一般在 16：30—18：30，由于外界因素引起的大客流，如节假日的客流、高峰期；举办重大活动（大型体育赛事、文艺表演）形成的客流、风雨雪等恶劣天气情况引起的客流大幅增加等。但在轨道交通实际运营活动中，也常碰到不可预见、因突发性事件而形成的大客流。

4.3.2 大客流分类

1. 根据大客流产生的原因分类

根据大客流产生的原因，可分为以下四类：

1）常态化大客流

常态化大客流是指为实现日常的通勤、上学、外出、商业活动等正常的生产、生活活动而生的持续性大规模客流。常态化大客流的发生时间和发生地点较规律，一般持续时间较长，如离住宅、办公、商业区较近的车站会在上、下班时段客流大幅上升。车站需要提前制定完善的客流组织方案。

2）突发性大客流

突发性大客流是指由于体育场馆、影剧院等大型公共场所举办大型活动结束时所引发的城市轨道交通车站短时间内大规模聚集客流。其受活动地点、时间、规模等影响较大，具有突发性和不确定性，给活动周边车站的运营管理人员带来了极大的压力和挑战。

3）节假日大客流

节假日大客流主要是指国家法定节假日，如元旦、春节、清明节、劳动节、中秋节和国庆节及学生暑假所造成的较平时明显增加的客流。乘客主要包括旅游观光、返乡探亲、休闲购物等，暑期大客流主要是放暑假的学生。春节前后大批外地劳务人员返乡，必然对铁路客运站和长途汽车站附近的地铁车站造成较大冲击。元旦、清明节、端午节、中秋节等假期较短的节日，游客不会对地铁客流变化产生较大影响，但市民出行、购物会给商业区附近车站产生较大客流。节假日轨道交通车站尤其是靠近旅游景区、购物商场的车站客流较平时有大幅上升，购买车票和初次乘坐地铁的乘客比例较大。

4）其他大客流

其他大客流是指乘客受雨雪、大风等天气影响，地面交通受阻，大量乘客改乘轨道交通造成车站客流量明显增加的情形。由于难以提前预估可能改乘地下交通工具的客流量，对车站客流组织带来一定困难。

2. 根据大客流可能造成的危害程度、影响大小等情况分类

根据大客流可能造成的危害程度、影响大小等情况，可分为一级大客流和二级大客流。

1）一级大客流

各车站根据本站的正常乘客数量进行比较，站台聚集人数达到站台有效区域的80%，并且持续时间大于实际行车时间间隔者，一级大客流会给乘客及轨道交通运营安全造成影响，存在明显的安全隐患。

2）二级大客流

各车站根据本站的正常乘客数量进行比较，站台聚集人数达到站台有效区域的70%，并有持续不断上升的趋势。在二级大客流情况下乘客的正常出行和轨道交通所提供的服务水平受到一定程度的影响，车站比较拥挤，乘客感觉比较压抑，但尚未对乘客及轨道交通运营安全造成影响。

4.3.3　大客流特点

随着激增的客流，不断增长的客流量与现有车站结构的冲突日益突出，给地铁安全运营带来越来越多的问题。首先，地铁车站结构是固定的，随着客流量的增加，人员密集也在增加，可能出现客流交叉问题，造成局部区域异常拥堵。其次随着安检设备的投入，大大降低了人员进入车站的速度，可能会在车站入口形成拥堵，随之而来的安全逐渐增加。另外，随着地铁网络化运营的形成，换乘客流人员增加，换乘路径中客流线路交叉的情况不断出现。人员交织行为必然使有序的客流时间内转为无序，通道混乱度迅速上升，安全隐患随之出现。

客流交叉对于步行设施的正常运行有以下几点影响：

（1）速度影响。

客流交叉导致乘客必须降低自身速度来避免行人间的冲突，有学者通过试验发现客流交叉时速度下降20%～30%。

（2）通行能力下降。

客流交叉可以使通行能力下降20%～40%。

（3）舒适性下降。

客流交叉导致乘客必须改变行走轨迹或者降低速度以避免行走客流的冲突，大大降低了行走舒适性。

（4）安全性下降。

在流量大、密度高、行人流线交织复杂的区域，由于速度的降低导致步行时间的延长，在部分瓶颈区域易出现拥挤、延误现象，降低整个步行设施的服务水平，安全隐患增加。

4.3.4　车站大客流组织应急处置措施

1. 车站大客流组织的应急处置原则

（1）整体上遵循"安全第一、统一指挥、分级控制、合理引导、及时疏散"的原则。

（2）以实现乘客安全运输为根本原则，保持客流运送过程通畅，尽量减少乘客出行时间成本，避免拥挤，便于大客流发生时能及时疏散。

（3）统一指挥，分工明确。地铁运营控制中心（OCC）负责地铁线路客流组织工作，车站的客流组织由值班站长负责。

（4）根据车站具体情况，分级实施控制。三级控制的控制点分别在车站出入口闸机处及站厅至站台层自动扶梯处。

（5）人潮控制应遵循由内至外、由下至上的原则。

（6）在各种设施设备的使用及疏导措施的运用时，坚持出站客流优先原则。

2. 车站大客流组织的应急措施

1）增加列车运能

增加列车的运能是大客流组织的关键。可根据预测客流量，提前制定针对大客流特殊情况的列车运行图，从运能上保证大客流的运营组织。在大客流发生时，根据大客流的方向，利用就近的折返线、存车线组织列车运行方案，增开临时列车，从而保证大客流的疏散。

2）增加售检票能力

售检票能力不适应是大客流疏散的主要障碍，车站在设置售检票位置时应考虑提供疏散大客流的通道。当可预见大客流发生时，事先做好相应票务服务准备工作。

（1）售检票设备的准备。

设备维护人员应事先对车站全部售检票设备进行维护、检修，确保在大客流发生时售检票设备能正常使用。

（2）车票和零钞的准备。

车站应根据客流预测和以往大客流所消耗的车票及零钞数，在大客流发生前，向票务部门申领和储备充足的车票和零钞。

（3）临时售票亭的准备。

车站根据大客流的进出方向，选择在进站客流较集中的位置，设置临时售票亭。站厅面积较小的车站，考虑将临时售票亭设置在进站客流较多的通道内。

3）做好进站客流组织工作

根据站台是否能容纳和承受更大的客流，分两种情况来进行进站客流组织工作，其客流组织措施如下：

（1）站台还能容纳和承受更大客流。

①增加售检票能力。准备好足够的车票、零钞；在地面、站厅增设临时售票点，增设临时售检票位置或增加自动售票设备的投入。

②加开进站方向的闸机。

③加开通往站台方向的扶手电梯。

④适当延长列车停站时间。在站台上做好乘客上、下车的引导工作，在保障安全的前提下，争取让更多的乘客上车，增加本次列车的运能。

（2）站台不能容纳和承受更大客流。

①暂停或减缓售票速度，关闭部分自动售票机。

②暂时关闭局部或全部进站方向闸机。

③更改扶手电梯方向，将部分或全部扶手电梯调整为向站厅层及出入口方向运行，延缓乘客进站速度。

④适当延长列车停站时间，尽可能让更多乘客上车。

⑤采取进出分流导向措施将部分出入口设置成能出不能进，限制乘客进入，延长站台层大客流的疏散时间内在工作人员的配合下关闭出入口，暂停客运服务，安排人员到出入口做好乘客服务解释工作并张贴车站关闭的通告。

（3）做好出站客流组织工作。

往往为缓解出站客流车站压力，在大客流组织中坚持出站客流优先原则。在组织出站客流时应该保证乘客出站线路流畅，加快出站速度，使乘客安全、快速、有序离开车站，可采取以下措施：

①更改扶手电梯方向，将部分或全部扶手电梯方向调整为向站厅层及出口方向运行。

②对于双向闸机，可将部分或全部进站闸机更改为出站闸机。

③紧急情况时，可采取票务应急处置模式，如出站免检式、AFC 紧急放行模式等。

（4）采取临时疏导措施。

在大客流组织中，临时合理的疏导是一项很重要的组织措施。临时疏导主要包括车站出入口、站厅层的疏导，自动扶梯以及站台层的疏导。

①车站出入口、站厅层的疏导。

主要是根据临时售检票位置的设置，引导、限制客流的方向。

②临时售检票位置。

宜设置在站外、站厅层较空旷的位置，应为排队购票的乘客留出充分的空间，确保通道的畅通和出入口、站厅的客流秩序。

③自动扶梯以及站台层的疏导。

其主要是为了尽量保证客流均匀。站务人员应在靠近楼梯、扶梯处站岗，并分上下扶梯疏导和尽快上、下列车，保证站台候车安全。站务人员应靠近楼梯、扶梯处站岗并分散在站台前、中、后部疏导乘客。

（5）疏散、清客与隔离。

疏散是指在紧急情况下，利用一切通道和出入口迅速将乘客从危险区域全部转移到安全区域。按照地点可分为车站疏散和隧道疏散。

清客是指当车站或列车出现异常情况时，需要将乘客从某一区域全部转移到另一区域。清客可分为紧急情况清客、设备故障清客、车失火或冒烟清客、清客至站台、清客至轨道等多种情况。

隔离是指采用某种方式或设备人为地隔开人群或封闭某个区域，根据造成隔离的原因及隔离的组织方法，通常分为非接触式纠纷隔离、接触式纠纷隔离、客流流线隔离、疫情隔离4种。

上述措施常用于客流异常情况下，地铁站应根据客流成因及具体情况，因时因地选择适宜措施进行应急处置。

4.3.5　车站大客流组织应急处置程序

1. 突发性大客流

1）车站发现大量乘客涌入车站

（1）厅巡站务员。发现某出入口不断有大量乘客涌入车站，立即报告车控室。

（2）行车值班员。接报后立即通过 CCTV 观察站外情况，发现出入口附近有大量人员聚集，立即将情况报告值班站长和行车调度员。

（3）值班站长。接报后立即通知厅巡站务员到外面了解情况，并要求客运值班员准备 2 份预制票配给 2 个厅巡站务员，要求保安把临时票亭推至相应位置。

（4）客运值班员。接报后立即准备好预制票。

（5）票务站务员。加快兑零和充值速度。

2）启动应急预案并安排人员到岗

（1）值班主任。与行车调度员确认大客流概况，并向各调度汇报，启动相对应的大客流应急预案，并向主管领导汇报。

（2）行车调度员。根据大客流概况和应急预案判断是否对全线列车进行调整，如果需调整就将调整情况通知各车站和驾驶员。

（3）值班站长。如发现客流持续增大立即要求临站派人支援，报告站长和站务室领导。

（4）行车值班员。通过 CCTV 不断监控在站客流状况播放相应的安全广播，要求环控调度员加强送风和排风，通知地铁公安到场维持秩序。

（5）客运值班员。安排站务员在临时票亭出售预制票，给售票员配备足够的零钞；到站厅检查 AFC 设备的状态，维持车站客流秩序。

（6）站务员。除正常票务岗站务员继续通过 BOM 处置乘客事务和充值，临时票亭的站务员在票亭出售预制票，其余站务员在关键位置引导乘客。

（7）保安。拿手提广播在站厅或站台引导和组织乘客。

3）站台乘客已开始出现拥挤

（1）站台岗站务员、站台保安。发现站台乘客拥挤，立即报告车控室。

（2）行车值班员。接到站台汇报后立即通过 CCTV 观察站台情况发现站台人员拥挤，立即报告行车调度员、值班站长。

（3）行车调度员。将大客流概况向调度主任汇报，根据预案和指示确定是否进行列车调整，如果调整就将调整情况通知各车站和驾驶员。

（4）值班站长。接到行车值班员汇报后果断下令实施第一级客流控制，停止出售预制票，派人到站楼梯处阻止乘客去站台，关闭部分进站闸机和 TVM，指示站务人员并播放广播做好解释工作。

（5）客运值班员。指示售票员停止出售预制票，组织站务员到站厅楼梯处阻止乘客去站台，维持好站厅秩序。

（6）站务员。出售预制票的售票员停止出售预制票，收拾好钱票后到站厅楼梯处阻止乘客去站台。

（7）支援人员。在站台维持秩序。

4）站厅付费区开始出现拥挤

（1）值班站长。发现站厅付费区拥挤，立即下令实施第二级客流控制，关闭全部进站闸机和 TVM。

（2）行车值班员。按值班站长的指令在 SC 上关闭全部进站闸机和 TVM，播放相应的广播，建议乘客改乘其他交通工具，并向行车调度员报告车站已实施第二级客流控制。

（3）客运值班员。组织站务员使用手提广播建议乘客使用其他交通工具，维持好车站乘客秩序。

（4）站务员。使用手提广播建议乘客使用其他交通工具，维持好站厅乘客秩序。

（5）支援人员。在站台维持秩序。

5）站厅付费区开始出现拥挤

（1）值班站长。发现站厅非付费区也拥挤后立即实施第三级客流控制，请求地铁公安配合，派厅巡站务员和站厅保安到出入口阻止乘客进站，只出不进。

（2）行车值班员。通知地铁公安进行配合，通过 CCTV 监控 A 口及站厅客流情况，播放相应的广播，向行车调度员报告车站已实施第三级客流控制。

（3）客运值班员。组织站务员使用手提广播劝导乘客使用其他交通工具，维持好车站乘客秩序。

（4）站务员。使用手提广播建议乘客使用其他交通工具，维持好站厅乘客秩序。

（5）支援人员。在站台维持秩序。

6）客流开始缓解

（1）站台岗站务员、站台保安。发现站台乘客已不拥挤，立即报告车控室。

（2）行车值班员。通过 CCTV 发现站台乘客和站厅乘客已不拥挤，或接到站台站务人员报告后立即报告值班站长。

（3）值班站长。接报后通知行车值班员开启全站的进站闸机和 TVM，通知出入口工作人员可以让乘客进站，恢复正常运营。

（4）行车值班员。按值班站长的要求开启关闭的 AFC 设备，报告行车调度员和站长。

（5）行车调度员。向值班主任汇报车站大客流已缓解，车站恢复正常运营。

（6）值班主任。向主管领导汇报大客流已经缓解，车站恢复正常运营。

（7）客运值班员。带领站务员回票务室结算预制票。

（8）支援人员。回到原车站。

2. 可预见性大客流

可预见性大客流在车站的处置方式和程序与突发性大客流基本相同。它与突发性大客流不同的地方主要体现在控制中心的一些应对措施上。以下为 OCC 应对处置主要程序：

1）值班主任

（1）加强对客车运行情况和大站客流情况的监视；

（2）加强 AFC 系统 CC 数据收集，视情况组织加开客车；

（3）通知地铁公安协助。

2）行车调度员

（1）按列车运行图执行；

（2）发现乘客较多时：

①通知车站注意客流控制；

②通知驾驶员进站加强瞭望及客车如未上满客时适当延长停车时间；

③根据值班主任指示,组织加开客车疏导乘客。

3) 电力调度员

①防止人员误入变电所;

②加强对各变电所运行情况的检查。

4) 环控调度员

①加强设备监控;

②保持车站温、湿度处于一个良好的状态。

5) 设备调度员

通知各专业的维修人员加强设备巡检。

 **任务实施**

任务场景	校内实训室
任务分组	本任务实施中按人数分组,每5人为一组,通过自荐或推荐方式选出组长,负责本组任务实施的组织,实施过程中小组成员要相互帮忙,共同完成任务
任务实施	根据任务引入的案例描述,完成以下实践任务: (1)填写车站大客流情况处置表、大客流各岗位应急处置程序表,见表4.10、表4.11。

表4.10 车站突发大客流情况处置表

车站突发大客流情况描述及判断	处置措施	具体操作步骤

表4.11 车站突发大客流各岗位应急处置程序表

岗位	应急处置程序
站务员	
售票员	
客运值班员	
行车调度员	
值班站长	
保安	

续表

任务场景	校内实训室
任务实施	（2）请根据案例中所描述的情况，给西安市某城市轨道交通车站（如大雁塔站）制定大客流应急预案，以纸质文件形式上交。 ①说明编制目的、适用范围等； ②说明各组织机构的职责和分工； ③车站大客流情况分析及应对措施（根据所编制车站具体情况）； ④应急响应及应急保障。
任务要求	（1）根据任务案例所描述的车站火灾情况填写事件处置表、各岗位应急处置程序。 （2）提交的应急预案需要满足以下要求：大客流应急预案文件需有封面、目录，内容包括编制目的、范围、应急小组组成，各组织机构的具体职责和分工情况，本站大客流情况分析和措施应对，以及应急响应及应急保障等，形成纸质版文件上交
任务反思	（1）学到的理论知识有哪些？ （2）掌握的实操技能有哪些？ （3）在任务实施过程中，个人自身素养提升方面有哪些收获？ （4）如何提前预测及防范大客流的发生，是否有更先进的手段和方法？

🔍 任务评价

序号	评价项目	评价指标	分值	自评（20%）	互评（20%）	师评（60%）	合计
1	知识目标（25分）	能掌握大客流的含义和分类	5				
		能掌握大客流产生的特点	10				
		能熟练掌握车站大客流组织应急处置措施	10				
2	能力目标（50分）	能具备判断车站大客流成因的能力	10				
		能具备大客流应急响应等级确定的能力	20				
		能具备组织车站大客流应急处置的能力	20				
3	素质目标（25分）	具备预判事务发展趋势的能力	5				
		具备分析能力和决策能力	5				
		树立服务意识和责任意识	5				
		树立合作意识	5				
		具备创新思维能力	5				
合计			100				
综合得分							

📋 拓展阅读

地铁中跪地救人的"超级英雄"

7月20日是于逸飞入职医院的第一天。

下午5点，于逸飞结束了医院的岗前培训之后，踏上了回家的路。大雨加上积水，很多人选择乘坐地铁出行，车上乘客特别多。

地铁像往常一样向西运行，过了海滩寺站在隧道前行的时候，忽然听见"咚"的一声响，车停了，车厢里的灯也灭了。于逸飞是第一批被救出的乘客，当他来到地面一层时，那里的水已经没过膝盖，水很急很凉，有些人开始出现失温的症状。这时，于逸飞听见下面有人大声喊："有没有医生，有没有医生？"

听见喊声，于逸飞穿上白大褂，快速返回负二层。"没什么犹豫和害怕的时间，有人问有没有医生，我是，那我就回去。"于逸飞说。

此后6个多小时，于逸飞跪在负二层的站台上，一旁隧道里大水起起伏伏，不断有人从水里被捞上来，交接给这位年轻的医生。

原路返回的于逸飞经过许多脱困的人身边，一身白大褂，一声声"医生来了"，于逸飞逆行的身影给了大家莫大的鼓励。

在那个湿漉漉的站台上，施救者们不曾互通姓名，却自发地组成了一个团队，接力救人。

时间不断流逝，外面的救援人员、消防员、医务人员不断抵达加入，这个临时组建的救援团队也慢慢分散、撤退。

这时，于逸飞才感觉到了疼痛，他的膝盖跪烂了，双臂抬不起来，鞋在逃生脱困的时候被水冲走，脚底因此扎了一块玻璃。

但是于逸飞非常坚定，"我要回去"。

由于在本次暴雨救援中的突出表现，于逸飞被郑州人民医院免试用期直接录用。问及他的职业规划，小伙子腼腆地表示："我还没来得及想那么多，但是这次经历，更坚定了我做一名好医生的信念"。

任务4.4　判断城市轨道交通车站客伤事件情况及应急处置

🐟 任务引入

×年×月×日15：45某站站台岗接下行列车驾驶员报一名乘客（男性，50岁左右）身体不适，15：46站台岗将乘客从下行9号门扶至站台北部乘客座椅处休息，乘客意识清醒。车站安排员工现场陪同，使用屏风围挡防止围观，广播寻找医护人员，16：24乘客开始意识不清，车站立即拨打120并进行现场救治，17：00 120医护人员将乘客转运至红会医院进行救治。

作为城市轨道交通车站工作人员，当出现客伤事件应当如何处置？

视频 ●

巩固提高

🌐 学习目标

知识目标：

（1）掌握客伤事故的含义和类型；

（2）掌握车站客伤事故的处置原则；

（3）掌握车站客伤事故的处置程序。

能力目标：

能够进行城市轨道交通车站客伤事故的应急处置。

素质目标：

（1）树立服务至上的服务意识；

（2）树立"以人为本"的意识；

（3）具备良好的心理素质。

测试 ●

巩固提高

知识准备

4.4.1 客伤事故

在城市轨道交通运营区域内，凡持有当日当次有效的乘坐城市轨道交通有关凭证（包括持有效证件享受免费乘坐的乘客），从验票进站至验票出计费区检票闸机处，由公司管辖的附属设施如出口、自动扶梯、通道等区域内因乘客受伤构成的事故，称为客伤事故。

常见的客伤事故类型有以下几种：

（1）客流拥挤带来的踩踏事件。如 2014 年 4 月 8 日，××地铁 2 号线××站 C 出口处，上行电梯上方一块瓷砖脱落砸中 2 人，另有 5 人在拥挤中受伤。

（2）车站设备异常和故障引起的乘客受伤，如屏蔽门夹人（夹物）、电扶梯摔伤、闸机夹人（夹物）等情况致人受伤。

（3）列车压人、撞人。乘客在站台等候区越过安全线而坠落至轨行区，或轻生乘客卧轨等情况造成的人员伤亡。

（4）车站突发事件或严重行车事故引起的伤亡，如车站火灾、车站有毒气体侵害等造成的人员伤亡。

（5）乘客间冲突或其他暴力事件。

（6）乘客自身原因。老弱病残乘客因周围环境不适或其他因素刺激易导致疾病突发。

4.4.2 乘客车站受伤事故处置原则与程序

在城市轨道交通运营过程中，乘客在城市轨道交通运营范围内感到不适、发病、昏迷或因意外事故受伤等事件，车站工作人员应按照下列的原则和程序进行处置。

1. 乘客受伤事故处置原则

（1）车站在处置乘客受伤事件时，要以维护城市轨道交通运营企业形象、保护公司最大利益为原则，以人为本，给予乘客必要的帮助。

（2）车站在处置乘客受伤事件时，要在第一时间内进行取证工作，尽可能得到旁证及当事人签字确认，以事实为依据，客观记录，充分留下原始资料。原始资料可参照表 4.12、表 4.13、表 4.14 填写当事人、工作人员、目击者的记录表并存档。

（3）及时将事件的处置结果报告给相关部门，以备后续处置。

表 4.12　事故经过记录表（当事人）

事发时间：_____年_____月_____日
事发地点：_____
当事人姓名：_____性别：_____年龄：_____
身份证号码：_____
联系电话：_____
家庭住址：_____
事件经过记录方式：自写（　　）；口述授权他人代写（　　）_____
_____
_____
_____

签名：_____（手印）_____安保部

表 4.13　事故经过记录表（工作人员）

事发时间：_____年_____月_____日
事发地点：_____
工作人员姓名：_____当班岗位：_____
事件经过记录：_____
_____
_____
_____
_____
_____
_____

签名：_____（手印）_____安保部

表 4.14　事故经过记录表（目击者）

事发时间：_____年_____月_____日
事发地点：_____
目击者姓名：_____性别：_____年龄：_____
身份证号码：_____
联系电话：_____
家庭住址：_____
事件经过记录：_____
_____
_____
_____
_____
_____

签名：_____（手印）_____安保部

2. 乘客受伤事故处置办法

乘客受伤事故处置办法如下：

（1）车站现场工作人员发现或接到受伤乘客求救时，应立即报告值班站长并赶赴现场，了解伤（病）者情况及初步原因。

①视伤（病）者情况，若其意识清醒，询问其是否需要车站协助致电 120 急救中心，征得同意后帮助其拨打 120 急救电话，询问伤（病）者家人联系电话，设法联系其家人尽快来站救护。伤（病）者家人到站后，由其家人将其接走，如车站致电 120 急救中心，救护人员到达后，车站协助将伤（病）者送至救护车上。如乘客认为是车站原因导致其受伤，要求车站派人同往医院时，车站员工应请示站长及运营单位客伤主管部门，获准后方可派人陪同前往医院。

②若伤（病）者情况危急、意识不清，不及时救护可能会有生命危险，车站应及时致电 120 急救中心，同时车站需及时上报行车调度员、车站站长及运营单位客伤主管部门。

（2）如因城市轨道交通设备造成事故，应立即停止该设备运作（影响列车运行的设备除外），并报告车站控制室。

（3）疏散围观群众，寻找目击者，收集、记录有关证人资料。

（4）需要时，对乘客外伤进行简单的包扎处置。

（5）如调查需要，应保护好现场，必要时对有关区域进行隔离，并用相机记录有关现场情况。

（6）必要时，根据值班站长安排，站务人员到紧急出入口引导急救人员进站。

（7）必要时协助警方进行事故调查。

为保证乘客出现伤亡时的技术抢救和快速处置，城市轨道交通运营公司一般设置乘客伤亡紧急处置经费。若初步判断乘客受伤属于城市轨道交通责任时，车站应立即向有关部门、单位报告，车站可安排员工陪同伤者前往医院检查治疗；伤者在医院所花费用，经请示同意后，可由车站在有关处置经费中垫付。伤者提出索赔时，车站应配合相关部门人员与当事人协商处置。

3. 乘客车站受伤事故处置流程

1）值班站长

（1）马上赶赴现场，疏散围观乘客。

（2）安抚乘客并与乘客进行沟通了解情况。

（3）对伤势轻微者或需要急救者进行简单救助。如伤者要求或伤势严重时应及时拨打120急救电话。

（4）寻找目击者，做好取证记录。

（5）安排人员保护现场（如需恢复现场应在恢复现场前进行拍照取证）并做好记录，收集有关资料，并协助保险公司或公安进行处置。

（6）如因地铁设备造成事故，应停止该设备运作（影响列车运行的设备除外），并通知维修责任部门到现场检查处置，并出具相关运行记录。

（7）汇总资料，填写相应表格上报车务部综合技术室和安技部。

2）行车值班员

（1）立即报行车调度员和保险公司，视情况请求急救中心和地铁公安支援，再按照规定要求进行汇报。

（2）派人到指定出入口引导急救中心人员进站。

（3）将情况报告站长、车务部有关人员。

（4）通过CCTV观察现场，加强与值班站长、行车调度员联系。

（5）尽可能联系伤者家属。

3）车站其他员工

（1）需要时，对乘客外伤进行简单救护。

（2）疏散围观乘客，协助寻找2名目击者，记录证人有关资料，以便协助调查。

（3）设置隔离带，保护好现场。

（4）协助事故调查。

4）行车调度员

（1）接到报告后，报告值班主任。

（2）如事件影响列车运行影响，则应扣停列车、调整列车的运行。

（3）按照规定要求进行汇报。

近年来，随着各地轨道交通线路逐步开通，城市轨道交通已经成为城市居民出行的重要交通工具，然而城市轨道交通中乘客受伤事故也屡见不鲜。城市轨道交通中人员密集，一旦发生事故，则将产生较大影响和严重后果，严重影响运营企业的服务水平，甚至产生群众性恐慌事件。因此，为保证乘客安全乘坐城市轨道交通，减少或消除危险性，作为直接从事运营工作的城市轨道交通工作人员都必须具有一定的客伤事故应急处置能力。

遇到城市轨道交通车站内发生乘客伤亡事件，轨道交通企业需要从以下方面加强工作人员现场应急处置能力。

（1）加强客伤、伤亡事故预案学习，平常要养成从桌面演练和实作演练中去总结问题、思考问题，特别要把一些规章没有明确的问题，进行深入研究，不要停留在表面分析上，如客伤、伤亡事故预案重点，要及时封锁相关区段，明确各阶段现场指挥人；客伤、伤亡事件发生在站内交给值班站长指挥，如发生在区间或列车则交由驾驶员指挥。保证信息畅通，做到心中有数。

（2）加强后续信息发布，保证事件处置信息的延续性，并保证信息的发布准确、清晰。

（3）接报此类故障必须做好预想和判断，沉着冷静对可能影响运营服务的要及时清客；做好列车调整，减少对乘客影响、无论是列车刚进站台，还是全部进站，都要及时指挥驾驶员和车站清客，减少负面影响。

（4）公司应加强相关人员对地铁设施设备公共知识的培训，担任现场指挥的人员更要在一定程度上具备全方位的业务能力，否则指挥人员分别对同一问题会产生迥然不同的看法。现场指挥人员要及时按照有关预案进行处置，及时汇报现场进展情况，保证线路及时出清，最大限度地维持乘客服务工作。

4.4.3 常用客伤急救措施知识

1. 乘客创伤急救措施

1）创伤急救的基本原则

创伤急救在原则上先抢救、后固定、再送医院，并注意采取措施，防止伤情加重。需要送医院救治的，应立即做好保护伤员措施，尔后送医院救治。

抢救前先将伤员安静躺平，判断伤员全身情况和受伤程度，如有无出血、骨折和休克等。若外部出血，则立刻采取止血措施，防止失血过多而休克。外观无伤，但呈休克状态，神志不清或昏迷者，要考虑其胸腹部内脏或脑部受伤的可能性。

为防止伤口感染，应用清洁布片覆盖。救护人员不得用手直接接触伤口，更不得在伤口内填塞任何东西或随便用药。

搬运时使伤员平躺在担架上，腰部束在担架上，防止伤员跌下。平地搬运时，伤员头部在后；上楼、下楼、下坡时，伤员头部在上；搬运中应严密观察伤员，防止伤情突变。

2）止血

伤口渗血：用较伤口稍大的消毒纱布数层覆盖伤口，然后进行包扎。若包扎后仍有较多渗血，可再加绷带适当加压止血。

伤口出血呈喷射状或鲜血涌出时，立即用清洁手指压迫出血点上方（近心端），使血流中断，将出血肢体抬高或举高，以减少出血量。

用止血带或弹性较好的布带进行止血时，应先用柔软布片或伤员的衣袖等数层垫在止血带下面，再扎紧止血带，以刚使肢端动脉搏动消失为度。上肢每 60 min、下肢每 80 min

放松一次，每次放松 1 ~ 2 min。开始扎紧与放松的时间均应书面标明在止血带旁，扎紧时间不宜超过 4 h。不要在上臂中 1/3 处和腋窝下使用止血带，以免损伤神经。若放松时观察已无大出血，可暂停使用止血带。

高处坠落、撞击、挤压可能有胸腹内脏破裂出血。受伤者外观无出血但常表现面色苍白、脉搏细微、气促、冷汗淋漓、四肢厥冷、烦躁不安，甚至神志不清等休克状态，应迅速躺平、抬高下肢、保持温暖，速送医院救治。若送院途中时间较长，可给伤员饮用少量淡盐水。

2. 中暑的现场急救措施

（1）搬移。迅速将患者抬到通风、阴凉、干爽的地方，使其平卧并解开衣扣，如衣服被汗水湿透应更换衣服。

（2）降温。患者头部可捂上冷毛巾，也可用 50% 酒精、白酒、冷水或冰水进行全身擦浴，然后用扇子或电扇吹风，加速散热。有条件的也可用降温毯给予降温。但不要快速降低患者体温，当体温降至 38 ℃ 以下时，要停止一切冷敷等强降温措施。

（3）补水。患者仍有意识时，可给一些清凉饮料；在补充水分时，可加入少量盐或小苏打水。但千万不可急于补充大量水分，否则，会引起呕吐、腹痛、恶心等症状。

（4）促醒。病人若已失去知觉，可指掐人中、合谷等穴位，使其苏醒。若呼吸停止，应立即实施人工呼吸。

（5）转送。对于重症中暑病人，必须立即送医院诊治。搬运病人时，应用担架运送，不能要患者步行；同时运送途中要注意，尽可能地用冰袋敷于病人额头、脑后、胸口、肘窝及大腿根部，积极进行物理降温，以保护大脑、心肺等重要脏器。

任务实施

任务场景	校内实训室
任务分组	在这个任务实施中，采用分组的方式进行，每 5 人为一组，通过自荐或推荐方式选出组长，负责本组任务实施的组织，实施过程中小组成员要相互帮忙，共同完成任务
任务实施	各小组根据任务案例中的任务描述，完成以下任务实施过程。 （1）进行该客伤案例调查分析，上交调查分析报告。 ①客伤案例发生经过。 请说明 a. 事件概况及经过。b. 客伤情况及原因。 ②对伤病乘客现场处置情况。 请说明对客伤事件乘客现场处置情况如何？请分别列举。

续表

任务场景	校内实训室
任务实施	③事件调查与分析。 请说明 a. 本起事件责任人为哪方？b. 客伤事件处置过程是否及时，是否符合按照工作流程进行？c. 对伤病乘客的处置是否符合规定？d. 遇到同类型客伤案例应如何改进工作方法？遇到不同类型客伤案例又应该如何处置？ （2）请按要求正确填写当事人、工作人员、目击者记录表（见表 4.12～表 4.14），并附在调查分析报告之后。 （3）制作一份城市轨道交通客运服务乘客满意度调查表，以便提升服务质量。
任务要求	（1）提交的调查分析报告需包括事故简介、等级划分、原因分析、应急处置等内容，报告封面须有小组成员分工说明及成员贡献率，形成纸质版报告上交。 （2）调查分析报告需有封面、封底、目录、页眉页脚等完整文档格式，封面写明标题和团队成员姓名、分工等。 （3）将乘客满意度调查表以附件形式添加在调查分析报告的后面
任务反思	（1）学到的理论知识有哪些？ （2）掌握的实操技能有哪些？ （3）在任务实施过程中，个人自身素养提升方面有哪些收获？ （4）乘客在未进站前突发疾病，作为工作人员应如何处置？结合职业道德谈谈你的看法。

🔍 任务评价

序号	评价项目	评价指标	分值	自评（20%）	互评（20%）	师评（60%）	合计
1	知识目标（25分）	能掌握客伤事故的含义和类型	5				
		能掌握车站客伤事故的处置原则	10				
		能掌握车站客伤事故的处置程序	10				
2	能力目标（50分）	能具备及时判断紧急处置客伤事故的能力	15				
		能具备城市轨道交通车站客伤事故的应急处置能力	20				
		能具备调查和分析客伤事故的能力	15				
3	素质目标（25分）	能具备树立服务至上的服务意识	6				
		能树立"以人为本"的意识	6				
		能保持沉着冷静、处变不惊的工作态度	6				
		能逐步养成吃苦奉献、拼搏争先的爱岗敬业精神	7				
合计			100				
综合得分							

📋 拓展阅读

　　4月6日傍晚，一名乘客在地铁车厢内突发心脏疾病昏倒，幸运的是正巧一名医生和一名护士路过，她们和民警、热心乘客一起在120救护车赶到前，接力进行连续12 min的心肺复苏。

　　事发傍晚四点半，一名男乘客在3号线车厢内昏倒，车到虹口足球场站后，周围乘客赶紧将他抬出车厢，民警孟亮接报后迅速赶到现场，同时呼叫120。病人已经意识模糊，正巧路过的控江医院医生陆彩霞马上加入抢救。不久，站台工作人员取来了AED除颤仪。

　　此时，瑞金医院护士张晓娜也碰巧路过，一同加入了救援。民警和两名医护人员，3人接力，轮流施救。不久120急救人员赶到。他们迅速向120人员介绍病人的基本情况，

120急救人员初步判断病人因心梗导致昏迷，立即被送至附近的岳阳医院救治，很快就脱离了生命危险。

正是由于这些乘客中的活"雷锋"们坚守职业本心，秉承乐于助人的传统美德，才为病人赢得了病发后4~6 min这一黄金救援时间。

任务4.5 判断城市轨道交通伤亡突发事件应急处置

 **任务引入**

事件概况：×年×月×日19：45，某市地铁1320次列车进上行Z站，距站台15 m处，驾驶员发现一青年男子跳入轨道，立即采取紧急制动，但列车已撞人，最终列车停在不到对标处50 m。控制中心立即启动相应应急预案，经过地铁运营工作人员与地铁公安人员的联合处置，20：30分线路出清，恢复行车。造成影响行车45 min；救援1列，清客5列，抽线2列，晚点2列，小交路3列；IC卡更新79张、退票357张；乘客投诉1起。

事发经过：19：45，1320次驾驶员汇报在上行Z站站台有人跳轨，已按压紧急停车按钮，列车进站一半，人在车子下面。19：45，Z站报1320次在上行站台中部停车，行车调度员问是否有人跳轨，车站汇报没有发现有人跳轨，行车调度员通知车站派人到现场检查。19：46，行车调度员呼叫上行列车各站多停1 min。19：47，行车调度员问Z站情况，车站汇报正在报地铁公安，值班站长已经去站台。19：48，行车调度员通知Z站0522次列车待令，强行站控，解锁相关道岔。19：49，行车调度员问Z站情况，车站汇报已找到目击证人，已报120、地铁公安，人在列车第二节车厢底下。19：50，行车调度员通知1320次驾驶员切除列车前面几节车的车门清客。

作为城市轨道交通列车驾驶员、调度以及车站工作人员，当发生乘客落轨重伤甚至被撞死亡事故，应如何做好应急处置？

 **学习目标**

知识目标：
（1）掌握乘客伤亡事件的定义；
（2）掌握车站内伤亡突发事件处置原则和程序；
（3）掌握轨行区伤亡突发事件处置原则和程序。

能力目标：
能够进行城市轨道交通乘客伤亡事件的应急处置。

素质目标：
（1）具备应急判断能力；
（2）具备细心观察能力；
（3）具备冷静处置、沉着应对的处置能力；
（4）具有以人民生命安全为先的意识。

视频

巩固提高

测试

巩固提高

📋 知识准备

4.5.1　乘客伤亡事件的定义

乘客伤亡事件是指乘客在轨道交通管辖的运营区域发生的人身伤害及伤亡事件。随着客流增长，乘客伤亡量也明显增加，同时由于社会关注度及乘客维权意识的日益增强，地铁人身伤害及伤亡事件呈现"难控制、难处置、难善后"的特点。

4.5.2　车站内伤亡类突发事件

1. 应急处置原则

城市轨道交通运营人员在处置路外伤亡事故中必须遵循"属地管理、各负其责、优先抢救伤者、尽快恢复运输"的原则。

在发生路外伤亡后，事及车站的值班站长是事故前期处置负责人，主要负责事故的前期处置，并向上级和公安部门进行信息通报。通报的内容包括：发生地点时间、列车车次、报告人姓名、伤亡者性别、大概年龄、伤势情况、伤亡者具体位置、已采取的措施及运营受影响的情况等。在上级部门的领导到达后值班站长将现场指挥权进行移交，所有运营相关人员都必须接受现场指挥者的指挥。

2. 车站伤亡事件中各运营岗位人员应急处置程序

车站伤亡事件中各运营岗位人员应急处置程序见表4.15。

表4.15　车站伤亡事件中各运营岗位人员应急处置程序

序号	岗位	作业程序
1	行车调度员	(1) 制定运营调整方案及时与现场沟通； (2) 侧式站台车站发生路外伤亡，现场处置人员下线路勘查前，封闭另一侧线路，防止邻线列车伤人； (3) 将现场处置的关键节点通报有关车站，指导全线做好信息发布和疏导工作； (4) 接车站值班站长恢复运行的请示后下达恢复运行的指令，并报公安指挥客运中心； (5) 下达有关预案的指令
2	值班站长	(1) 事发后即为事故前期处置责任人，全权负责前期事故现场处置工作，公安人员到达现场后指挥有关人员配合民警展开有关工作。 (2) 组织人员抢救伤者，疏散围观乘客，协助警方保护现场。维护现场秩序，协调各相关部门工作，并组织人员做好客运组织调整工作。 (3) 带领站务员并携带必要的处置工具（如对讲机、照相机、手电筒等）至事故现场确认伤亡者位置，对事发现场进行拍照，内容包括伤亡者的姿势、死亡人员被肢解的器官、肢体散落情况等。 (4) 组织人员迅速将死伤者移至站台，若在移动有困难的情况下，可将死伤者移至不会造成列车再次挤压的位置，确认工作人员撤离线路后，通知驾驶员移动列车对位进行上下客作业，待列车驶离后再移动死伤者至站台隐藏处。 (5) 事故现场处置结束后，速报行车调度员请求恢复运行

续表

序号	岗位	作业程序
3	列车驾驶员	（1）续报事态发展情况并保持与行车调度员现场处置情况的信息沟通； （2）对列车内乘客进行安抚性广播宣传，稳定乘客情绪； （3）帮助值班站长和公安人员寻找伤亡者，密切配合现场勘查人员前期调查和证据收集； （4）接受现场指挥人员动车指令，并及时将信息传递至行车调度员； （5）接受公安机关就事故的进一步勘验和调查，并如实反映所知情况
4	行车值班员	（1）及时向行车调度员汇报情况并通知120急救中心至现场抢救； （2）根据《运营非正常时间的广播规定》对车站内乘客进行不间断广播宣传； （3）通过监视器密切注意车站动态，与有关部门保持联络，负责部门与车站有关人员间的信息传递
5	站务员	（1）接受现场指挥命令，及时抢救伤者或处置死亡者尸体； （2）做好站台监护，防止围观乘客跌入道床； （3）保护现场，挽留目击者（或请目击者留下联系电话、住址或办公地址）； （4）工作人员下站台进行现场勘查前，按压站台上相应的紧急停车按钮，以确保现场工作人员的人身安全
6	公安人员	（1）接警后快速赶赴事故现场。立即进行现场勘查检验，取证工作，同时划定警戒线将无关人员劝出警戒线外。 （2）现场勘查取证完毕，会同站务人员将尸体或伤者清出线路。 （3）会同车站工作人员共同做好事故目击证人的取证工作。 （4）若120急救中心医护人员确认当事人已死亡，应出具殡葬证明，并及时联系殡葬部门接尸。 （5）判明事故性质，出具事故调查结论和伤亡鉴定结论，协助善后处置工作

4.5.3　轨行区伤亡类突发事件应急处置

城市轨道交通线路运营过程中出现的轨行区伤亡一般包括两类情况，一类情况是指乘客在车站由于儿童戏耍过度或拾捡物品或站台边候车，身体不适从站台无意中跌落轨行区造成伤亡；另一类情况是有意行为（包括自杀、闲杂人员进入区间线路等）也很容易造成伤亡。这两种情况无论是否已经造成人员伤亡，都会对运营工作造成极大的影响，运营人员必须迅速处置事故，尽快使受阻线路恢复正常运营。

1. 轨行区伤亡类突发事件特点

1）突发性

事故发生前，一般没有明显的预兆，瞬间发生。往往令事故双方尤其是列车驾驶员措手不及。

2）独立性

一般路外伤亡事故伤亡者多为1人。

3）分散性

事故发生的时间、地点和伤亡人员情况各有不同。从时间看，多为白天；从地点看，除肇事多为无人看守地段外，沿线所有地段均可发生，从人员看男女老少、病、弱、残等都有。

2. 发生路外伤亡事故的心理

1）主观臆测

乘客的自我意识太强，想怎么样就怎么样的心态行事。例如：乘客在站台找不到厕所，主动跳入轨行区方便。

2）侥幸心理

乘客在侧式站台弄错了行车方向，在列车进站时跳下站台，企图跨越或路到对面的站台上车。

3）无所谓心理

乘客以无所谓的心态乘坐地铁，不注意携带的物品是否违纪导致发生伤亡。例如：携带宠物乘坐地铁，造成宠物咬伤其他乘客。

4）抵触心理

一些人因为个人问题、家庭问题、社会问题等解决得不好或得不到解决而迁怒他人，或者是因为其他问题曾被地铁部门处罚过而耿耿于怀，于是有意做一些有碍行车安全和危及自身安全的不理智的事情，结果害人害己害国家。

5）好奇心理

有的青少年或在校学生出于无知和好奇，觉得新鲜、好玩，在站台边沿好奇张望不慎掉入。

3. 轨行区伤亡应急处置原则

在发生轨行区伤亡事故后，始发车站的值班站长是前期事故处置负责人，他主要负责事故的前期处置，并向上级和公安部门进行信息通报。通报内容包括：发生地点、事件、列车车次、报告人姓名、伤亡者性别、大概年龄、伤势情况、伤亡者具体位置、已采取的措施及运营受影响的情况等。在上级部门的领导到达后，值班站长将现场指挥权进行移交，所有运营相关人员必须接受现场指挥者的指挥。

侧式站台发生伤亡，调度员要及时封锁相邻线路，必须将邻线后续列车扣在后方车站或令其站外停车，同时还要与车站保持密切联系，监督下线处置人员抓紧处置、出清线路，尽快恢复运营。

4. 轨行区伤亡类事件应急处置程序

轨行区伤亡类事件中各运营岗位人员应急处置程序见表4.16。

表4.16　轨行区伤亡类事件中各运营岗位人员的应急处置程序

序号	岗位	作业程序
1	行车调度员	（1）制定运营调整方案，及时与现场沟通； （2）现场处置人员下线路勘查前，封闭另一侧线路，防止邻线列车伤人； （3）将现场处置的关键节点通报有关车站，指导全线做好信息发布和疏导工作； （4）接车站值班站长恢复运行的请示后下达恢复运行的指令，并报公安指挥客运中心； （5）下达有关预案的指令

续表

序号	岗位	作业程序
2	值班站长	（1）事发后即为事故前期处置责任人，全权负责前事故现场处置工作，公安人员到达现场后指挥有关人员配合民警展开有关工作。 （2）组织人员抢救伤员，疏散围观乘客，协助警方保护现场。维护现场秩序，协调各相关部门工作，并组织人员做好客运组织调整工作。 （3）带领站务员并携带必要的处置工具（如对讲机、照相机、手电筒等）至事故现场确认伤亡者位置，对事发现场进行拍照，内容包括伤亡者的姿势、死亡人员被肢解的器官、肢体散落情况等。 （4）组织人员迅速将死伤者移至站台，若在移动有困难的情况下，可将死伤者移至不会造成列车再次挤压的位置，确认工作人员撤离线路后，通知驾驶员移动列车对位进行上、下客作业，待列车驶离后再移动死伤者至站台隐蔽处。 （5）事故现场处置结束后，速报行车调度员请求恢复运行
3	列车驾驶员	（1）续报事态发展情况并保持与行车调度员现场处置情况的信息沟通； （2）对列车内乘客进行安抚性广播宣传，稳定乘客情绪； （3）帮助值班站长和公安人员寻找伤亡者，密切配合现场勘查人员前期调查和证据收集； （4）接受现场指挥人员动车指令，并及时将信息传递至行车调度员； （5）接受公安机关就事故的进一步勘验和调查，并如实反映所知情况
4	行车值班员	（1）及时向行车调度员汇报情况并通知120急救中心至现场抢救； （2）根据《运营非正常时间的广播规定》对车站内乘客进行不间断广播宣传； （3）通过监视器密切注意车站动态，与有关部门保持联络，负责部门与车站有关人员间的信息传递； （4）现场处置人员下线路勘查前，封闭另一侧线路，防止邻线列车伤人
5	站务员	（1）接受现场指挥命令，及时抢救伤者或处置死亡者尸体； （2）做好站台监护，防止围观乘客跌入道床； （3）保护现场，挽留目击证人（或请目击证人留下联系电话、住址或办公地址）； （4）工作人员下站台进行现场勘查前，按压站台上相应的紧急停车按钮，以确保现场工作人员的人身安全

5. 轨行区伤亡类事件应急处置措施

1）外来人员进入区间的应急处置措施

（1）列车驾驶员、站务人员等城市轨道交通运营企业员工发现有外来人员进入区间线路时，必须立即通过各种方式向调度员汇报。

（2）行车调度员接到外来人员擅闯区间的报告后，必须立即通知事发区间两端车站派人员封堵站台出口，地下车站还要同时打开区间照明。

（3）行车调度员通知车站派两人乘后续列车，列车以ATP手动方式限20 km/h进入事发区间查看，发现擅闯人员后立即停车，并将人带上列车客室送至下一车站处置。

（4）如果第一列车未能找到擅闯人员，则后续第二、第三列车分别限速20 km/h、45 km/h继续查找，若仍未发现异常状况，行车调度员可取消事发区间的列车限速，但要让相关车站加强对该区间站台出口的巡视。

（5）如事发区间属于地面或高架线路，或有贯通门等特殊情况，外来人员有可能侵入邻线限界时，调度员还要对邻线做类似的安排和处置。

2）区间发生路外伤亡时的应急处置措施

一旦在区间发生路外伤亡事件，因远离车站，现场只有一名驾驶员，所以处置难度显然要大于车站发生的同类事件，为了减少对运营的干扰，尽快开通线路。

（1）区间内发生路外伤亡时，始发列车驾驶员应立即停车并向行车调度员报告，如果有可能驾驶员应将被撞人移至驾驶室，按行车调度员指令将被撞人带至指定车站交值班站长。

（2）如果驾驶员独自移动被撞人有困难，可将被撞人移至不会造成列车再次挤压的位置，并向行车调度员报告处置情况后驾驶列车离开。行车调度员应安排相关车站派人添乘后续列车到事发地点将被撞人抬至驾驶室，带至前方车站。

（3）如果列车已越过被撞人且一时无法找到被撞人，驾驶员在报行车调度员后按其指令以低于 15 km/h 的速度行至前方车站，行车调度员应令相关车站指派人员会同民警添乘后续列车以低于 15 km/h 的速度行驶前往探索，至事发地进行监察，发现被撞人后迅速将其抬至驾驶室，带至前方车站，尽快恢复运行。

（4）有现场处置人员下线路勘查时，调度员应做好相应区间安全防护措施，命令邻线列车进入相关区间加强瞭望，限速通过，确保现场处置人员的人身安全。

（5）任何人进入区间线路处置事故前必须得到行车调度员的许可，并报告进入区间的人员数量，严禁不经请示擅自进入区间，现场处置完毕出清线路后需及时向行车调度员汇报，行车调度员下达恢复运行的指令并通报各相关部门。

城市轨道交通伤亡事件随着客流量增长呈明显增加趋势，同时由于社会关注度及乘客维权意识的日益增强，城市轨道交通伤亡事件呈"难控制、难处置、难善后"的特点，处置此类事件要"以人为本"及时处置，并将处置结果及时报告相关部门进行公开说明，以维护城市轨道交通公司形象。

 任务实施

任务场景	校内实训室
任务分组	在这个任务实施中，采用分组的方式进行，每 5 人为一组，通过自荐或推荐方式选出组长，负责本组任务实施的组织，实施过程中小组成员要相互帮忙，共同完成任务
任务实施	各小组根据任务案例中的任务描述，完成以下任务实施过程。 （1）进行该乘客落轨伤亡事故调查分析，上交调查分析报告。 ①该事故发生经过。 请说明 a. 事故概况及案例经过。b. 事故伤亡情况，并根据事故划分标准确定其类型。 ②事故现场处置情况。 请说明事故现场处置情况如何？请分别列举。

续表

任务场景	校内实训室
任务实施	③事件调查与分析。 请说明 a. 本起事故责任主体有哪些？b. 事故的起因是怎样的？c. 事故的处置过程如何？是否符合规范？d. 如何避免类似事故的发生？ （2）请在实训室分组分岗位进行乘客落轨伤亡事故应急处置演练，并将展示过程拍摄视频。
任务要求	（1）提交的调查分析报告需包括事故简介、等级划分、原因分析、应急处置等内容，报告封面须有小组成员分工说明及成员贡献率，形成纸质版报告上交； （2）调查分析报告需有封面、封底、目录、页眉页脚等完整文档格式，封面写明标题和团队成员姓名、分工等。 （3）提交视频需满足以下要求：展示中需要有团队名称及每人扮演的角色说明；展示过程中道具自备，服装道具真实，符合场景要求；视频需要合并上交一个，不能上交多个不合并的视频文件；视频文件名命名为"××班××组××（姓名）"；需要有片头及片尾，片头包括片名、班级、组别、组员姓名，及扮演角色分配等环节字幕，片尾包括谢谢观赏等字幕。正片中关键环节需要添加字幕或特效
任务反思	（1）学到的理论知识有哪些？ （2）掌握的实操技能有哪些？ （3）在任务实施过程中，个人自身素养提升方面有哪些收获？ （4）说说加强轨行区人员进入管理的方法，有无更好的防范措施？

🔍 **任 务 评 价**

序号	评价项目	评价指标	分值	自评（20%）	互评（20%）	师评（60%）	合计
1	知识目标（25分）	能掌握乘客伤亡事件的定义	5				
		能掌握车站内伤亡突发事件处置原则和程序	10				
		能掌握轨行区伤亡突发事件处置原则和程序	10				
2	能力目标（50分）	能具备紧急处置乘客伤亡事故的能力	10				
		能具备处置车站内伤亡突发事件的能力	20				
		能具备处置轨行区伤亡突发事件的能力	20				
3	素质目标（25分）	能具备应急判断的能力	5				
		具备细心观察的能力	5				
		能保持沉着冷静、处变不惊的工作态度	5				
		能逐步形成良好的职业道德	5				
		工作中以人民生命安全为先	5				
合计			100				
综合得分							

📋 **拓 展 阅 读**

防止乘客跌落轨行区的措施

防止乘客跌落轨行区的最根本措施就是加装站台门，但由于各种原因，国内的城市轨道交通路线还有相当一部分没有安装站台门，因此，预防工作的重点还是要放到候车秩序的管理上。另外城市轨道交通运营部门需要加强与新闻媒体的沟通，要求其在报道类似事件时不要片面追求新闻的真实性，而要对容易引起效仿的行为弱化处置，这也是新闻媒体社会责任感的体现。

除了加装站台门外，城市轨道交通运营企业对乘客落轨所采取的措施如下：

（1）在乘客较多站，增加些站台工作人员和保安。

（2）增加站台摄像头，避免监控死角。

（3）列车进站时，站台工作人员在站台 EBS（紧急停车按钮）处随时待令。

（4）列车进站时，驾驶员加强瞭望，随时准备按压紧急停车按钮。

（5）增加站台安全宣传标语。

（6）向市民宣传落轨的负面影响和应对措施。

（7）开展一些列车轧人的实际演练。

任务4.6　判断城市轨道交通乘客醉酒事件情况及应急处置

 任务引入

×月×日 17：57，某市地铁 5 号线 H 站一醉酒男乘客在上车时不慎将腿卡在车门与站台之间的缝隙处，后在工作人员与民警的共同配合下才将乘客拉上站台，这名乘客已交有关部门处置。整个救人过程大约用时 5 min，造成 5 号线部分列车晚点。

该市地铁"乘客须知"规定："醉酒者需有人陪同进站乘车"。有此酒后乘客因为饮酒过量，经常出现昏迷、坐过站等情况，这样的规定是为了保证这部分乘客的乘车安全，所以希望广大乘客配合，共同维护地铁秩序。

如果你是城市轨道交通工作人员，你将如何处置？

 学习目标

知识目标：

（1）掌握醉酒乘客的界定；

（2）掌握有人陪同醉酒乘客的处置；

（3）掌握无人陪同不同程度醉酒乘客的处置。

能力目标：

能够进行城市轨道交通不同情况醉酒乘客乘车的处置。

素质目标：

（1）具备细心观察的能力；

（2）树立服务意识和责任意识；

（3）具备沟通协调能力；

（4）能够坚守中华传统美德。

视 频

巩固提高

测 试

巩固提高

📋 知识准备

4.6.1 醉酒乘客的界定

（1）轻度醉酒乘客：指身上有酒味，尚能够控制自己言行、神志清醒的乘客。

（2）重度醉酒乘客：指不能控制自己言行、神志不清的乘客。

4.6.2 醉酒乘客的应急处置

1. 遇有陪同人的醉酒乘客乘车的处置

（1）陪同人向车站人员提出帮助请求时，站务员应及时与乘客陪同人沟通，由乘客陪同人负责该名乘客行为以保证乘车安全，同时站务员应注意自身的语速、语态，与醉酒乘客保持 1~1.5 m 的距离，在车站监控器可以拍摄的范围内进行服务，将乘车注意事项（如车票保留好、出站须使用等内容）告知陪同人。

若醉酒乘客及陪同人有过激行为时，必须及时联系值班站长或车站值班员，由值班站长或车站值班员指派专人通知车站派出所或拨打110。

（2）陪同人未向车站人员提出帮助请求时，各岗位工作人员应严格按照岗位作业标准执行各项服务工作，在指引乘客购票、进站、乘车和出站时，与醉酒乘客保持 1~1.5 m 的距离，站务员应注意自身的语速、语态，避免与乘客产生摩擦。

2. 遇无陪同人的醉酒乘客乘车的处置

（1）轻度醉酒乘客乘车。

①售票人员。发现醉酒乘客时，在服务过程中，语速应放慢，要使用标准用语、态度和注意服务忌语，必须问清楚乘客所要到达的目的车站，根据乘客需求售予车票，在售票过程中，要将所找零钱、车票递至乘客手中。

②站厅站务员。发现醉酒乘客时，在服务过程中，注意自己的语速、语态、服务忌语、肢体动作；在进站检票时，若有需要应主动帮其顺利进站；在醉酒乘客通过闸机后上站前，应及时告知站台站务员有饮酒乘客上站台要加强对其的监护。

③站台站务员。收到站厅站务员通知后，加强站台安全巡视，与醉酒乘客保持 1~1.5 m 的距离以监护其行为，直至上车；在监护醉酒乘客候车时，为其提供必要服务时应语言简练、服务态度温和，避免与醉酒乘客发生肢体接触。

（2）无购票能力的醉酒乘客乘车。

①售票人员。售票人员察觉有醉酒乘客购票，若乘客不能明确回答所要到达的目的车站且神志不清，售票人员应联系站厅站务员，让站厅站务员将该名乘客暂时带离售票口，避免影响其他乘客购票，并及时报告值班站长或车站值班员，待该名乘客神志清醒后，由站务员引导至售票口再予以售票。

②站厅站务员。接到售票人员通知有醉酒乘客不能顺利购票时，应立即赶往客服中心与乘客进行沟通，严禁其进站乘车。若该乘客坚持乘车，可将此乘客带到不影响其他乘客购票的地方进行休息，待该名乘客神志清醒后陪同其购票；并将站厅有醉酒乘客的信息报告值班站长或车站值班员。必要时，联系公安部门协助处置。值班站长或车站值班员接到醉酒乘客的信息后，应关注醉酒乘客的动向；安排站务员在监控器范围内对醉酒乘客进行监护；接到监护人员报告醉酒乘客状态异常时，应立即联系公安部门、120 急救中心协助

处置与救助。

③监护人员。由值班站长或值班员指派临时担任监护人员的站务员，在监护时应与醉酒乘客保持 1～1.5 m 的距离，不要与醉酒乘客有身体接触，在语言方面不要过多地与之沟通，确保醉酒乘客有意识、气息；如发现其状态异常，如出现面部惨白、呼吸困难、全身抽搐等情况，应立即报告值班站长或车站值班员处置。

（3）醉酒乘客在站厅（站台）酒醉不醒。

①站务员。发现此类醉酒乘客时，应立即报告值班站长或车站值班员；疏散围观乘客，在监控器范围内保持 1～1.5 m 距离处，与该乘客进行沟通以便让其尽快苏醒。根据值班站长或值班员安排，在监护过程中，醉酒乘客如有任何异常情况应及时报告处置。必要时，到车站出入口引导 120 急救中心人员进站。

②值班站长或车站值班员。接到站务员报告有醉酒乘客酒醉不醒时，问清该名乘客所在位置后，立即赶往现场查看；安排一至两名站务员，对该名乘客进行监护。必要时，通知车站派出所告之车站所发生的事件，若该乘客长时间神志不清、酒不醒或根据乘客要求，拨打 120 急救电话求助，并告之车站具体位置及乘客具体情况。

（4）醉酒乘客有跳路轨、破坏站内设备等行为。

①站务员。若醉酒乘客在站台有过激行为，如跳路轨、破坏设备设施等行为，应立即采取相应紧急措施（如按动紧急停车按钮等措施），并报告值班站长或车站值班员；疏散围观乘客，加强对该名乘客的监护，协助值班站长或车站值班员寻找目击证人，搜集相关资料。

②值班站长或车站值班员。当接到站务员通知有醉酒乘客有跳路轨、破坏站内设备等行为时，问清该名乘客所在位置后，立即赶往现场；通知车站派出所告之车站所发生的事件；安排两名或两名以上站务员制止该名乘客的违法行为，同时将此乘客引导至不影响其他乘客乘车的地方进行监护；对乘客破坏站内设备的现场进行拍照，寻找目击证人，搜集相关资料以便追索赔偿。若影响行车时，联系控制中心说明车站情况，进行有效的沟通处置。

（5）在终点站发现醉酒乘客。

①站台站务员。列车在终点站清客时发现醉酒乘客，应立即叫醒该乘客让其下车。若醉酒乘客神志不清或醉酒不醒，坚持不下车，站台站务员应立即通知值班站长或车站值班员；根据值班站长或车站值班员安排，清客站务员负责监护该名乘客进折返线，在此期间应继续与乘客沟通，力图叫醒醉酒乘客。列车折返后，与接应站务员一同将醉酒乘客引导出站，如乘客无行走能力，可利用站内担架将乘客抬下车至车站办公区域内安全地点进行监护，保证列车的正常运营。

②值班站长或车站值班员。接到站台站务员清客时发现醉酒乘客通知后，立即根据情况加派站务员到站台进行支援；及时赶往现场，组织安排人员使醉酒乘客下车，以保证列车正点率及行车安全；实时监控列车运行，有情况及时与控制中心进行有效沟通（将晚点原因如实上报），以保证车站行车作业。

必要时，将神志不清、坚持不下车且有过激行为的醉酒乘客安排下车后，立即联系车站派出所、120 急救中心协助处置与救助。在公安、120 急救中心人员到达前，安排专人对其进行监护。

3. 乘客失物处置

保护乘客的财物安全是城市轨道交通运营公司的职责之一，公司应建立健全乘客遗失物品的管理办法。

乘客失物处置原则如下：

（1）车站对失物应建立完整的登记台账，实行专人管理、定点存放，负责本站乘客遗失物品的登记、保管、认领与移交。

（2）乘客遗失物品的清点、检查、登记和认领应由双人共同进行（其中一名员工为客运值班员以上人员）。

（3）认领乘客遗失物品时，失主应描述失物特征，遗失地点、时间、物品内容、件数和钱款金额等，出示有效身份证件，车站当值值班站长或客运值班员核对无误并办理有关手续。

在城市轨道交通运营过程中，经常出现醉酒乘客进站乘车甚至闹事的现象，作为车站各岗位工作人员，需要通过巡视观察、监控观察等方式随时注意乘客动向，及时发现及时处置，以免发生不安全事故或者影响正常运营秩序的事件。

任务实施

任务场景	校内实训室
任务分组	在这个任务实施中，采用分组的方式进行，每 5 人为一组，通过自荐或推荐方式选出组长，负责本组任务实施的组织，实施过程中小组成员要相互帮忙，共同完成任务
任务实施	各小组根据任务案例中的任务描述，完成以下任务实施过程。 （1）如果醉酒乘客进站时即被客运人员发现，请在实训室分组演练车站发现醉酒乘客的处置过程展示，并将展示过程拍摄视频。 （2）如任务中所描述，如醉酒乘客已到达站台乘车，上车过程发生意外，又该如何处置，请将应急处置流程绘制成流程图。
任务要求	（1）提交视频需满足以下要求：展示中需要有团队名称及每人扮演的角色说明；展示过程中道具自备，服装道具真实，符合场景要求；视频文件名命名为"××班××组××（姓名）"；需要有片头及片尾，片头包括片名、班级、组别、组员姓名，及扮演角色分配等环节字幕，片尾包括谢谢观赏等字幕。正片中关键环节需要添加字幕或特效。 （2）流程图绘制在 A4 纸上，处置流程要正确完整，流程图绘制需美观，每人上交一份，需独立完成

续表

任务场景	校内实训室
任务反思	（1）学到的理论知识有哪些？ （2）掌握的实操技能有哪些？ （3）在任务实施过程中，在个人自身素养提升方面有哪些收获？ （4）说说是否可以禁止饮酒、醉酒乘客乘坐城市轨道交通，这样规定的可行性如何？

任务评价

序号	评价项目	评价指标	分值	自评（20%）	互评（20%）	师评（60%）	合计
1	知识目标 （25分）	能掌握醉酒乘客的界定	5				
		能掌握有人陪同醉酒乘客的处置方法	10				
		能掌握无人陪同不同程度醉酒乘客的处置方法	10				
2	能力目标 （50分）	能具备判断醉酒乘客程度并确定应对措施的能力	10				
		能具备有人陪同醉酒乘客的应急处置能力	20				
		能具备无人陪同不同程度醉酒乘客的处置能力	20				

续表

序号	评价项目	评价指标	分值	自评（20%）	互评（20%）	师评（60%）	合计
3	素质目标（25分）	具备细心观察的能力	5				
		能树立服务意识和责任意识	5				
		能具备良好的沟通协调能力	5				
		能逐步形成良好的职业道德	5				
		能够坚守中华传统美德	5				
合计			100				
综合得分							

📋 拓展阅读

阅读一：乘客醉酒吐了一站台工作人员照顾一下午

×年×月×日下午两点多，年过五旬的刘先生和朋友吃完饭，准备从某地铁站乘车回家，刚走到站台就觉得一阵反胃，吐了一站台，后来因为身体不适干脆躺在地上。工作人员发现后，赶忙带着急救箱赶来，并准备拨打120，但被刘先生拒绝，随后又通过查询刘先生的手机联系上了家属。刘先生呕吐后，身上沾了不少污物，这名工作人员赶紧找来纸巾帮他擦拭，还递上漱口的清水。因为有事，刘先生的家属两个小时后才匆匆赶来。直到傍晚六点多，刘先生才渐渐恢复，在家人的陪伴下返家。刘先生的爱人说："这名工作人员忙前忙后照顾老刘4个多小时，又不嫌弃地帮他擦脸，我别提多感动了！可她就是不肯告诉我自己的姓名！我只记住了她的工号12444。"记者通过查找了解到，这位工号12444的工作人员是当天的代班长周莹。她谦虚地说："乘客身体不舒服，我们帮着照顾一下很正常，真的不用谢！"

优质服务不是一句空话而已，它体现在工作中的方方面面，以真心才能换真心，这是作为一名城市轨道交通服务人员应该具备的优秀品质。

阅读二：处置地铁乘客纠纷的正确姿势

作为常识，治安案件的有权处置机关是公安机关。在非紧急状态下，遇乘客纠纷或肢体冲突，公共交通营运方的安保人员可先分开争议双方，并启动规范处置流程，或上升处置层级呼叫管理人员前来处置，或根据争议激烈程度，判断在有必要采取强制性措施时立即报警。

在处置过程中，基于现场情况的多样和复杂，难免有肢体接触，甚至也可能出现有女当事人衣服脱落等突发状况，作为管理文明也好，城市文明也好，都应及时采取措施，控制事件影响，避免损失扩大。

　　从小纠纷到大舆情，某地铁营运方显然还没有充分做好文明管理、规范处置和依法应对突发事件的准备。

　　"行有不得，反求诸己"，事件发生后，在拿着手电筒照向乘客之前，先照照自己的责任和管理漏洞，这才是规范管理和文明管理的应有之义。

任务 4.7　判断城市轨道交通乘客票务事件情况及应急处置

任务引入

　　某日，某地铁站，一名乘客出站时向售票员小胡反映自己的储值票丢失，小胡按规定发售一张5元付费出站票，同时在乘客事务处置单上注明"乘客遗失储值票"，并请乘客签字确认。

　　不久后，该乘客持一张单程票来到票亭，称自己的车票已找到，并改口说当时丢失的是一张单程票，要求退钱。售票员经 BOM 验证后发现信息吻合，询问客运值班员后将钱退还给乘客。最终，该客运值班员因未按规定退款被记差错。

　　请想一想：对于此类事件应采取哪些防范措施？

视频

巩固提高

学习目标

知识目标：

（1）掌握票务差错和票务事故的含义；

（2）掌握票务差错的处置原则；

（3）掌握票务事故的分类和处置原则。

能力目标：

能够进行城市轨道交通票务差错和票务事故处置。

素质目标：

（1）养成细致认真的职业态度；

（2）具备实事求是的品质；

（3）能形成明大德、守公德、严私德的个人素养。

测试

巩固提高

知识准备

4.7.1　城市轨道交通票务差错

1. 票务差错的定义

　　票务差错是指与票务有关的各岗位人员在日常票务运作过程中，因工作疏忽违反票务管理规章制度或设备操作规范，造成轻微损失和影响的票务违规行为。

2. 票务差错种类

　　城市轨道交通车站常见的票务差错种类见表4.17。

表4.17　城市轨道交通车站常见的票务差错种类

票务差错种类	内容
票卡类	未按规定上交票卡； 未按规定上交拾获的乘客丢弃或遗留的车票； 票务员将车票遗漏在客服中心、BOM室、临时售票厅； 未按规定时间上报车站的票卡结存量； 未按规定交接、清点票卡，尚未造成数额差异
现金类	未按规定时间处置长、短款； 未按规定上交拾获的乘客丢失或遗留现金； 票务员将票款遗漏在客服中心、BOM室、临时售票厅； 未按规定交接、清点现金，尚未造成现金差异； 未按规定解行票款或解行票款金额不符
乘客事务类	未按规定填写乘客事务处置单或冒充乘客在乘客事务单上签名； 未按规定向乘客提交交易凭证； 未按规定办理票卡发售、退票、更新等乘客事务处置
AFC系统管理	丢失或损坏票务钥匙（钱箱钥匙、补币箱钥匙除外）； 误用他人员工号操作票务设备； 错误操作票务设备，造成设备故障，但尚未造成经济损失
票务报表	未按规定进行交接班，出现交接不清、填写台账有误等情况； 未按规定填写、更正票务报表、台账； 未按规定及时上交或漏交票务报表； 未按规定整理、保管票务报表、台账
其他	未执行双人操作、双人确认有关规定； 丢失银行回执，未及时上报并跟进

4.7.2　城市轨道交通票务差错处置原则

1. 严格管理

要做到"四不放过"，即原因分析不清不放过、责任者没有受到处置不放过、责任者和员工没有受到教育不放过、没有制定防范措施不放过。

2. 实事求是

票务差错处置应该以规章为准绳、以事实为依据，力求客观、公正。

3. 逐级考核、落实到人

即实行层级管理，制定考核指标及方法。

4. 有责赔偿

即因票务差错造成公司经济损失，应由责任人进行赔偿。

5. 尽职尽责

即票务相关人员须认真履行本岗位工作职责，对发现问题隐瞒不报、不如实反映情况，或对差错分析处置拖延时间、推脱责任、姑息纵容、不配合调查的各级人员，要追究其经济、管理责任。

6. 票务差错原则上由管理部门自行处置

车站管理部门负有对车站票务差错进行检查、统计、分析及制定控制措施的责任。对票务差错的处置应视情节的严重程度分级别处置。

4.7.3　城市轨道交通票务事故

1. 票务事故的定义

票务事故是指与票务有关的各岗位工作人员在日常票务运作过程中，因违反票务管理规章制度或设备操作标准，造成公司票务收益损失或严重危及公司票务收益平安的票务违规行为，以及损失轻微但违规人员带有恶意企图的票务违规行为。

2. 票务事故的分类

1）一类票务事务

（1）票务设备的管理和操作。

违规操作 AFC 系统设备，造成票务收益流失或损失，合计价值在 200 元以上 1 000 元（含 1 000 元）以下。

在非营业时间，违规进入票亭并违规使用票务设备。

（2）票务钥匙、票务备品的管理和使用。

丢失票务钥匙、丢失价值在 200 元以上 1 000 元以下的票务备品。

（3）车票的管理和使用。

车票编码人员错误编写车票信息，数量在 4 000 张以上 8 000 张以下，金额在 200 元以上 1 000 元以下。

遗失样票 10 张以上，或涉及金额在 200 元以上 1 000 元以下，未按规定要求办理地铁专用票的发放手续，造成错误发放、遗漏回收的情况。

车票的注销及销毁出错，涉及金额在 200 元以上 1 000 元以下。

丢失车票，金额合计在 200 元以上 1 000 元以下。

2）二类票务事务

（1）票务设备的管理和操作。

违规操作 AFC 系统设备，造成票务收益流失或损失 1 000 元以上 10 000 元以下。

（2）票务备品的管理和使用。

丢失价值在 1 000 元以上 10 000 元以下的票务备品。

（3）车票的管理和使用。

未按规定要求执行票务相关规定，造成错误编码车票信息，给票务工作造成较大影响。

车票编码人员错误编写车票信息，数量在 8 000 张以上，延误车票及时发行。

非设备原因导致车票的注销及销毁出错，涉及金额在 1 000 元以上 10 000 元以下。

丢失车票，金额合计在 1 000 元以上 10 000 元以下。

（4）票务取证材料的管理。

工作中违反相关规定，导致系统数据或监控录像等重要取证资料缺失或不全，影响三、四类事故嫌疑的调查取证。

3）三类票务事务

（1）票务报表的填写和管理。

变造账目、报表或其他虚假行为填平账目。

（2）票务设备的管理和操作。

违规操作 AFC 系统设备，造成票务收益流失或损失 10 000 元以上 100 000 元以下。

故意使用他人密码操作票务设备。

利用 AFC 系统终端设备违规操作，引起数据混乱或丢失。

（3）票务钥匙、密钥卡、票务备品的管理和使用。

私自制作、使用票务钥匙或 AFC 系统密钥卡。

丢失价值在 10 000 元以上 100 000 元以下的票务备品。

（4）车票、现金的管理和使用。

未经批准注销或销毁车票。

车票的注销或销毁出错，涉及金额在 10 000 元以上 100 000 元以下。

丢失车票或押金等，金额合计在 10 000 元以上 100 000 元以下。

4）四类票务事务

（1）车票、现金、票务收益的管理和使用。

违章占有、挪用任何车票或现金。

蓄意导致运营公司票务收益流失或侵占运营公司票务收益。

丢失车票或现金，金额合计在 100 000 元以上。

车票的注销及销毁出错，涉及金额在 100 000 元以上。

（2）票务报表的填写和管理。

变造账目和报表或用其他方式，被查出有个人或集体违规获利事实的行为。

（3）票务设备、票务备品的管理和操作。

违规操作 AFC 系统设备，造成票务收益流失或损失 100 000 元以上。

蓄意破坏 AFC 系统设备，造成公司财产损失，合计价值在 100 000 元以上。

丢失价值 100 000 元以上的票务备品。

4.7.4　票务事故的处置原则

票务事故的处置原则与票务差错的处置原则一样，即严格管理、实事求是、逐级考核、落实到人、有责赔偿、尽职尽责。

对于事故责任者，应根据违章性质和情节严重程度予以严厉的批评教育、经济惩罚，严重的还应追究其法律责任。违章性质和情节严重的，还要追究领导责任。

对违章分析处置拖延、推脱责任、姑息纵容、隐瞒不报或没有如实反映违章情况者，应予以严肃批评教育或纪律处分。

城市轨道交通票务安全的有效把控，要从各个环节入手，做好严格的把控。在具体实践中，完善票务规章制度和数据管理，提高员工业务水平，并定期开展检查和演练，避免票务安全事故的发生。只有做好上述工作，才能有效保证地铁票务的安全，确保地铁的正常运营。

任务实施

任务场景	多媒体教室
任务分组	在这个任务实施中，采用分组的方式进行，每5人为一组，通过自荐或推荐方式选出组长，负责本组任务实施的组织，实施过程中小组成员要进行分析讨论、相互帮忙，共同完成任务
任务实施	各小组根据任务案例中的任务描述，完成以下任务实施过程。 　　（1）讨论分析该案例中所描述的事故原因、责任、处置及预防等情况。 　　①请分析并判断该票务事件属于票务差错还是票务事故（需分等级），并说明理由； 　　②请说明该票务事件的责任归属以及处置措施； 　　③结合所学，请说说如何避免该类型票务事件的再次发生。 　　（2）每组制作一个PPT展示并汇报讨论成果。
任务要求	（1）讨论分析需有理有据，团队成员需全员参与，留存讨论照片、讨论过程文字资料等； 　　（2）PPT需完整展示讨论过程、讨论结果、依据展示等内容，PPT制作精美、图文并茂，封面需有主题、团队成员及分工情况等，汇报结束后PPT需上交； 　　（3）PPT汇报需汇报展示表达清晰、仪态大方，可结合视频、文件、现场表演展示等形式（汇报时间教师确定）
任务反思	（1）学到的理论知识有哪些？ 　　（2）掌握的实操技能有哪些？ 　　（3）在任务实施过程中，个人自身素养提升方面有哪些收获？ 　　（4）手机扫码乘车大大减少了因票卡数量不对应产生的票务事故，请思考有没有更方便、适用范围更广的车票形式？

🔍 任务评价

序号	评价项目	评价指标	分值	自评（20%）	互评（20%）	师评（60%）	合计
1	知识目标（25分）	能掌握票务差错和票务事故的含义	5				
		能掌握票务差错的处置原则	10				
		能掌握票务事故的分类和处置原则	10				
2	能力目标（50分）	能具备判断票务事故和票务差错的能力	10				
		能具备针对票务差错的处置能力	20				
		能具备处置票务事故的能力	20				
3	素质目标（25分）	能养成细致认真的职业态度	6				
		能具备实事求是的品质	6				
		能具备良好的沟通协调能力	6				
		能逐步形成明大德、守公德、严私德的个人素养	7				
合计			100				
综合得分							

📋 拓展阅读

地铁票务的安全管理策略

1. 票务系统

建立与 AFC 系统数据相结合的票务管理系统，要做好以下要点的把控：

（1）严格遵循相关规范，设计票务安全相关系统。在设计时，要从将系统的安全可靠性作为系统开发、验收的重要指标。

（2）对于硬件设备的设计，要按照故障－安全的基本设计理念，做好硬件设计和软件设计的把控。

（3）结合现场实际票务系统的问题，不断更新升级系统，减少人为操作的失误，确保票务安全。

2. 设备

为保证地铁票务的安全性，要做好设备系统的把控，主要采取以下措施：

（1）针对设备的日常维护，制定好设备完好率、故障修复率等技术考核指标，确保设备的安全运作。

（2）每年定期开展设备缺陷整改讨论，预留预算对设备进行相关的更新和改造，逐步改善设备性能和数据稳定性。

3. 员工业务培训

要强化对调度人员的业务培训，主要采取以下措施：

（1）定期检测其岗位技能水平，通过培训以及演练等方式，检测其业务能力，及时弥补不足，使其能够更好地完成岗位工作。

（2）员工之间要形成自检、互检、他检和自控、互控、他控的有效机制。

（3）管理人员要加大对员工业务的抽问和分析，利用相关技术手段，制定措施逐步提高员工业务水平。

4. 票务稽查

建立独立的票务稽查队伍，代表企业对地铁运营票务收益进行独立监督和审查，对于稽查工作发现的问题，按照"四不放过"的原则深入调查分析，建立规范、完善的票务稽查惩罚制度，警示员工，进一步防患于未然。

任务 4.8　制定城市轨道交通客流疏散方案及应急处置

任务引入

北京时间×年×月×日7时23分，××地铁2号线内环一辆列车由于车辆老旧，在行驶至××地铁站时，4号车厢内排风扇短路冒烟，并伴有较强的焦煳气味。地铁带故障行驶至××地铁站时，站台仍有部分乘客候车，这时冒烟车厢已出现明火，工作人员当即疏散所有乘客。地铁、公安、消防等部门接到险情报告后迅速派人赶赴现场，启动应急预案，疏散旅客，封闭××地铁站，内环线8时13分全线停运，××地铁站及地铁内环线恢复正常运营。事故虽没有造成人员伤亡但地铁环线停运近50 min，且由于是上班早高峰，导致整个环线周边的地面交通出现了较严重的拥堵，大量等待上班的乘客积压在地铁车站。

假如你是车站运营人员：

（1）针对此事故你有怎样的反思？

（2）如果你是城市轨道交通工作人员，你会如何解决下列疏散问题？

（3）请根据案例，针对应急处置流程，完成思维导图绘制。

视 频

巩固提高

学习目标

知识目标：

（1）掌握车站客流疏导的方式分类；

（2）掌握城市轨道交通客流疏散的适用条件；

（3）掌握城市轨道交通客流疏散的处置原则和程序。

能力目标：

能进行城市轨道交通客流疏散方案编制及应急处置。

素质目标：

（1）具备严谨、认真、细致的工作态度和高度的工作责任心；

（2）树立责任意识和规则意识；

（3）保持沉着冷静、处变不惊的工作态度；

（4）具有创新意识。

测试

巩固提高

知识准备

当发生突发事件时，车站可根据实际情况采用不同的客流组织办法对乘客进行疏导，主要有疏散、清客、隔离三种办法。

4.8.1　疏散

疏散是指在紧急情况下，利用一切通道和出口迅速将乘客从危险区域全部转移到安全区域，包括车站疏散和隧道疏散。

1. 车站疏散

1）车站疏散分类

车站疏散分为运营时间内疏散和非运营时间内疏散两种情况。

在运营时间内，车站需要紧急疏散时，报告行车调度员疏散原因、列车继续运行是否有危险、是否需要中断行车等。如果行车中断，按下紧急停车按钮，防止所有人员离开后，站台范围内的列车自行启动。在车站出入口放置告示并派人把守，阻止乘客进入车站。关闭所有售票机、充值机，打开所有闸机。将自动扶梯转向适当方向，情况紧急时，可停止自动扶梯运行。指示售检票员停止工作，并安全处置票款。通过广播向站内所有人员发布疏散信息，向乘客说明疏散原因、疏散路线及车票处置；引导并帮助乘客沿着疏散路线，迅速撤出车站；疏散完毕后巡视车站，确认站内没有滞留人员，到集合地点清点人数，确保所有人员安全撤离。如果发生出口不宜疏散的情形，行车调度员可安排一列空客车运行至该站，将站内所有人员运离车站。

在非运营时间内，车站需要紧急疏散时，由于没有乘客、商户等，仅有车站工作人员、设备维护人员和承包商等少量人员，组织起来相对容易。车站报告行车调度员后，打开专用通道作为紧急出入口，指示站内所有人员撤离。如果发生紧急出入口不宜疏散的情形时，可以考虑经由轨道疏散。这时，必须报告行车调度员，由行车调度员停止列车运行，接触轨供电区段通知电力调度员停电。所有人员沿轨道疏散至邻站后，清点人数，确保所有人员安全撤离。

2）车站疏散组织办法

车站疏散需要各个岗位密切高效配合，争取在最短的时间内尽快疏散客流。

（1）行车调度员作业程序。

①根据情况需要，与110、119、120电话联系，请求协助疏散车站及相邻车站客流。

②通知有关车站实施车站疏散应急预案，并告知其相关的行车安排、清客安排。

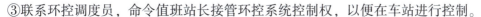

③联系环控调度员，命令值班站长接管环控系统控制权，以便在车站进行控制。

④根据情况需要，关断有关区段的电力供应。

⑤指示驾驶员越站，驶过疏散车站时不停车。

（2）车站各岗位作业程序。

车站各岗位分工作业程序见表4.18所示。

表4.18 车站各岗位分工作业程序

步骤	岗位		作业程序
1	值班站长	确定事故的种类和地点	（1）通过 CCTV 查看事故现场； （2）派站务人员立即前往现场，调查事故原因； （3）上报行车调度员，通知站内所有员工； （4）确定是否需要执行紧急疏散程序
		指挥抢险，进行疏散	（1）通过 PA/PIS 宣布疏散情况（注意避免引起乘客恐慌）； （2）在上级领导未到达前担任现场指挥
			如有大量乘客被困站台，请求行车调度员安排一列空车前往站台协助疏散乘客
			通知站内其他人员（如承包人、施工人员、商铺租户等）立即离开车站并前往集合地点报到； 命令车站员工执行车站紧急疏散计划，组织乘客有序撤离
			视情况需要： （1）请求行车调度员召唤 119、110、120 等紧急服务； （2）如需救援人员支持，安排一名站务人员到紧急出入口引导救援人员进站； （3）通知行车调度员不要放车进站
			若站内有火警或冒烟而需做出紧急通风安排，则要取得环境系统控制权，并操作环境系统控制设备
		指挥撤离	（1）疏散完毕后，组织站内员工检查是否还有乘客滞留，安排员工关闭车站出入口； （2）如灾害危及车站员工安全，组织员工到紧急出入口集合
2	车站员工	组织乘客撤离	（1）在车站 IBP 盘操作 AFC 紧急放行模式使闸机扇门全开； （2）将 TVM 设于暂停服务状态
			开启相应的环控模式
			（1）组织乘客撤离，需要时使用扬声器疏散乘客； （2）按停手扶电梯或适当的运行模式； （3）为行动不便及伤残人士等提供协助
		关闭车站	完成疏散后： （1）检查所有乘客是否已离开车站； （2）张贴车站关闭的通告； （3）往集合地点报到
3	值班站长	恢复服务	（1）事故处置完毕后，确认线路空闲； （2）上报行车调度员，得到确认后恢复车站正常运营； （3）通过 PA 系统通知乘客服务恢复正常

3）车站疏散组织演练程序

对于城市轨道运营单位而言，这种疏散办法应该定期进行现场模拟演练。让每个岗位工作人员充分锻炼才能有效保证真正的突发事件来临时能做到井然有序地进行疏散。模拟演练的具体内容及顺序大致如下。

（1）值班站长工作内容：

①宣布车站执行疏散程序，在上级领导未到达前担任现场临时指挥。

②指挥抢险或乘客疏散。

③疏散完毕后，检查是否还有乘客滞留，关闭出入口。

④如灾害危及车站员工安全，应组织员工到紧急出入口或后备紧急出入口集中。

⑤如乘客被困在站台，应要求行车调度安排一列空车前往车站疏散乘客，安排人员安抚和维持站台秩序，组织全部乘客上车后，指示站台保安向驾驶员显示"好了"信号后，登乘驾驶室离开。

⑥需要外部支援时，安排一名站务员到紧急出入口引导支援人员进入车站。

（2）行车值班员工作内容：

①报告行车调度疏散原因、是否影响列车运行、是否需要支援。

②视情况致电119、120请求支援。

③通知地铁公安到场维持秩序。

④需要时，开启相应环控模式。

⑤按动 AFC 紧急按钮，使闸机为常开状态，并将 TVM 和 AVM 设为暂停服务。

⑥通过乘客咨询显示系统发布疏散信息；通过广播通知银行、商铺工作人员和乘客疏散（注意尽量不要引起乘客恐慌）。

⑦向站长通报有关情况。

⑧当留在车控室有危险时应到安全地点集中。

（3）其他工作人员的工作内容：

①客运值班员协助伤者离开危险区域或指引乘客疏散。

②厅巡负责打开员工通道和协助客运值班员工作，视情况关停相关扶梯。

③站厅保安到站台疏散乘客。

④站台保安将站台乘客往站厅疏散；如安排列车接载站台乘客疏散时，乘客及车站其他在站台疏散人员上车完毕后向驾驶员显示"好了"信号，并进入驾驶室。

⑤售票员到楼梯、扶梯口维持秩序，需要时，其中一人应到紧急出入口接应外部支援人员。

3）隧道疏散组织办法

（1）车站值班站长担任临时应急负责人。

（2）接到行车调度员或列车驾驶员需要隧道疏散的通知后，通知各岗位员工执行车站疏散程序，指定客运值班员负责组织指挥疏散车站乘客。

（3）开启隧道灯，需要时开动隧道风机进行排烟（由环控调度员开启）。

（4）带领站务员或站台保安，穿好装备，到隧道疏散现场负责引导乘客往车站疏散。

（5）在确认乘客疏散完毕和线路出清后，报告行车调度员，关闭车站。

（6）消防人员到车站后告知有关情况，带领员工参加应急处置救援工作。

2. 隧道疏散

1）隧道疏散分类

隧道疏散分为紧急疏散和非紧急疏散。紧急疏散是指列车发生爆炸、火灾等危及乘客人身安全且无法维持到进站后处置，而必须组织的疏散；非紧急疏散是指列车发生故障等不会危及乘客人身安全且无法维持到进站后处置，而组织的疏散。

紧急情况下，根据事故位置和现场情况，疏散方向原则为：列车头端发生火灾爆炸的，组织乘客向尾端疏散；列车中部发生火灾爆炸的，组织乘客向两端疏散；列车尾端发生火灾爆炸的，组织乘客向头端疏散。非紧急情况下，行调与现场驾驶员或事故处置主任确认现场情况后报值班主任，由值班主任决定疏散方向及疏散方式。

2）隧道紧急疏散应急处置

（1）驾驶员的应急处置。

①列车停车后，应立即播放广播安抚乘客，提醒乘客保持镇定，切勿打开车门跳下轨道并将列车位置（区间、百米标、上下行正线）及现场情况报告控制中心，或设法联系就近车站。

②接到行车调度通知疏散后，确认疏散方向并做好疏散准备。

③待车站工作人员到达后，打开每列车疏散平台侧疏散方向的第一、二个车门，组织乘客从该车门下车，通过疏散平台疏散到就近车站，如图4.1所示。

④广播引导乘客疏散，并协助车站工作人员维持疏散的秩序。

图4.1 隧道客流疏散

（2）控制中心的应急处置。

①控制中心接报信息，确认需进行乘客疏散后，按向就近车站疏散的原则组织乘客疏散。

②通知就近车站安排人员进入区间组织乘客疏散。

③通知邻线列车在疏散的区间限速运行，并注意观望和鸣笛。

④按规定开启区间照明和隧道通风系统。

（3）车站的应急处置。

①接到行车调度要组织列车区间疏散的命令后，确认疏散方向。

②按规定穿戴好防护用品，得到行车调度同意后，值班站长带领人员进入区间。

③车站工作人员到达现场后，安排人员在列车头部及尾部引导，在正线与入段线连接联络通道、疏散平台断开处等关键地点安排人员引导乘客。

④通知驾驶员在疏散平台侧，打开每列车疏散方向的第一、二个车门，组织乘客从该车门下车，通过疏散平台疏散到就近车站。

3）隧道非紧急疏散应急处置

（1）乘客疏散处置要点（非火灾、爆炸等紧急情况）。

①驾驶员播放广播安抚乘客。

②车站人员带备品（应急灯、探照灯、手电筒等），穿戴好防护用品后进入隧道（接触轨车站需停电）。

③车站人员与驾驶员联系后开门（无疏散平台的线路开疏散门，有疏散平台的线路开启平台侧的客室门）指挥乘客向车站方向疏散。

（2）站务员层级岗位应急处置流程。

①站台岗/巡视岗。

a. 接到区间疏散乘客的通知后，立即到车控室穿戴好荧光衣，带齐备品，与值班站长到区间疏散乘客。

b. 到达区间列车位置后，负责到列车疏散方向尾端引导乘客疏散，防止疏散方向错误。

c. 确认列车上乘客疏散完后，跟随最后一名乘客疏散到站台，并确认无乘客遗留在区间。

d. 回到车站，在出入口摆放服务告示，参与车站退票、公交接驳等客运服务工作。

②售票员。

a. 接到执行区间乘客疏散方案的通知后，做好乘客退票及解释工作。

b. 做好公交接驳客运服务工作。

（3）值班员应急处置岗位流程。

①行车值班员。

a. 接到行车调度员发布列车进行区间疏散的命令后，立即通知值班站长做好准备。

b. 接到可以进入隧道疏散乘客的行车调度员命令后，立即报值班站长。

c. 广播安抚疏散的乘客，指引乘客退票、公交接驳等（按 OCC 组织）。

d. 接值班站长乘客全部疏散、线路出清的通知后，报行车调度员。

②客运值班员。

a. 接到到区间疏散乘客通知后，立即到车控室穿戴好防护用品，带好备品，与值班站长到区间列车上疏散乘客。

b. 到达区间列车位置后，负责带领乘客向本站方向疏散。

c. 到达站台后，负责在端墙门处引导乘客疏散出站。

d. 组织好车站退票、公交驳运等客运服务工作（按 OCC 组织）。

（4）值班站长岗位应急处置流程。

①接报后担任事故处置主任。

②通知行车值班员广播宣布执行区间乘客疏散应急处置预案，通知相关人员到车控室带备品（应急灯、探照灯、手电筒等），穿戴好防护用品。

③接到可进入区间疏散列车上乘客的通知后，与客运值班员、巡视岗进入隧道疏散乘客，在进入区间时，在下轨楼梯处设置应急灯。

④到达区间列车位置后，与驾驶员联系开门，指挥乘客向本站方向疏散。

⑤确认车上的乘客疏散完毕后，报告车控室、行车调度员，与驾驶员沟通好后返回车站，并确认无人员遗留在线路、疏散平台上，报车控室线路出清。

⑥确认所有乘客疏散完毕，组织好站内的票务客运服务工作。

4.8.2 清客

清客是指当车站或列车出现异常时，需要将乘客从某一区域全都转移到另一区域，包括车站清客和列车清客。

1. 清客的规则

各城市轨道交通运营企业制定的清客程序、人员分工都有所不同，但大致遵循下列清客规则：

（1）清客前必须获得行车调度员的授权，除非在危及乘客安全或OCC通信中断等紧急情况下，列车驾驶员或车站值班站长才可未经授权进行清客。

（2）列车驾驶员应尽可能将列车驶至下一站或在指定的站台清客，避免在两站之间清客。

（3）清客期间，以下轨道不得行车：乘客下车后途经的轨道，乘客可由隧道门或交叉口进入的轨道。直至完成清客，证实所有乘客已撤离轨道后，上述轨道才可解除行车限制。

（4）一般情况下，若没有车站员工的协助，列车驾驶员不得清客，除非发生了非常紧急、严重威胁乘客生命安全的情况，方可由列车驾驶员单独组织清客。

（5）为防止乘客偏离清客路线或被障碍物绊倒，必须安排员工在道岔、交叉口、隧道口其他有潜在危险的地方驻守。协助清客的员工应携带手提灯、扩音器、无线电对讲机等备品，同时应特别注意疏散过程中伤残人士的安排。

（6）任何员工或乘客进入轨道前，必须亮起隧道灯。

（7）凡是清客至轨道的情况，都必须切断牵引电流。

（8）列车完成在轨道清客的程序后，必须安排车站员工巡查所有下车乘客可能经过的道区域，确保区间内无任何乘客或障碍物后，方可恢复正常行车。

（9）实施清客时，应请公安、消防等救援人员协助应急。

2. 车站清客组织办法

1）值班站长工作内容

（1）组织车站员工对车站乘客进行清客，引导乘客退票。

（2）待乘客全部出站后，检查站厅站台是否有滞留乘客，关闭出入口。

（3）安排车站人员到紧急出入口值勤。

（4）召集车站其他工作人员留守车站等待恢复运营。

（5）将情况向站长汇报，并做好详细记录。

2）行车值班员工作内容

（1）通知各岗位员工车站停止服务，执行清客程序。

（2）通知地铁公安到现场维持秩序。

（3）做好乘客广播工作。

（4）按动 AFC 紧急按钮，使闸机为常开，将 TVM 和 AVM 设为暂停服务。

（5）通过乘客咨询显示系统发布车站停止服务信息。

（6）关站后，执行节电照明模式。

3）客运值班员工作内容

（1）引导乘客办理退票或出站。

（2）根据需要为售票员配备零钞。

（3）统计退票数量，并将回收单程票封好后上交票务室。

4）其他工作人员的工作内容

（1）厅巡站务员打开车站员工通道门，引导乘客退票或出站。

（2）售票员负责办理退票。

（3）保安负责维持秩序。

3. 列车清客组织办法

1）值班站长工作内容

（1）组织站台保安和厅巡站务员在规定时间内完成对列车上乘客的清客工作。

（2）清客完毕后及时通知车控室，指示站台保安向驾驶员显示"好了"信号后发车。

（3）引导部分乘客退票，组织和引导部分乘客在同站台或另一站台等候下一趟列车，做好候车乘客的解释和安抚工作。

（4）将情况向站长汇报，并做好详细记录。

2）行车值班员工作内容

（1）接到列车清客命令后，立即通知值班站长、厅巡站务员和站台保安执行清客程序。

（2）通知地铁公安到现场维持秩序。

（3）做好乘客广播工作。

4. 非紧急情况——清客至轨道

非紧急情况是指清客工作按照正常的途径得到授权，有充裕时间做好相关准备工作。以介绍非紧急情况下，两站之间清客至轨道的一般处置程序。

1）行车调度员作业程序

（1）停止相关轨道上的所有行车。

①即将清客的轨道停止行车。

②乘客离开车厢后可能途径的轨道停止行车。

（2）指示列车驾驶员做好清客前的准备。

①停止所有列车运作，只维持无线电正常操作。

②前往即将清客的一端候命。

③待车站员工抵达后开始清客。

（3）通知环控调度员，切断牵引电流，采取防护措施。

（4）命令受影响区域的值班站长执行清客程序。

①亮起隧道灯，关掉鼓风扇，采取相关保护措施。

②向相关车站值班站长查证列车停止的具体位置，指示其在何处清客，在列车哪一端清客。

（5）确认清客已结束。

①与驾驶员确认：所有乘客已离开车厢，应特别关注是否有伤残人士遗留车厢内。

②与值班站长确认：所有乘客已撤离车厢及轨道，要求值班站长派员工步行巡视各轨段，并确认轨段已畅通无阻。

（6）恢复正常运作。

接到值班站长轨道已畅通的通知后，指示：

①牵引电流送电。

②驾驶员限速将列车驶往下一站。

③根据情况部分或全部恢复正常运作。

2）车站值班站长作业程序

车站值班站长接到行车调度员关于执行清客程序的命令后，应按下列程序作业。

（1）与行车调度员确定清客事宜。

①通过 ATS 控制台确认所有被停止的列车的正确位置。

②确认清客的位置在列车的哪一端。

③确认牵引电流已关闭，安全保护措施已做好。

（2）接管环控系统操作权。

视情况需要，关闭鼓风扇、亮起隧道灯。

（3）安排车站员工执行隧道清客程序。

①指派一名车站员工负责执行清客程序，至少再派一名员工陪同其前往列车现场。

②根据情况需要，加派员工前往现场：任何有潜在危险的位置，提醒乘客注意安全；在清客范围内协助引领乘客按路线行走；引导离开车厢的乘客经站台两端的楼梯前往车站。

（4）清客结束后，向执行清客程序的车站员工确认所有员工和乘客已离开轨道，并向行车调度员报告。

（5）安排车站员工进行轨道巡查。

①接到行车调度员通知后，安排两名车站员工步行前往下一个车站，确定区间畅通无阻。

②每确定一段指定轨道畅通无阻后，向行车调度员汇报。

（6）恢复正常运作。

接到行车调度员的通知后，恢复站内正常运作。

3）车站其他岗位员工作业程序

（1）前往清客现场。

①带上手提灯、无线电对讲机等应急物品。

②确保隧道灯已亮起，牵引电流已切断，保护措施已做好。

（2）抵达现场开始清客。

①至少两名车站员工共同前往列车现场，抵达现场后立即开始清客作业。

②指示同行的车站员工：带领乘客前往指定车站，引领乘客使用站台两端的楼梯，以加快疏散速度。

③协助驾驶员清客。

④乘客中若有伤残人士，安排车站员工或自愿协助的乘客陪同。

⑤确定车上乘客全部撤离后，收回逃生踏板。

（3）返回车站，沿途巡视轨道。

①沿途巡视轨道，确保轨道上没有遗留乘客或障碍物，安全保护措施已拆除。

②抵达车站后，向值班站长报到。

4.8.3　隔离

隔离是指采用某种方式或设备人为地隔开人群或封闭某个区域。根据造成隔离的原因隔离的组织方法有以下几种：

1. 非接触纠纷隔离

乘客发生口头纠纷时，离现场最近的工作人员要立即上前调解，必要时把纠纷双方分别带到人少的地方（或带到车站会议室），进行劝说和调解。如有其他乘客围观，应及时劝离现场维持好车站正常秩序。

2. 接触式纠纷隔离

乘客发生打架时，离现场最近的工作人员要立即赶到现场，与车站保安人员一起把打架双方隔开，并通知地铁公安到场。车站控制室通知值班站长赶到现场处置，将肇事双方移交地铁公安处置。车站要及时疏散围观的其他乘客，并寻找目击证人填写事件记录。

3. 客流流线隔离

当车站某一端排队购票队伍与进、出客流发生交叉干扰时，车站工作人员可以利用伸缩铁围栏、隔离带、铁马等设备器具人为地隔开人群，保持进、出客流畅通，并利用手提广播引导一部分乘客到人少一端购票进站，避免乘客排长队的现象。

4. 疫情隔离

车站发现有恶性传染疫情时，必须采取隔离组织办法，关闭各出入口，列车不停站通过，对与疑似人员有过密切接触的物品、人员进行消毒、隔离，未经防疫部门的许可不能离开车站。

 **任务实施**

任务场景	校内实训室
任务分组	在这个任务实施中，采用分组的方式进行，每5人为一组，通过自荐或推荐方式选出组长，负责本组任务实施的组织，实施过程中小组成员要相互帮忙，共同完成任务
任务实施	各小组根据以上任务描述，完成以下任务实施过程。 （1）针对此事故你有怎样的反思？

续表

任务场景	校内实训室
任务实施	（2）如果你是城市轨道交通工作人员，你会如何解决下列疏散问题？ ①请分析事故原因。 ②请说明事故处置流程。 （3）请根据案例，针对应急处置流程，完成思维导图绘制。
任务要求	（1）针对反思内容表应切题、深刻，反思应当结合案例进行说明； （2）思维导图请以思维导图软件绘制，要求色彩分明、重点得当，作品需要有团队名称及每人贡献说明；文件名命名为"××班××组××（姓名）"，以 jpg 格式上交
任务反思	（1）学到的理论知识有哪些？ （2）掌握的实操技能有哪些？ （3）在任务实施过程中，个人自身素养提升方面有哪些收获？ （4）面对城市轨道交通客流疏散中，针对重点乘客，工作人员要如何做？

任务评价

序号	评价项目	评价指标	分值	自评（20%）	互评（20%）	师评（60%）	合计
1	知识目标 （25分）	能掌握车站客流疏导的方式分类	5				
		能掌握城市轨道交通客流疏散的适用条件	10				
		掌握城市轨道交通客流疏散的处置原则和程序	10				

续表

序号	评价项目	评价指标	分值	自评（20%）	互评（20%）	师评（60%）	合计
2	能力目标（50分）	能进行城市轨道交通客流疏散方案编制	25				
		能具备城市轨道交通客流疏散应急处置能力	25				
3	素质目标（25分）	能具备严谨认真的工作态度和高度的责任心	5				
		能树立责任意识和规则意识	5				
		能保持沉着冷静、处变不惊的工作态度	5				
		能具备严谨细致的工作作风	5				
		具有创新意识	5				
合计			100				
综合得分							

拓展阅读

阅读一：地铁疏散事故

某日，某地铁站正在应对客流高峰，却被迫临时封闭了 B 号出入口，一个疑似蛋糕的纸盒被工作人员用隔离带围了起来，工作人员紧急疏散围观乘客，警察和地铁安保人员仔细观察这个纸盒。同时，安保人员调取了站内监控录像仔细察看，最终确定了这一纸盒是一位乘客遗失的蛋糕。后乘客回到地铁站将蛋糕取走，该站 B 口通行恢复正常。

地铁站工作人员遇到遗留在车站的可疑失物，能够保持高度警觉，通知保安和警察处置，采取封闭出入口、拉隔离带等措施，保障了乘客安全。虽然最后确定是"乌龙事件"，但车站员工的做法还是非常可取的。

党的二十大提出，国家安全是民族复兴的根基，社会稳定是国家强盛的前提。必须坚定不移贯彻总体国家安全观，把维护国家安全贯穿党和国家工作各方面全过程，确保国家安全和社会稳定。在城市轨道交通运营过程中，可能会因为列车故障或火灾等情况需要进行疏散。对于乘客来说，在疏散中千万不要盲目地跟随人流相互拥挤、乱冲乱撞。要注意车站广播，听从工作人员安排，循从地铁站台和通道内的疏散标志撤离。疏散过程中要注意脚下异物，特别是在地铁隧道，沿途不要踩踏轨道，以免轨道带电时造成触电。如站台有救援专用通道，乘客应在救援人员的帮助下，通过救援专用通道迅速撤离事故现场。列车若在隧道中部发生事故，乘客可在驾驶员的指导下，通过驾驶室的紧急疏散门下到轨道平台，步行前往最近车站。乘客切勿擅自解锁车门跳下轨道平台，因为隧道壁上的电缆线架容易伤到身体。作为城市轨道交通运营人员，则一定要掌握疏散的流程，从而保障乘客的生命财产安全。作为一名城市轨道交通运营人员，一定要时刻以人民安全为警醒，并不断提升业务水平，保障人民安全。

阅读二：某地铁运营公司清客程序

1. 列车在站台清客各岗位处置程序（表4.19）

表4.19　列车在站台清客各岗位处置程序

岗位	处置程序
值班 站长	（1）值班站长得知列车区间清客的信息后，按照行调指令，组织站务员引导乘客安全撤离列车； （2）组织站务员做好乘客解释与服务工作，降低投诉率； （3）确认列车清客完毕后联控驾驶员，向驾驶员显示"好了"信号
行车 值班员	（1）行车值班员接到行调命令列车站台清客后，立即报告值班站长； （2）根据行调通知播放晚点广播、清客广播； （3）根据行调指令向值班站长传达调令及相关信息； （4）做好信息上报工作，报站长、生产调度（63175），如发生客伤等视情况报120、110； （5）做好清客疏散过程中重要时间点的记录，以备事后分析
客运 值班员	（1）接到列车在站台清客的命令后，立即赶到站厅指挥票亭、保安安检、保洁人员安抚乘客情绪，组织乘客有序疏散，防止客伤； （2）组织票亭做好票务服务等工作
票亭岗	（1）接到列车在站台清客的命令后，做好乘客服务与解释工作，安抚乘客情绪，告知有急事的乘客换乘其他交通工具； （2）做好乘客退票、通免费更新等工作
站台岗	（1）接到列车在站台清客的命令后，根据值班站长指令上车协助清客； （2）做好乘客解释和情绪安抚工作
驾驶员	（1）驾驶员接到OCC列车在站台清客的命令后打开车门（屏蔽门），播放列车清客广播； （2）驾驶员确认车厢没有乘客滞留，关门并报行车调度员，按照行调指令执行

2. 列车部分停在站台清客各岗位处置程序（表4.20）

表4.20　列车部分停在站台清客各岗位处置程序

岗位	处置程序
值班 站长	（1）值班站长得知列车区间清客的信息后，按照行调指令，组织站务员引导乘客安全撤离列车； （2）组织站务员做好乘客解释与服务工作，降低投诉率； （3）确认列车清客完毕后联控驾驶员，向驾驶员显示"好了"信号

续表

岗位	处置程序
行车值班员	（1）行车值班员接到行车调度员清客命令后，立即报告值班站长； （2）根据行调通知播放晚点广播、清客广播； （3）根据行调指令向值站传达调令相关信息； （4）做好信息上报工作，报站长、生产调度（63175），如发生客伤等视情况报120、110； （5）做好清客疏散过程中重要时间点的记录，以备事后分析
客运值班员	（1）接到列车清客的命令后，立即赶到站厅指挥票亭、保安安检、保洁人员安抚乘客情绪，组织乘客有序疏散，防止客伤； （2）组织票亭做好票务服务等工作
票亭岗	（1）接到列车清客的命令后，做好乘客服务与解释工作，安抚乘客情绪，告知有急事的乘客换乘其他交通工具； （2）做好乘客退票、通免费更新等工作
站台岗	（1）接到列车清客的命令后，根据值班站长指令上车协助清客； （2）做好乘客解释和情绪安抚工作
驾驶员	（1）因设备（列车）故障需清客时，驾驶员接到行调列车清客的命令后到达客室，手动打开车门、屏蔽门，无法打开屏蔽门时，联控站务人员，由车站员工打开屏蔽门，驾驶员将清客任务交给站务人员，回到驾驶室，及时与行调联系并播放列车清客广播，指引乘客向开启的车门处靠拢；因危及人身安全事件发生（如火灾、有毒气体、爆炸等）需清客（两端清客）时，驾驶员到达客室手动打开就近车门，广播指引乘客解锁对应的驾驶室通道门，并指引乘客从开启的通道门逃生。 （2）驾驶员确认车厢没有乘客滞留，关门并报行车调度员，按照行调指令执行

3. 列车在区间清客各岗位处置程序（表2.21）

表4.21　列车在区间清客各岗位处置程序

岗位	处置程序
值班站长	（1）得知列车区间清客的信息后，按照行调指令组织站务员穿好荧光服，携带手提广播、照明灯（应急灯）、对讲机（手持台、手机）等进入区间，前往列车停留位置，引导乘客安全撤离到站台； （2）安排站务员（站台岗）在车站端墙处接应从区间里疏散来的乘客； （3）安排人员在道岔处引导乘客逃生； （4）疏散完毕后按原路返回，值班站长负责确保乘客及工作人员全部安全到达站台，确认线路出清后报行调；确认清客完毕后，给驾驶员显示"好了"信号（或用对讲机告知驾驶员）

续表

岗位	处置程序
行车值班员	（1）行车值班员接到 OCC 列车区间清客的命令后，立即报告值班站长； （2）根据行调指令向值班站长传达调令及相关信息； （3）做好信息上报工作，报站长、生产调度（63175），如发生客伤等视情况报 120、110； （4）做好清客疏散过程中重要时间点的记录，以备事后分析； （5）根据行调指令对 IBP 盘上信号系统、屏蔽门系统、消火栓水泵进行相应的操作； （6）根据行调/环调指令操作综合监控，打开相应区间照明
客运值班员	（1）接到列车在区间清客的命令后，立即赶到车控室，根据行调/环调指令操作 IBP 盘车站紧急通风系统、隧道紧急通风系统、自动扶梯系统、AFC 系统相应按钮，开启通风、释放闸机等； （2）根据行调指令播放列车晚点广播、乘客疏散广播； （3）车控室操作完成后，及时赶到站厅指挥票亭、保安安检、保洁人员安抚乘客情绪，组织乘客有序疏散，防止客伤； （4）组织票亭做好票务服务等工作
票亭岗	（1）接到列车在区间清客的命令后，关停站厅－站台直梯； （2）做好乘客服务与解释工作，安抚乘客情绪，告知有急事的乘客换乘其他交通工具； （3）做好乘客退票、通免费更新等工作
站台岗	（1）接到列车在区间清客的命令后，立即打开备品间提供区间清客所需的备品； （2）配合值班站长打开端门接应区间疏散的乘客； （3）记录区间疏散乘客数量并上报
驾驶员	（1）驾驶员接到行调列车区间清客的命令后，打开车门，播放"列车清客广播"，组织乘客撤离； （2）列车清客完毕后，检查列车状态（车辆发生火灾，火灾扑救处置完毕后，车辆的状态由车辆部抢修人员确认；车辆部抢修人员不能到达现场时，由当值驾驶员将车辆受损情况报检调，按照检调的指导对车辆状态进行确认）并将情况报行车调度员，按照行车调度员的命令执行

任务 4.9　制定城市轨道交通车站公交接驳方案及应急处置

📎 任务引入

北京时间×年×月×日 7 时 23 分，××地铁 2 号线内环一辆列车由于车辆老旧，在行驶至××地铁站时，4 号车厢内排风扇短路冒烟，并伴有较强的焦煳气味。地铁带故障行驶至××地铁站时，站台仍有部分乘客候车，这时冒烟车厢已出现明火，工作人员当即疏散所有乘客。由于处置时间相对较长，又是上班高峰期，决定采用公交接驳的方式对乘客进行组织，如图 4.2 所示。

假如你是车站运营人员，你会如何进行公交接驳方案制定？又将如何进行组织处置？

图4.2 公交接驳

 学习目标

视 频

巩固提高

知识目标：

（1）掌握车站公交接驳的适用情况与形式；

（2）掌握公交接驳启动、取消条件；

（3）掌握城市轨道交通公交接驳客运组织要点。

能力目标：

能进行城市轨道交通公交接驳方案编制及应急处置。

素质目标：

（1）具备严谨、认真、细致的科学家精神；

（2）具备灵活应变的工作能力和与他人沟通合作的能力；

（3）保持沉着冷静、处变不惊的工作态度。

测 试

巩固提高

 知识准备

4.9.1 公交接驳的适用情况与形式

由于发生事故、设备故障等，造成某一段线路运营中断时间较长时，列车在正常区段按小交路运行，在事故或故障区段内采取公交接驳方式。接驳公交车沿着城市轨道交通线路，在事故或故障区段的地面往返运行，在沿途各车站接驳点停车供乘客上下，以缓解轨道交通的压力。这种城市轨道交通部门和公交部门联合接力的运输方式，能够有效疏散和接续滞留乘客，为乘客提供有限度的客运服务，有利于减小负面影响。

城市轨道交通公司与公交公司事先签订协议，约定启动公交接驳后第一辆公交车到达的时间、全部公交车到位的时间和行车间隔等。为了便于乘客和交警识别，接驳公交车应悬挂明显统一的接驳标志。乘客的乘车费用由城市轨道交通公司与公交公司统一结算，不再向乘客收取。

达到公交接驳启动条件时，城市轨道交通运营管理部门向公交公司提出公交接驳请求，同时提供影响区段、预计时间、预计客运量、公交接驳的车站和接驳方向等。

行车调度员通知相关区域的车站启动公交接驳，并跟踪监视各站客流情况。各车站应急广播宣传，向乘客发布公交接驳信息，摆放告示，在指定的接驳点设置接驳标志牌，派人接应公交车，准备好公交接驳车票。在接驳公交车到来之前，站务人员向乘客回收单程车票，更换公交接驳车票，引导乘客前往公交接驳点集中等候公交车。接驳公交车到达后，车站人员采取发放行车路段示意图等方式，与公交车驾驶员确认开行方向，组织乘客上车。

受影响区段恢复正常运行或滞留乘客疏散完毕后，停止公交接驳。接驳公交车到达接驳区段的两端站后，陆续退出服务。各车站撤除公交接驳点及有关告示，恢复正常运营。

4.9.2　公交接驳启动、取消条件

（1）在地铁某一区段行车预计可能中断或晚点一定时间或单向行车间隔较大，行车能力降低一定程度时，给乘客出行造成较大影响，可启动公交接驳。

（2）受影响的区段恢复行车条件或滞留乘客疏散完毕时，可取消公交接驳。

4.9.3　公交接驳客运组织要点

（1）车站接到控制中心（OCC）启动应急公交接驳命令后立即通知值班站长、客运值班员，上报公安、保安人员到现场维持秩序，播放广播、摆放告示，尽快组织第一批乘客到接驳口候车。

（2）引导乘客从免费通道出站，到相应接驳口的指定候车点候车。接驳口工作人员负责维持现场秩序，并积极做好乘客解释、安抚工作。

（3）行车值班员做好应急公交接驳车位置的跟踪，并将应急公交接驳车信息通知接驳口负责人。

（4）接驳口负责人接到接驳公交车后组织乘客有序上下车，清点乘车人数，填写应急公交接驳汽车数量确认表。相关手续办理完毕，接驳点负责人应及时通知公交车驾驶员开车，将公交车到、发点及乘车人数、行驶方向报车控室，车控室工作人员负责通知后续车站。

（5）公交接驳车始发站负责交予首次到达地铁站的公交车驾驶员一张"地铁应急公交接驳－应急车辆经行路段及乘客出口示意图"，并在车头放置一块"地铁应急公交接驳车牌"；结束公交接驳后，公交车到达的终点地铁站负责回收。

（6）车站接到OCC取消应急公交接驳命令后，尽量确保接驳口乘客均可乘坐最后一班接驳车离去。接驳区段两端站接应人员需确认接驳始发站已发出的汽车到达本站后，再撤离现场接驳点。应急公交接驳的各始发站应与终点站核对发出的应急公交接驳车数，并向OCC报告。OCC了解到应急公交接驳车是否全部到达终点后，通知各应急公交接驳点。

（7）接到OCC停止应急公交接驳的指令后，车站要停止播放应急公交接驳的广播、撤除相关告示，组织恢复正常运营。

4.9.4　人性化服务措施

（1）向乘客发放"沿线公交信息指引卡"，引导乘客换乘其他交通工具，做好车站客运服务工作。

（2）等待应急公交接驳车时间较长时，车站须及时为乘客提供人性化服务，如提供饮用水、食物等，有老、幼、病、残、孕等乘客时，及时为其提供椅子，并安排员工到等候区安抚乘客情绪。

（3）郊区车站设置"应急公交接驳等候区"为维持应急公交接驳时乘客的候车秩序，避免因应急公交接驳响应速度慢而导致乘客长时间在站外遭受日晒雨淋，在郊区车站建议专门设立"应急公交接驳等候区"。应急接驳专线如图4.3所示。

图4.3　应急接驳专线

 任务实施

任务场景	校内实训室
任务分组	在这个任务实施中，采用分组的方式进行，每5人为一组，通过自荐或推荐方式选出组长，负责本组任务实施的组织，实施过程中小组成员要相互帮忙，共同完成任务
任务实施	各小组根据以上任务描述，完成以下任务实施过程。 　（1）当出现地铁列车车厢内冒烟，应当如何处置？ 　（2）在本次案例中，应当如何疏散乘客？

续表

任务场景	校内实训室
任务实施	（3）启动公交接驳，需要满足哪些条件？ （4）采用公交接驳，应当由哪个部门制定接驳方案？主要涉及哪些内容？ （5）应当如何制定公交接驳方案，并如何下发方案？ （6）如果你是城市轨道交通工作人员，接到公交接驳命令，应当如何组织乘客？
任务要求	（1）制定公交接驳方案，应当结合案例情况，进行具体描述； （2）以小组为单位编制公交接驳方案，方案中应明确组织领导部门，以及各工作岗位工作内容和工作要求； （3）方案以 A4 纸上交，方案内容应当以公文写作要求进行语句描述； （4）方案需要有封面，并在封面要有标题，有团队名称及每人贡献说明
任务反思	（1）学到的理论知识有哪些？ （2）掌握的实操技能有哪些？ （3）在任务实施过程中，个人自身素养提升方面有哪些收获？ （4）公交接驳作为城市轨道交通的一种能够有效疏散和接续滞留乘客的举措，有利于减小负面影响，这样的举措中有哪些重点事项需要城轨运营人员注意的？

🔍 任 务 评 价

序号	评价项目	评价指标	分值	自评（20%）	互评（20%）	师评（60%）	合计
1	知识目标（25分）	能掌握车站公交接驳的适用情况与形式	5				
		能掌握公交接驳启动、取消条件	10				
		能掌握城市轨道交通公交接驳客运组织要点	10				
2	能力目标（50分）	能进行城市轨道交通公交接驳客运方案编制	25				
		能具备城市轨道交通公交接驳应急处置能力	25				
3	素质目标（25分）	能具备严谨细致认真的科学家精神	5				
		能具备灵活应变的工作能力	5				
		能具备与他人沟通合作的能力	10				
		能具备保持沉着冷静、处变不惊的工作态度	5				
合计			100				
综合得分							

📋 拓 展 阅 读

阅读一：深圳地铁开展公交接驳，服务市民出行

　　为配合地铁新线施工，2022 年 8 月 27 日，深圳地铁 11 号线将于 21 点提前结束运营，并推迟至次日 9 点开始运营。其间，将在深圳地铁 11 号线部分区段及深圳地铁 1 号线部分站点间提供公交接驳服务。深圳地铁 11 号线里程较长，沿线地面交通状况非常复杂，更有前往机场站搭乘航班和前往机场北站换乘城际线路的通行需求，针对这种复杂状况，深圳地铁设计了三条公交接驳线路，以更好服务市民出行。

党的二十大提出，要坚持全心全意为人民服务的根本宗旨，公交接驳举措体现城市轨道交通以人为本、服务乘客的宗旨，作为城市轨道交通的运营人员，遇到相关的紧急突发情况，应秉持以人为本的原则，给乘客带来良好的出行体验。

阅读二：某市城市轨道交通公交应急接驳预案部分内容

1. 启动程序

公交应急接驳领导小组在接到上级应急指挥机构的相关指令或市地铁运营单位公交应急接驳需求后，立即启动公交接驳预案，并通过公交应急接驳领导小组办公室发布应急预案启动相关信息，同时报市交通运输局应急办备案。

2. 具体流程

（1）应上级应急指挥机构的相关指令启动公交应急接驳预案的，公交应急接驳领导小组办公室应根据公交应急接驳领导小组的指示，通知市地铁运营单位和市公交集团（含其他运输企业）具体组织公交应急接驳预案的实施。

应市地铁运营单位请求启动公交应急接驳预案的，公交应急接驳领导小组办公室应将市地铁运营单位《请求启动公交应急接驳报告》报领导小组，并根据领导小组的指示，通知市公交集团（含其他运输企业）具体组织公交应急接驳预案的实施。

为提高公交应急接驳效能，属于市地铁运营单位请求启动公交应急接驳预案情形的（运营单位预估运营中断时间将超过 30 min 的），市地铁运营单位在向公交应急接驳领导小组办公室上报《请求启动公交应急接驳报告》前，可直接向市公交集团发出需启动公交应急接驳预案相关信息，并会同市公交集团组织实施公交接驳工作。

（2）市地铁运营单位及时与市公交集团（含具体承担接驳任务的车队）联系并明确相关事宜。

（3）公交应急接驳领导小组办公室转知市公安交警局参加接驳车辆的车辆数、到达接驳点的行驶路线、预计到达接驳地点的时间和其他需要说明的情况等。

（4）市地铁运营单位开设公交应急接驳点并接引市公交集团派出的第一批接驳车辆到达指定位置。

（5）市地铁运营单位和市公交集团相关人员到达现场，成立联合工作小组，负责做好公交应急接驳预案执行的现场指挥协调工作，并研究讨论后续事宜。

（6）公交应急接驳领导小组相关人员对公交应急接驳预案实施情况进行指挥协调。

3. 终止程序

（1）公交应急接驳领导小组在接到上级应急指挥机构解除应急处置的指令或市地铁运营单位解除应急处置的需求后，下达终止应急预案命令，并通过公交应急接驳领导小组办公室发布终止应急预案相关信息，同时报市交通运输局备案。

（2）当公交应急接驳车辆上还在载客运行时，应继续行驶至目标站后，方可解除应急处置任务。

任务4.10　确定城市轨道交通车站关站时机及应急处置

任务引入

×年×月×日10时23分，××地铁站因设备故障，需要临时关站，工作人员当即按照流程进行关站。

假如你是车站运营人员，你会如何把握关站时机？又将如何进行组织处置？

视频

巩固提高

学习目标

知识目标：

（1）掌握车站关站时机；

（2）掌握各岗位在车站关站的工作内容。

能力目标：

能把握好城市轨道交通关站时机，并完成车站关站。

测试

素质目标：

（1）具备严谨、认真、细致的工作态度和高度的工作责任心；

巩固提高

（2）树立责任意识和规则意识；

（3）具备系统思维和集体主义意识。

知识准备

4.10.1　车站客运服务人员关站程序

当运营结束或由于发生事故、设备故障等，造成某一车站无法继续为乘客提供建站乘车服务时，该站会发生关站作业。

1. 关站程序

如需进行关站，需进行清客工作，关闭车站服务设施设备及出入口，具体程序见表4.22。

表4.22　运营结束关闭车站程序

序号	时间	责任人	内容
1	本站线网末班车前1 h	客运值班员	按照本站各线路最早"本站末班车时间"提前1 h将L形牌末班车告示摆放于进闸机前，供乘客查询各线路末班车时间
2	本站线网末班车前1 h	值班站长	检查客运值班员是否按照本站各线路最早"本站末班车时间"提前1 h将L形牌末班车告示摆放于进闸机前，供乘客查询各线路末班车时间
3	本站线网末班车前10 min	行车值班员	按照本站各线路最早"本站末班车时间"提前10 min播放"尾班车广播"

续表

序号	时间	责任人	内容
4	本站线网末班车前 10 min	值班站长	检查行车值班员是否按照本站各线路最早"本站末班车时间"提前 10 min 播放"尾班车广播"
5	本站末班车前 5 min	行车值班员	本站最后一趟载客列车开出前 5 min 关闭 TVM，通知停止售票和进站检票工作
6	本站末班车前 5 min	值班站长	最后一趟载客列车到达前 5 min 确认所有 TVM 闸机已关闭，并在 30 min 内关闭出入口
7	本站末班车开出前	值班站长	最后一趟载客列车开出前进行检查，确认站台乘客均已上车，无异常情况
8	本站末班车开出后	售票员	收拾票、钱，整理客服中心备品，注销 BOM，AFC 点钞室结账
9	本站末班车开出后	客运值班员	与售票员结账
10	运营结束后	行车值班员	运营结束后，执行车站节电照明模式
11	运营结束后	值班站长	清站，确认出入口关闭，扶梯、照明、AFC 设备、PIDS 设备全部关闭

2. 关闭车站制度

运营时间内，必须保证车站出入口开放，除非行调命令关闭车站或需暂时关闭车站或在出入口控制客流。

在行车时间内关闭车站出入口，值班站长要确保入口处已张贴通知或已将信息通知乘客。

非行车时间站内只允许员工或获得批准的承建商或有轨道交通领导陪同人员凭工作证或其他有效证件在出入口登记后方可进出车站。

3. 清站制度

末班车后清站工作要有专人负责，对易滞留人员的处所应重点清查。

负责关门的人员必须确认清站完毕后方可关门加锁。

负责关门的人员要在车控室根据登记簿了解清楚夜间在车站施工的单位、人数，以便按时开关大门。

负责开门的人员必须亲自开启大门，不得随意存放钥匙或托他人办理。

严禁本站当班以外人员在站留宿。

4.10.2　末班车客运组织工作程序

××方向的末班车。

1. 广播

（1）开出前 5 min 行车值班员广播"各位乘客请注意，开往方向的末班车即将开出请

抓紧时间上车。"（反复广播）

（2）开出前 3 min 值班站长广播："各位乘客请注意，开往××方向的列车服务已经终止，请前往××方向的乘客停止购票进站。往××路方向的列车服务正常进行。"（反复广播）

2. 售票及告示

（1）售票员将"××方向，停止售票"标志牌挂于售票厅上。

（2）售员向购票乘客说明方向列车已经结束服务，并停止出售方向的车票。

（3）站务员将写有"往××方向的列车服务已经终止"的标志牌立于检票厅前。

3. 自动扶梯的关闭程序

（1）检查电梯梯级有无人员和异物。

（2）做好隔离措施。

（3）关闭自动扶梯。

4. 乘客出站服务

（1）若乘客不确定自己出站的方向，车站员工应给予主动、热情的指引。

（2）厅巡站务员发现有乘客在地铁站逗留时间较长不出站，或坐在站厅的地上时，应及时问清乘客逗留的原因，礼貌地请乘客不要坐在站厅地面，请乘客尽快出站，以免影响车站的正常客运秩序。

4.10.3　各岗位关站作业标准

值班站长、车站售票员、车站站台岗关站作业标准如表 4.23 所示。

表 4.23　关站作业标准

岗位	作业标准
值班站长	（1）末班载客列车到达前 15 min 到站厅检查服务告示牌贴挂情况。 （2）原则上末班载客列车出清本站 35 min，完成出入口、电扶梯、残疾人电梯关闭，同时确认 AFC 系统设置为休眠模式；工作照明系统、广告照明均按要求关闭，按时收回 PSL 钥匙。 （3）巡视车站对重点区域如卫生间等进行检查，确保清站
车站售票员	（1）末班载客列车到达前 5 min 停止售票； （2）末班载客列车发出后清站，收拾现金、车票，整理票务中心备品
车站站台岗	（1）末班载客列车开出前进行检查，确认站台所有需要上车的乘客全部上车，无异常情况； （2）末班载客列车发出后清客，确认站台无滞留乘客，汇报车控室

 任务实施

任务场景	校内实训室
任务分组	在这个任务实施中,采用分组的方式进行,每5人为一组,通过自荐或推荐方式选出组长,负责本组任务实施的组织,实施过程中小组成员要相互帮忙,共同完成任务
任务实施	各小组根据以上任务描述,完成以下任务实施过程。 (1)当地铁车站出现设备故障,一般有哪些处置方法? (2)在本次案例中,达到关站情况,一般是哪种设备故障,请列举1~2例? (3)除了正常结束运营,启动关站,需要满足哪些条件? (4)面对关站决策,一般需要哪些岗位做哪些准备工作? (5)如果你是城市轨道交通工作人员,接到关站命令,应当如何组织乘客? (6)请编写车站关站程序,详细说明岗位职责、作业标准。
任务要求	展示中需要有团队名称及每人分工说明,以A3纸形式完成,展示形式以逻辑图形式为主,但可以有城轨背景点缀。作业名命名为"××班××组××(姓名)"

续表

任务场景	校内实训室
任务反思	（1）学到的理论知识有哪些？ （2）掌握的实操技能有哪些？ （3）在任务实施过程中，个人自身素养提升方面有哪些收获？ （4）对于城市轨道交通车站开站时机应当如何把握？

任务评价

序号	评价项目	评价指标	分值	自评（20%）	互评（20%）	师评（60%）	合计
1	知识目标（25分）	能掌握车站关站时机	5				
		能掌握各岗位在车站关站的工作内容	10				
		能掌握城市轨道交通关站流程	10				
2	能力目标（50分）	能把握好城市轨道交通关站时机	25				
		能具备进行城市轨道交通关站岗位安排能力	25				

续表

序号	评价项目	评价指标	分值	自评（20%）	互评（20%）	师评（60%）	合计
3	素质目标（25分）	能具备严谨认真的工作态度和高度的责任心	5				
		能具备责任意识	5				
		能具备规则意识	10				
		能具备系统思维和集体主义意识	5				
合计			100				
综合得分							

📋 拓展阅读

×年×月×日，某站地铁因下持续暴雨影响，为保证运营安全，出入口、安全疏散口水位达到"关站线"，进行车站关闭程序，并通知相关车站。如若外部道路大面积水淹，且积水漫进车站，导致有水流入轨行区等影响列车运行的情况，将及时组织受影响线路部分区段乃至全线停运。

××站接到通知后，立刻对车站和在建工地防汛隐患进行重点排查，明确强降水等极端天气下的停运措施，实行24 h值班制，竭力织密汛期"防御网"、守好地铁"安全线"。

由于自然条件极端条件下，或者当地铁运营期间发生设备故障或突发事件，导致部分车站、区间无法正常运营时，地铁公司会启动相应的应急预案，进行关站。作为车站客运服务人员，一定要关注收班广播，并在此程序中，加强员工服务标准、服务技巧、服务意识，严格执行岗位作业标准。员工应严格履行岗位职责，工作中要认真仔细，熟练运用相关业务技能。且要明确为乘客服务的宗旨，摆正自身的态度，多倾听乘客的诉求，多给予乘客帮助，不埋怨、不急躁，谦恭有礼。尤其是在轨道交通大发展的社会背景下，通过对事故进行分析讨论，需要我们认识到城市轨道交通从业人员肩负的重要责任，养成"为他人安全负责"的职业素养和社会责任。

任务4.11 预防城市轨道交通车门、站台门夹人、夹物及应急处置

✂ 任务引入

14：48，1Q247列车在某线路下行出站时，因安全门系统向信号系统反馈安全门打开的信号，信号系统向列车发布紧急制动指令，车头越过停车标车后停车。

14：51，车站人员现场检查后，确认下行第15道安全门处一背包被夹在车门外，在列车车门关闭的情况下无法取出。

14：53，列车退行后开启车门，乘客将背包拽回车内。

14：58，列车重启车载信号系统（以下简称VOBC系统）后发出。

1Q247 列车在某站进行站台作业完毕后正常发车，行驶大约 20 m 后列车紧急制动停车。查看信号系统设备的回放记录，在 007 列车发车后，信号系统接收来自安全门系统的安全门开启信号，信号系统将某站下行站台区域轨道关闭，并取消已经排列好的 007 列车的发出进路，引发 007 列车紧急制动。依据安全门系统的相关记录，在 007 列车发车后安全门系统捕捉到间隔小于 1 s 的安全门打开、闭合信号。依据行车调度员命令，2 名站务人员对安全门及车门情况进行查看。站务人员在第 15 道滑动门处发现车门夹住背包。

背包是双肩背的样式，颜色为深色，约 A3 纸大小，包不是装满物品的状态，包的厚度约 10 cm，背包带的厚度不足 10 mm。背包的一条背包带已经断掉，与背包一同位于车门和安全门之间，高度约为成年人大腿的高度。背包的另一条背包带被车门夹住，从站台侧未看到用于调整松紧的背包带扣，站务人员判断该背包带扣被夹在车门内侧，从外侧无法将背包取出。

如果你是城市轨道交通工作人员，你会如何解决下列车门夹物问题，请根据你所在的城市的地铁实际情况，进行调研，调查该地铁某车站屏蔽门/车门夹人夹物事件案例数量、处置要点，提出应对策略等，完成调研报告。

🌐 学习目标

知识目标：
(1) 掌握车门/屏蔽门夹人夹物处置要点；
(2) 掌握紧急停止按钮的适用条件。

能力目标：
能进行城市轨道交通车门、站台门夹人夹物应急处置。

素质目标：
(1) 具备严谨、认真、细致的工作态度和高度的工作责任心；
(2) 树立责任意识和规则意识；
(3) 保持沉着冷静、处变不惊的工作态度；
(4) 具备以人民生命为先的意识。

视频 •

巩固提高

测 试 •

巩固提高

📋 知识准备

4.11.1　车门/屏蔽门夹人夹物处置要点

当发生车门/屏蔽门夹人夹物时，如图 4.4 所示，处置要点如下：

(1) 站台保安应站在站台两端的楼扶梯口值岗，车门和屏蔽门关闭之际，应尽可能提前阻止乘客抢上抢下，发现夹人夹物后，就近人员须第一时间采取有效措施：立即按压紧急停车按钮（在去按压紧停按钮的途中，可向驾驶员显示停车手信号），避免夹人夹物动车。

(2) 行车值班员在列车到站期间应加强监控，观察站台保安/站台人员是否有异常，需要时，可按压 MCP 盘紧停按钮。

(3) 驾驶员在关门期间应重点监控是否有抢上乘客，如有，不要急于动车，应重点观察站台保安/站台人员是否显示紧急停车手信号。

(4) 列车车门夹人夹物动车后应及时汇报清楚（如夹人/物车门位置和编号等），并由

驾驶员统一处置，车站不得开启屏蔽门或应急门来处置车门夹人夹物。驾驶员动车后接到夹人夹物处置命令后，应先进行客室广播（如列车临时停车广播）再迅速前往现场处置。

（5）车站站台人员应熟记车站楼扶梯口对应的列车车厢号码和车门编号，便于及时准确地汇报。

（6）车站人员及时通知自动监控部调度恢复站台紧急停车按钮盖板。

1. 列车未启动时处置程序

（1）如接到报告或观察到夹人夹物后，立即重新打开车门和屏蔽门，待人和物撤离后再关闭屏蔽门和车门。

图4.4　车门/屏蔽门夹人夹物

（2）如驾驶员发现而站台保安未发现夹人夹物处所时，应通过端墙电话通知车控室，各岗位行动指引见表4.24。

表4.24　列车未启动时处置程序

岗位	职责
站台保安/站台人员	（1）发现列车车门/屏蔽门夹人夹物且没有自动弹开释放，立即就近按动紧急停车按钮（在去按压紧停按钮的途中，可向驾驶员显示停车手信号）； （2）在赶赴现场查看的同时将情况报告车控室； （3）将人或物撤出后，向车控室报告，并向驾驶员显示"好了"信号；值班站长到场后，协助调查处置
行车值班员	（1）发现异常或接到报告后，通知值班站长前往处置，并向行车调度员汇报； （2）通过CCTV观察现场情况； （3）需要时，通知公安或运管办到现场协调处置； （4）接到人或物撤出通知后，取消紧停，并汇报行车调度员
值班站长	（1）赶赴现场处置，调查事件原因； （2）如发生客伤事故，按《客伤处置程序》办理； （3）如是乘客抢上抢下造成时，寻找目击证人，并记录详细资料； （4）事件处置完毕后，将有关情况通报行车调度员，对乘客进行教育，对蛮不讲理的乘客，通知运管办到场处罚
驾驶员	（1）如接到报告或观察到夹人夹物及站台人员显示停车手信号后，应重新打开车门和屏蔽门，待人和物撤离后，再关闭屏蔽门和车门； （2）如驾驶员发现而站台保安未发现夹人夹物处所时，应通过端墙直线电话通知车控室； （3）凭站台保安"好了"信号，关闭车门和屏蔽门，确认车门、屏蔽门无夹人夹物及屏蔽门和车门之间空隙无滞留人或物； （4）凭行车调度员指令动车
行车调度员	（1）接到报告后，了解现场情况，必要时，指示有关人员按章处置，监控事件处置经过和结果，提醒相关人员防止夹人夹物开车； （2）接到事件处置完毕报告后，提示驾驶员动车

（3）凭站台保安"好了"信号，关闭车门和屏蔽门，确认车门、屏蔽门无夹人夹物。

2. 列车已动车时处置程序

（1）列车产生不明原因紧急制动后，汇报行车调度员（如运行中获知夹人夹物信息应立即停车），各岗位行动指引见表4.25。

表4.25 列车已动车时处置程序

岗位	职责
站台保安/站台人员	（1）发现列车车门/屏蔽门夹人夹物，列车已启动，立即就近按动紧急停车按钮； （2）立即将情况报告车控室，如列车尚未出站且所在位置在站台有效范围内，应前往夹人夹物现场了解情况和处置； （3）如列车未停车应立即报车控室
行车值班员	（1）发现异常或接到报告后，立即向行车调度员汇报，并通知值班站长到现场处置（如列车未停止运行，应立即向行车调度员汇报，不能与行车调度员立即通话时，应通知前方站扣停列车进行处置）； （2）利用CCTV观察现场情况；需要时通知公安或运管办现场协调处置；接到行车调度员通知后，取消紧停，恢复正常运作
值班站长	（1）赶赴现场协助驾驶员处置； （2）调查事件原因，并检查是否对车站设备造成影响，将有关情况通报行车调度员
行车调度员	（1）接到报告后，通知驾驶员前往现场处置； （2）通知前方站安排人员到指定车厢了解情况和采取相应的处置措施； （3）接到驾驶员夹人夹物事件处置完毕报告后，通知车站取消紧停，指示驾驶员动车； （4）如对设备造成影响时，还应通知相关部门前往处置和指示后续列车的运行
驾驶员	（1）列车产生不明原因紧急制动后，汇报行车调度员（如运行中获知夹人或夹物信息应立即停车）； （2）接到行车调度员（乘客报警）有关夹人夹物处置指示后确认具体位置，做好乘客安抚广播； （3）携带800 M电台前往现场，采用单个车门紧急解锁方式处置（解锁前要确保附近乘客的安全），严禁按压驾驶室门控按钮开门； （4）处置完毕后，恢复车门，汇报行车调度员，凭行车调度员指令动车

（2）接到行车调度员或乘客报警有关夹人夹物处置指示后确认具体位置，做好乘客安抚广播。

（3）前往现场采用单个车门紧急解锁方式处置（解锁前要确保附近乘客的安全）。严禁按压驾驶室门控按钮开门。

（4）处置完毕，恢复车门，汇报行车调度员，凭行车调度员指令动车。

3. 接报非站台侧车门夹人夹物后有关人员处置程序

（1）接到行车调度员通知或紧急报警得知车门夹人夹物后，前往现场处置（携带800 M无线便携台）。

（2）采用单个车门紧急解锁方式妥善处置夹人夹物（解锁前要确保附近乘客的安全）。处置完毕，恢复车门。

（3）如在站台，根据站台工作人员"好了"手信号关门，确认车门、屏蔽门无夹人夹物。如在区间，则汇报行车调度员。

4. 按压时机需要注意

（1）车门与屏蔽门间隙有乘客或物品滞留，车门、屏蔽门已经正常关闭，且检测设备显示正常，车务人员发现时；

（2）车门夹人夹物，车门、屏蔽门已经正常关闭且检测设备显示正常，车务人员发现且列车尚未动车时；

（3）车门夹物，车门、屏蔽门已经正常关闭，检测设备显示正常，列车已经动车，站台岗观察所夹物品影响行车时；

（4）对于列车因车门检测电路故障启动车门旁路，车务人员发现任何夹人夹物的情况时；

（5）对于屏蔽门出现故障启动互锁解除，车务人员发现任何夹人夹物的情况时。

4.11.2　车门、屏蔽门夹人夹物应急处置方案

1. 事故应急处置程序

（1）站台人员发现车门、屏蔽门夹人夹物，用对讲机报行车值班员，行车值班员汇报行车调度员及值班站长。

（2）车门、屏蔽门夹人夹物，造成列车延误、乘客受伤、投诉、设备损坏等情况时，行车值班员报行车调度员、客运部生产调度、值班站长。

（3）生产调度报告部门值班人员。

（4）车门、屏蔽门夹人夹物，未造成列车延误、乘客受伤、投诉、设备损坏时，行车值班员只向值班站长汇报。

2. 现场应急处置措施

（1）屏蔽门夹人夹物，列车未动车。

①站务人员发现按下列程序执行：一拍（拍紧停）；二呼（通知驾驶员请勿动车）；三报（报车控室、车控室报行车调度员）；四处置（立即就地打开屏蔽门处置）。

②驾驶员发现后，立即了解具体情况，报行车调度员并通知车站，播放临时广播。

③处置完毕后，车控室报告行车调度员，经行车调度员同意后取消紧停。站务人员确认站台安全后，向驾驶员显示"好了"信号。

④站务人员处置过程中，无法立即打开屏蔽门时，可要求驾驶员打开整侧屏蔽门。

⑤若造成客伤，站务人员需挽留一至两名乘客作为目击证人。

（2）屏蔽门夹人夹物，列车已经动车。

①站务人员发现后按下列步骤执行：一拍（拍紧停）；二呼（通知驾驶员立即停车）；三报（报车控室、车控室报行车调度员）；四处置（停车后，立即就地打开屏蔽门处置）。

②驾驶员听到车站呼叫后立即停车，了解具体情况，报告行车调度员，协助车站处置并播放临时广播。

③处置完毕后，车控室报告行车调度员，经行车调度员同意后取消紧停。站务人员确认站台安全后，向驾驶员显示"好了"信号，驾驶员无法看到时用对讲机联系站务人员。

④列车出清后，车站将屏蔽门关闭，恢复"自动"位。

（3）客车门夹人夹物，列车未动车。

①站务人员发现后按下列程序执行：一拍（拍紧停）；二呼（通知驾驶员请勿动车）；三报（报车控室、车控室报行车调度员）；四处置（赶赴现场处置）。

②驾驶员发现（乘客按压车厢报警按钮呼叫等）后，立即了解具体情况，报行车调度员，播放临时广播，并打开整侧车门，站务人员协助现场处置。

③现场处置完后，车站、驾驶员立即报行车调度员，经行车调度员同意后取消紧停，驾驶员凭站台"好了"信号动车。

（4）客车门夹人夹物，列车已经动车。

①站务人员发现后，立即按下列程序执行：一拍（拍紧停）；二呼（通知驾驶员立即停车）；三报（报车控室、车控室报行车调度员）；四处置（立即赶赴现场）。

②驾驶员发现（乘客按压车厢报警按钮呼叫等）后立即停车，对夹人、夹物情况进行现场确认。（驾驶员可要求车站协助进行现场确认）

③驾驶员确认若退行不对地铁设备、乘客人身、物品造成二次伤害，根据列车位置进行以下处置：

a. 电客车停车位置越出站台 1 个车门以下时，驾驶员后退对位停车，广播安抚乘客，报行车调度员，并打开整侧车门处置。

b. 电客车在站台内停车位置越出站台 1 个车门及以上时，报告行车调度员，根据行车调度员命令进行处置。

④若不具备退行条件，驾驶员立即前往现场打开单个车门处置。

⑤站务人员立即赶至现场协助处置，处置完毕后，车站、驾驶员立即报行车调度员，经行车调度员同意后取消紧停，驾驶员凭站台"好了"信号动车（无法看到时用对讲机联系）。

（5）屏蔽门夹人夹物，列车未进站。

①车站发现屏蔽门有夹物情况，若不影响行车时，站台岗立即报车控室，车控室报告行调，车站根据行调命令处置。

②若屏蔽门夹人夹物存在侵限，影响行车时，站务人员立即按压紧停按钮，并报告车控室，车控室立即报告行调。

🔧 任务实施

任务场景	校内实训室
任务分组	在这个任务实施中，采用分组的方式进行，每 5 人为一组，通过自荐或推荐方式选出组长，负责本组任务实施的组织，实施过程中小组成员要相互帮忙，共同完成任务
任务实施	各小组根据以上任务描述，完成以下任务实施过程。 （1）当地铁车站出现车门夹人夹物，第一要务是什么？

续表

任务场景	校内实训室
任务实施	（2）在本次案例中，作为站台工作人员，在工作中，有哪些重要的注意事项？ （3）如果你是城市轨道交通工作人员，你会如何解决下列车门夹物问题？ （4）请根据你所在的城市的地铁实际情况，进行调研，调查该地铁某车站屏蔽门/车门夹人夹物事件案例数量、处置要点，提出应对策略等，完成调研报告。 ①你所在的城市或省份，有地铁吗？是哪一个？ ②该地铁站官网上是否有相关应急处置对策或流程？ ③你是否在网络上看到该地铁的车站屏蔽门/车门夹人夹物事件案例？ ④如果你是城市轨道交通工作人员，遇到车门夹人夹物问题，怎么办呢？
任务要求	调研报告以小组形式上交，封面有团队名称及每人分工说明；请通过图片或新闻等佐证调查案例；请在调研报告中详细说明该地铁某车站屏蔽门/车门夹人夹物事件案例数量、处置要点，提出应对策略等
任务反思	（1）学到的理论知识有哪些？ （2）掌握的实操技能有哪些？ （3）在任务实施过程中，个人自身素养提升方面有哪些收获？ （4）搜集资料，找找目前你所知道的市场上所有的车门、屏蔽门特点，它们夹人夹物后，设备的处置流程一致吗？

🔍 **任务评价**

序号	评价项目	评价指标	分值	自评（20%）	互评（20%）	师评（60%）	合计
1	知识目标（25分）	能掌握车门夹人夹物处置要点	5				
		能掌握屏蔽门夹人夹物处置要点	10				
		能掌握紧急停止按钮的适用条件	10				
2	能力目标（50分）	能进行城市轨道交通车门夹物应急处置	25				
		能进行城市轨道交通站台门夹人夹物应急处置	25				
3	素质目标（25分）	能具备严谨认真的工作态度和高度的责任心	5				
		能具备责任意识	5				
		能具备规则意识	5				
		保持沉着冷静、处变不惊的工作态度	5				
		具备以人民生命为先的意识	5				
合计			100				
综合得分							

📋 **拓展阅读**

乘客被困屏蔽门与车门事件分析

1. 事件概述

×年×月×日8：03，列车到达A站下行站台，一名男性乘客从下行19号门上车，在列车关门后被卡在车门与屏蔽门之间。正在站台的护卫发现后，上前叮嘱乘客用手抓紧屏蔽门，同时呼喊站台站务员。8：04，站台站务员发现后试图到站台中部按压紧急停车按钮，结果没有找到紧急停车按钮位置，又跑回事发屏蔽门处，其间通过对讲机报告情况给行车值班员。行车值班员用对讲机联系驾驶员没有成功。8：04，列车动车，行车值班员立即向行车调度员报告。列车出清后，站台站务员马上将乘客救出，随后乘客被值班站长带离现场。

2. 事件分析

（1）列车局部区间运能不足，乘客安全意识不强，是本事件发生的客观原因。

（2）发生缝隙夹人后，站台护卫员及时上前提醒乘客抓紧屏蔽门门体，避免了乘客被列车挤压和掉落区间的严重后果。

（3）站台岗对车站应急设备不熟悉，在处置突发事件时不够冷静，在上报行车值班员时语言不够简洁清晰。

（4）行车值班员在事件处置中安全意识薄弱，对车站乘客及行车安全未做到底线思维，对车控室设备性能不熟悉、操作不熟练。

（5）班组人员安全意识薄弱，应急处置能力不强，值班站长安全管理工作不到位。

3. 经验教训

（1）指挥调度中心要认真研究线路客流情况，合理调配运力，防止局部车站运能不足，形成安全风险。

（2）车站要做好日常安全文明乘车的宣传，同时要做好站台乘客引导工作，尽量让乘客沿站台均匀分布，防止出现扶梯口乘客聚集，形成安全风险。

从整体案例中不难发现，员工应急处置能力不强，职业能力还有待提升，我们应当紧扣《交通强国建设纲要》"人才队伍精良专业、创新奉献"主旨，致力于打造素质优良的交通劳动者大军。车站在安全工作上要坚持底线思维，做好日常安全培训和应急演练工作，所有员工（含护卫、保洁、安检人员）都应熟悉应急设备的位置、性能、操作方法和使用时机，树立责任意识，担当责任使命层层过渡，为交通强国建设培养有力后备军。

任务 4.12　预防城市轨道交通车站雨水倒灌及应急处置

任务引入

×年×月×日16时许，某市地铁6号线发生供电设备故障，地铁运营部门立刻对该线路的列车采取了限速运行措施，延长发车班次间隔，并向乘客们发布了"预计影响时间10 min 以上，及时调整出行路径"的提醒。但此后雨越下越大，使得抢修工作越加困难故障始终未得到排除。地铁运营中心不断通过官方微博引导乘客换乘其他交通工具，并且在16时40分左右在Y站至W站启动公交配套预案，车站工作人员指引积压的客流前往相关公交接驳站点。到17时30分左右，抢修人员终于找到故障点；18时15分许，地铁运营部门表示故障基本排除，至19时15分许，6号线才逐步恢复正常运营。经初步调查，6号线故障为异物侵入导致触网短路、多处受损。

对于线路故障，地铁运营部门通过官方微博向乘客道歉，并感谢所有乘客的支持和理解。地铁运营部门表示，所有受此次故障影响的乘客可以在7个工作日至车站退票。值得注意的是，故障发生后，很多志愿者和"红马甲"主动参与到维持秩序的队伍中，与车站工作人员、公安民警和安保人员共同安抚现场焦虑的乘客，并为来自外地的游客指点方向，他们在疏导客流上发挥了极大的作用。同时，乘客对此次故障表示极大的耐心和宽容，故障发生时，恰逢周末和晚高峰大客流，导致不少乘客出行受阻、部分站点客流积压严重、部分列车晚点严重，但没有一名乘客触碰车厢内的紧急拉手，这也为地铁尽快恢复运营提供了帮助。

如果你所在的城市下起了连续暴雨，作为一名城市轨道交通客运人员，你将如何配合组织处置工作呢？

（1）有哪些预防措施呢？

（2）针对此事故你有怎样的反思？

（3）如果你是城市轨道交通工作人员，你会如何解决上述问题，请编写一个情景对话，演练事故应急救援过程，并将事故应急处置拍摄成视频上交。

🌐 学习目标

知识目标：

（1）掌握预警信号分类；

（2）掌握不同预警下城市轨道交通应急处置要点。

能力目标：

能进行城市轨道交通车站雨水倒灌及应急处置。

素质目标：

（1）具备严谨、认真、细致的工作态度和高度的工作责任心；

（2）树立责任意识和规则意识；

（3）保持沉着冷静、处变不惊的工作态度；

（4）具备对信息的分析能力。

视频

巩固提高

测试

巩固提高

📋 知识准备

城市轨道交通系统水灾事故多数是系统内部水管爆裂、地下结构破坏渗水等造成的水淹事故。轨道交通地下站因地势低，遇洪水、暴雨时容易发生水淹险情，值班站长应根据相关天气预报提前做好预想，安排人员，准备好防洪、防汛物品。暴雨、洪峰到来时，安排人到出入口不间断巡查，水位涨到警戒水位时（出入口有警戒水位标记），指挥员工搬运沙袋在地面出入口堵水抗洪，通知保洁员工清扫地面的积水，设置"小心地滑"告示牌，防止乘客摔伤，若水势继续上涨，达到疏放水位时，及时组织疏散乘客，指引乘客从安全的通道行走出站，暂停运营。

4.12.1 预警信号

1. 雷雨大风预警信号

雷雨大风预警指为应对雷雨天气现象时出现的短时极端大风而设立的气象预警。人们可以通过电视、广播、互联网、手机短信等媒体，或者预警信号发布的电子显示牌得到气象部门发布的雷雨大风预警信号，并注意采取相应的防范措施。按照不同的颜色分为蓝、黄、橙、红四个等级，如图4.5所示。

（1）雷雨大风蓝色预警信号：含义为6小时内可能受雷雨大风影响，平均风力可达到6级以上，或阵风7级以上并伴有雷电；或者已经受雷雨大风影响，平均风力已达到6~7级，或阵风7~8级并伴有雷电，且可能持续。

（2）雷雨大风黄色预警信号：含义为6小时内可能受雷雨大风影响，平均风力可达8级以上，或阵风9级以上并伴有强雷电；或者已经受雷雨大风影响，平均风力达8~9

 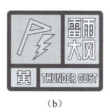  

（a） （b） （c） （d）

图 4.5 雷雨大风预警信号

（a）蓝色预警；（b）黄色预警；（c）橙色预警；（d）红色预警

级，或阵风 9~10 级并伴有强雷电，且可能持续。

（3）雷雨大风橙色预警信号：含义为 2 小时内可能受雷雨大风影响，平均风力可达 10 级以上或阵风 11 级以上，并伴有强雷电；或者已经受雷雨大风影响，平均风力为 10~11 级或阵风 11~12 级并伴有强雷电，且可能持续。

（4）雷雨大风红色预警信号：含义为 2 小时内可能受雷雨大风影响，平均风力可达 12 级以上并伴有强雷电；或者已经受雷雨大风影响，平均风力为 12 级以上并伴有强雷电，且可能持续。

2. 暴雨预警信号

暴雨预警信号是气象部门通过气象监测在暴雨到来之前做出的预警信号，暴雨预警信号分四级，分别以蓝色、黄色、橙色、红色表示，如图 4.6 所示。

（a） （b） （c） （d）

图 4.6 暴雨预警信号

（a）蓝色预警；（b）黄色预警；（c）橙色预警；（d）红色预警

（1）蓝色预警标准：12 小时内降雨量将达 50 mm 以上，或者已达 50 mm 以上且降雨可能持续。

（2）黄色预警标准：6 小时内降雨量将达 50 mm 以上，或者已达 50 mm 以上且降雨可能持续。

（3）橙色预警标准：3 小时内降雨量将达 50 mm 以上，或者已达 50 mm 以上且降雨可能持续。

（4）红色预警标准：3 小时内降雨量将达 100 mm 以上，或者已达 100 mm 以上且降雨可能持续。

4.12.2 响应程序

当给水管道破裂、地下车站和隧道进水等危及运营的情况发生时，车站有关人员应按下列程序进行处置，如表 4.26 所示。

表4.26　车站人员处置程序

岗位	处置程序
值班站长	安排、监督各岗位的职责执行情况，留意广播播放，不足时提醒；到站厅加强乘客服务工作，做好晚点的解释工作
行车值班员	每隔 1 min 播放一次列车晚点广播（SJ01），将晚点信息告知车站其他岗位，将晚点信息按有关汇报流程报
客运值班员	做好退票前准备，到站厅加强乘客服务工作
站台人员	（1）在站台加强乘客服务工作，有列车在本站清客时，配合驾驶员清客； （2）手提广播解释内容比照 SJ01，晚点原因问行车值班员/回答正了解中； （3）注意站台的客流疏导工作，必要时采取三级客流控制措施缓解站台压力
售票员	（1）给要求退票的乘客办理相关手续，做好乘客解释工作； （2）晚点原因问行车值班员/回答正了解中
（厅巡）	（1）根据需要在站厅、站台加强乘客服务工作； （2）晚点原因问行车值班员/回答正了解中
驾驶员	故障车驾驶员与行车调度员联系处置故障、清客、救援等，播放临时停车广播（TJ01），播放频率均为 1 次/min

（1）任何员工一旦发现水灾发生，应立即报告值班站长相关情况：水灾发生的位置、流量，水源来自哪里、哪些设备可能会受到影响。

（2）值班站长向行车调度员报告：本站发生水淹事故，本站受到影响的区域、是否影响乘降及受影响设备的情况。

（3）值班站长携带防洪装备赶往事发位置，命令站务人员和保洁人员前往水灾区域。

（4）值班站长到达现场后评估情况，向行车调度员汇报最新进展，视情况需要请求机电等部门人力支援。

（5）站务人员尝试用防洪板、沙包或其他填充物阻断水源，或抑制流量，在周边用提示牌和警戒线布置禁行区。

4.12.3　预防措施

（1）每年防汛期前主要采取"防、排、引、堵"结合的防洪预防措施，图4.7所示为雨水倒灌场景。

①加强车站设备设施、周边环境防洪风险识别和隐患排查工作，对发现的问题及时采取有效措施。

②重点检查区间集水泵、洞口雨水泵，保证排水管道的畅通，以及建设预留孔洞和冷站通往隧道的地面管廊情况，确保封堵良好。

③对地面线路水沟及地面线路、路基、线路边坡、挡土墙加强检查，防止出现地面线路水沟排水不畅及线路的路基下沉、边坡坍塌、挡土墙倒塌的安全隐患，做好低洼、易受淹地区巡检和排水防涝工作。

④检查车站、车辆段、OCC、集中冷站、变电所、区间排水设备设施（水泵、地面压力井），确认现场设备状况，采取措施保护设备，并尽可能地维持设备正常运作，尽快排、

堵水，必要时关停设备电源。

⑤对运营线路、既有线路接口施工点、合建口等防洪防汛重点部位进行一次浸黑点排查，发现水浸黑点立即上报，及时排除。

⑥对施工区域及生活区域排水、用电等设施进行全面检查、维修，并对关键点做好预防措施。

（2）加强对防雷装置（设施）检查和日常维护，依照国家有关防雷规范要求，定期检测防雷装置（设施），确保防雷装置（设施）完好、功能有效。

①根据某线地区气象台发布的雷雨气象信息，对安装防雷设施的车站和高架线路的结构、通信网络系统、供电设备、接触网（轨）、易燃易爆仓储场所进行检查，对发现不符合国家有关规定的防雷装置（设施）的问题，明确责任、限时整改。

②对安装防雷设施的新建、改建、扩建的建（构）筑物及时通过气象（防雷）主管部门审批、检测、验收，发现问题、及时整改。

图4.7　雨水倒灌

任务实施

任务场景	校内实训室
任务分组	在这个任务实施中，采用分组的方式进行，每5人为一组，通过自荐或推荐方式选出组长，负责本组任务实施的组织，实施过程中小组成员要相互帮忙，共同完成任务
任务实施	各小组根据以上任务描述，完成以下任务实施过程。 （1）当地铁车站出现供电设备故障，应当如何处置呢？

续表

任务场景	校内实训室
任务实施	（2）发生城市轨道交通车站雨水倒灌，应当如何做呢？ （3）在本次案例中，作为站台工作人员，在工作中，有哪些重要的注意事项？ （4）如果你是城市轨道交通工作人员，面对暴雨，有哪些预防措施呢？ （5）针对此事故你有怎样的反思？ （6）如果你是城市轨道交通工作人员，你会如何解决上述问题，请编写一个情景对话，演练事故应急救援过程，并将事故应急处置拍摄成视频上交。
任务要求	提交视频需满足以下要求：展示中需要有团队名称及每人扮演的角色说明；展示过程中道具自备，服装道具真实，符合场景要求；视频需要合并上交一个，不能上交多个不合并的视频文件；视频文件名命名为"××班××组××（姓名）"；需要有片头及片尾，片头包括片名、班级、组别、组员姓名，及扮演角色分配等环节字幕，片尾包括谢谢观赏等字幕。正片中关键环节需要添加字幕或特效
任务反思	（1）学到的理论知识有哪些？ （2）掌握的实操技能有哪些？ （3）在任务实施过程中，个人自身素养提升方面有哪些收获？ （4）面对城市轨道交通车站雨水灌溉，有没有哪些新的方法或者技术进行处置？

任务评价

序号	评价项目	评价指标	分值	自评（20%）	互评（20%）	师评（60%）	合计
1	知识目标（25分）	能掌握预警信号分类	5				
		能掌握不同预警下城市轨道交通应急处置要点	10				
		能掌握不同预警下城市轨道交通应急处置流程	10				
2	能力目标（50分）	能判断雨水倒灌场景	25				
		能进行城市轨道交通车站雨水倒灌及应急处置	25				
3	素质目标（25分）	能具备严谨认真的工作态度和高度的责任心	5				
		能具备责任意识	5				
		能具备规则意识	5				
		具备对信息的分析能力	5				
		保持沉着冷静、处变不惊的工作态度	5				
合计			100				
综合得分							

📋 **拓展阅读**

阅读一：沈阳地铁自然灾害事故处置

对城市轨道交通系统造成影响的自然灾害主要包括：地震、大风、雷击、洪水、雨雪、冰冻等，在发生灾害时车站应迅速、准确地向控制中心报告现场情况，给控制中心提供决策依据，及时请求支援。现场处置时应采取有效措施控制事态，优先保护好乘客，尽量减少损失，防止次生灾害的发生。影响乘客出行时，根据灾害和气象情况做好乘客宣传工作。达到灾害等级时按控制中心指令执行自然灾害及特殊气象情况下的应急程序，落实安全措施，做好宣传、疏散、服务工作。

为应对暴雨天气，沈阳地铁开展防汛保卫战，根据沈阳市气象局报告，预计2016年

7月21日清晨到夜间沈阳地区将出现暴雨天气，主要降水时段为21日6时至17时；降水量50~100 mm，南部地区雨量偏大，并可能伴有雷电、短时强降水、大风等强对流天气。

7月20日，为应对即将来临的暴雨天气，沈阳地铁公司充分做好了汛前准备工作，保障汛期运营安全。沈阳地铁在建设中采用多种措施防止雨水渗漏，同时定期组织对房建结构进行检查，发现雨水渗漏点及时封堵。沈阳地铁车站出入口设计台阶高于地面，如遇雨水较大情况，工作人员将利用防洪挡板、沙袋对出入口进行封堵，以防止发生雨水倒灌。此外，沈阳地铁与市政排水管网接口设置了逆止阀，防止市政管网水倒灌至车站。

从人员安排、物资准备、隐患排查及防汛应急等方面做好地铁防汛工作。人员方面，成立防汛工作领导小组，针对汛情预警进行24 h值守。设有车站防汛队、防汛抢险队等，明确人员分工及工作任务，确保汛期工作顺利开展。物资方面，按标准为各车站等防汛重要点位配备防汛沙袋、防洪挡板、水泵及发电机等防汛抢险物资。隐患排查方面，加强隐患排查，做到发现问题及时整改，重点对车站出入口处和临近商业接口项目等敞口部位采取相应防范措施，严防出现雨水倒灌现象。防汛应急方面，组织开展防汛演练工作，通过演练，提高员工防汛处置能力，检验设备设施状态及功能。

城市轨道交通从业人员肩负着保护群众安全，保护出行安全，保护国有资产安全的重要责任，作为一名未来的城市轨道交通运营管理人员，一定要树立起"为他人安全负责"的职业素养和社会责任。我们要学习沈阳地铁将视降雨实际情况，采取加派工作人员做好站内乘客引导、在车站公众区域做好漏雨区域的安全防范警示、安排备用车辆上线提升运力等措施，提高汛期服务质量，以保证乘客出行安全。

阅读二：地铁防淹门

根据《地铁设计规范》（GB 50157—2013）："跨河流和临近河流的地铁工程，应在进出水域的两端适当位置设防淹门或其他防淹措施。"

防淹门作为地铁的防灾设备，主要应用在水系复杂、常年蓄水或地处海域海岛的地区。地转在以地下线路穿越河流或湖泊等水域时，应考虑在进出水域的隧道两端的适当位置设置防淹门，以防止因意外突发使洪水进入隧道和车站，避免造成大范围的人身伤亡和财产损失，有效保护地下设备和人身的安全。

地铁隧道防淹门开启状态下，虽然并不会造成被入侵地铁车站的洪水积聚，对人员的安全撤离有一定帮助，但洪水会沿着区间隧道流入相邻地铁车站，波及范围更广，影响更不利。

因此，地铁车站在区间隧道两端设置防淹门，不仅可以阻止越江隧道区间内可能侵入的江水进入地铁车站，也能防止侵入地铁车站内的地面积水和洪水通过区间隧道淹及相邻地铁车站。在洪水通过地面出入口入侵地铁车站时应根据人员疏散撤离情况，适时关闭区间隧道的防淹门，以免造成更大的损失。

1. 杭州地铁四道防线防水淹

杭州地铁1号线在设计上共有四道防洪的防线，第一道是入口处高出周边地面60 cm，万一雨水太大，地铁站出入口还会放置防水板。

第二道是入口最后一级台阶下方有集水坑，如果防水板也挡不住的话，车站每个出入口的最后一级台阶下方，都有一个集水坑。集水坑2 m×2 m，深2.5 m左右，里面设置了抽水泵，然后通过管道和埋设在地表的市政雨水管相接。

第三道是站厅层里有8个地漏，漫进站厅的水会顺着地漏的下水孔和管道回送到车站两端的泵房里。这个泵房 6 m×6 m，地上还有一个面积在 20 m² 左右、深 2.5～3 m 的集水井，里面同样有抽水泵，将汇流到这里的水排到雨水管道。

第四道是隧道下面的抽水泵房，如果短时间内雨水实在太多，倒灌到站台层和隧道，地铁隧道地下还有区间泵房，流进隧道的水会沿着隧道两边的排水沟流进区间泵房里，区间泵房通过抽水泵把水先排到车站泵房里，再通过车站泵房输到雨水管道里。

2. 福州地铁五道防线防水淹

第一道：出入口处钢筋混凝土挡墙除开口处外，均要高出周边地面 1 m（墙体 1 m 以上采用钢结构幕墙，用以承受水压力），口部设置铝合金挡淹板，挡淹板扣在口部的凹槽里，平时兼作防盗卷帘。拟增加挡淹板高度，背后衬加筋肋或衬沙袋以加强受力。

第二道：每个出入口下方，均设置一道横截沟及一个集水井，集水井内设置 2 台抽水泵，通过管道与市政雨水管相接。每个站点至少备有 2 个临时水泵，紧急情况下对漫入车站的水进行抽排。

第三道：如果出入口的集水井都来不及将水收集排出，水漫到了站厅，站厅层与出入口通道口部均再设一道横截沟，同时站厅公共区设有地漏。漫进站厅的水会顺着横截沟或地漏，排到雨水管道。

第四道：如果雨水倒灌到站台层和区间隧道，地铁隧道地下还有一道防线——区间泵房。流进隧道的水会沿着隧道两边的排水沟流进区间泵房里，通过抽水泵把水输到雨水管道里。

第五道：当前几道防线已无法阻止水淹入车站时，运营人员须根据疏散情况，手动关闭出入口通道内的人防隔断门（每个出入口通道内均设有 1～2 道双开人防隔断门，确保乘客人身安全）。

任务 4.13　预防城市轨道交通车站突发公共安全事件及应急处置

任务引入

×年×月×日下午，××地铁××广场站安保人员在巡逻时发现站厅处有一个不明包裹，因无人认领，车站无法确认物品性质，随后用隔离栏围住。地铁安保员通知车站工作人员后，马上联合地铁公安开展了可疑物品的处置，大家用安检棒检查确认包内无可疑物品后，民警才开箱检查。令人哭笑不得的是，开箱后才发现这一箱不明包裹竟然全是荔枝！估计是乘客在搭乘地铁时不小心遗忘在车站了，真是虚惊一场。

作为一名城市轨道交通客运人员，我们有可能会在工作场所发现来历不明、无法确认性质的物品，面对这种情况，规范的做法是什么呢？

学习目标

知识目标：

（1）掌握可疑物品定义及常见分类；

（2）掌握发现可疑物品的处置要点；

（3）掌握车站发生毒气袭击时的应急处置要点。

视频

巩固提高

能力目标：
能进行城市轨道交通发现可疑物品、爆炸、毒气事件等应急处置。

测试
巩固提高

素质目标：
（1）具备严谨、认真、细致的工作态度和高度的工作责任心；
（2）树立责任意识和规则意识；
（3）保持沉着冷静、处变不惊的工作态度。

知识准备

4.13.1 发现可疑物品的处置程序

危险品是指容易引起爆炸、燃烧、腐蚀、毒害或有放射性的物品，以及枪支、管制刀具等可能危害公共安全的物品。

长时间以来，公路、铁路、民航等运输企业，对查危工作都非常重视。地铁的查危工作也是非常重要的。由于目前地铁员工没有执法权，虽然轨道交通管理办法中规定地铁员工可以检查乘客的包裹，但遇到乘客拒绝接受检查时，处置起来就会很难，这个时候可以以乘客物品超过规定携带范围为由，一边拖延时间，一边通知公安协助。

车站发现可疑物品时，车站人员马上前往处置。而列车上发现可疑物品的处置方法与车站不同，列车上只有驾驶员一个工作人员，要保证列车的安全行驶，只有将列车开往前方站处置。

1. 可疑物品简要辨别方法

（1）观察有危险标识或通过常识判断有危险的（如有"三品"标识的）。
（2）通过听觉，发现有异常响声的（如计时器响声）。
（3）通过嗅觉，发现有异常气味的（如刺激性气味）。
当发现疑似危险品，可以采取以下措施。
一"宣"：宣传危险品的危害性及查危的重要性；
二"看"：看乘客携带品的外观和乘客的神态；
三"闻"：闻有无异味；
四"问"：问乘客携带物品的情况；
五"摸"：摸乘客携带品的外形；
六"检"：请乘警进行开包检查。

2. 发现乘客携带（可能为）危险品的处置

（1）车站应对乘客进行安全检查，要求乘客解释物品的种类、性质等，并请其打开展示。
（2）乘客拒绝解释或打开展示其携带了危险物品进站乘车的，劝其出站；不听从劝阻的，不得放其进站乘车，并立即报送公安部门处置。
（3）查明乘客携带危险品进站乘车的，立即责令其出站，并移送公安部门处置。
（4）驾驶员发现乘客可能携带危险品时，立即通知车站人员处置；车站人员应立即请其下车接受安全检查。
（5）非车站工作人员发现乘客可能携带危险品进站乘车的，应立即通知车站人员或报行车调度。

（6）车站工作人员发现乘客携带高危危险品（易燃、易爆、高度腐蚀性物品、有毒气体等，如汽油、柴油、煤气瓶、烟花爆竹、炸药、强碱性溶液、氢气、一氧化碳等）进站乘车的，应立即移交保安/公安处置，如车站无驻站保安/民警的，车站应立即报公安，并挽留乘客等待保安/公安人员到场，如乘客强烈要求携带危险品自行离开的，车站人员应把乘客离去的线路报公安。

（7）车站工作人员发现乘客携带其他危险品（油漆、机油、弱酸/弱碱性溶液等）进站乘车的，应向乘客解释相关规定，劝阻乘客进站乘车，请乘客携带危险品离站，不得在站内弃置危险品。

（8）乘客携带空气压缩机进站乘车的，原则上指引乘客改乘其他交通工具，如乘客坚持要进站乘车的，则按以下原则处置：如空气压缩机体积过大（总质量超过 30 kg 或长、宽、高和超过 1.6 m），车站工作人员应指引乘客换乘其他交通工具；如空气压缩机未超过乘客允许携带行李体积的，且乘客已将压缩机内的压缩气体释放排清，压力指针为"0"时，方允许乘客继续进站乘车。

（9）乘客不接受车站解释并强行进站乘车的，车站应立即请求驻站保安/民警/护卫支援，阻止乘客进站乘车，同时将相关情况报地铁公安，拖延乘客至保安/公安到场处置。

（10）乘客不接受车站解释并强行进站乘车，且已登上列车的，车站需立即实行扣车（或通知驾驶员不要关门动车），报告地铁公安及行车调度员，并安排人员将当事人请下列车。待当事人携带危险品下车后，车站方可取消扣车（再通知驾驶员关门动车），并将当事人移交保安/公安人员处置。

3. 在车站发现可疑物品的应急处置程序（表4.27）

表 4.27 车站发现可疑物品的应急处置程序

岗位	应急处置程序
现场员工	（1）询问周围乘客，确认是否是附近乘客遗失物； （2）配合值班站长用隔离带隔离现场，持对讲机、手提广播疏散附近的乘客； （3）做好乘客安抚工作
行车值班员	（1）接到发现无人看管物品的信息后，反复播放失物启事，寻找失主； （2）判断为可疑物时，报告行车调度员、公安； （3）通知站内各岗位的员工，控制进站的客流； （4）进行封站时，做好乘客广播工作，指引乘客疏散； （5）接到值班站长恢复正常的通知后，报行车调度员，通知各岗位
值班站长	（1）持对讲机赶到现场，判断为可疑物时，组织人员隔离现场，疏散附近的乘客； （2）与公安做好沟通，加强与行车调度、车控室的信息反馈； （3）做好封站清客的准备工作；需要时，按公安要求清客封站，在出入口张贴服务告示，配合公安处置； （4）公安处置完毕，共同确认可恢复正常运营后，组织恢复； （5）通知车控室组织车站恢复运营
客运值班员	（1）接到信息后，马上到现场协助值班站长疏散围观乘客； （2）到站厅指导车站的客运组织工作

4. 列车发现可疑物品的处置

列车发现可疑物品的处置程序见表4.28。

表4.28　列车发现可疑物品的处置程序

岗位	处置程序
驾驶员	（1）收到车厢的乘客报警按钮（DAB）报警后，通过驾驶员对讲机向现场乘客了解情况，报告行车调度员，运行到前方车站后，通知站台岗到现场确认； （2）确认列车上有可疑物品后，报行车调度员，协助车站处置； （3）需清客时，播放清客广播，协助车站清客； （4）确认清客完毕后，报行车调度员，配合值班站长的处置
行车值班员	（1）接到行车调度员或驾驶员通知列车上乘客报警的信息后，通知站台岗到现场确认； （2）初步确认为可疑物后，报行车调度员、公安，通知邻站； （3）接到值班站长对站台进行清客的通知后，播放清客广播清客； （4）接到值班站长进行清客封站的通知时，播放清客广播，疏散站内乘客，疏散完后报行车调度员； （5）接到恢复正常运营的通知时，通知各岗位，报行车调度员
值班站长	（1）持对讲机赶到现场，确认为可疑物后，组织人员隔离现场，疏散车厢内的乘客，通知车控室和驾驶员，组织对站台清客； （2）公安到场后，加强沟通，配合公安处置； （3）需要时，按公安要求清客封站，安排在出入口张贴服务告示，配合公安处置； （4）公安处置完毕，与驾驶员、公安共同确认可恢复正常运营时，组织恢复，并报行车调度员
客运值班员	（1）接到信息后，马上到现场协助值班站长处置； （2）将站台岗挽留的证人移交公安
站台岗	（1）接到列车上乘客报警的信息后，到现场进行确认； （2）确认为可疑物后，报车控室，并通知驾驶员，疏散现场人员，并挽留现场目击乘客； （3）接到值班站长清客的通知后，协助清客； （4）协助值班站长处置现场

4.13.2　车站发生爆炸事件时的应急处置

（1）车站发生爆炸事件后，行车值班员立即开启闸机紧急运行模式，做好车站广播和视频监控，致电120急救中心、110报警中心和119火警中心等。

（2）值班站长或客运值班员派工作人员立即到车站入口阻止乘客进站。售票员立即停止服务，锁好票款，到车站站厅相关区域进行乘客疏散工作。

（3）值班站长或客运值班员带领车站工作人员迅速组织乘客向站外疏散，抢救伤员，致电120急救中心。

（4）调度员命令执行相应的排烟模式。

（5）保护事故现场，安排工作人员看守车站出入口，设置警戒线，禁止闲杂人员进入车站。

（6）引导公安和消防队员、急救人员进入车站，听从指挥协助其工作。

（7）必要时，经指挥机构同意，关闭车站出入口。

4.13.3　车站发生毒气事件时的应急处置

1. 车站发生毒气袭击时的应急处置要点

（1）报行车调度员，广播疏散乘客出站，确认 SC 上已设为紧急模式；

（2）根据环调命令，确认环控系统运行停机模式，防止毒气扩散；

（3）报 119、110、120；

（4）车站人员穿好防护用品疏散乘客；

（5）检查专用电梯是否困人。

2. 车站发生毒气袭击时的处置程序

1）巡视员岗位应急处置程序

（1）闻到有刺激性的气味并发现异常后，马上报告车站控制室，戴上防毒面具做好防护，疏散周围的乘客。

（2）查找根源，马上用隔离带封锁现场，同时在附近寻找 2 名以上的目击证人，交给值班站长。

（3）协助值班站长进行清客。

（4）乘客及员工全部疏散、确认专用电梯是否困人后，向车站控制室报告。

（5）站内乘客疏散完毕后到紧急出入口集中。

（6）接到值班站长通知车站恢复正常后，到站台检查站台门、自动扶梯等设备设施情况和线路情况，并向车站控制室报告，准备运营服务。

2）售票员岗位应急处置程序

（1）接到执行毒气袭击应急处置程序后，打开闸机扇门和边门。

（2）将自动扶梯全部关停，指引和疏散乘客出站。

（3）戴上防毒面具做好防护，到站台协助站台清客工作，组织乘客由站台两端楼、自动扶梯上站厅出站，用手提广播安抚乘客。

（4）站厅清客完毕后，协助关闭各出入口（除紧急出入口），张贴停止服务的告示，并报告客运值班员。

（5）待站台清客完毕后，到站厅协助站厅清客。

（6）站厅清客完毕后，协助关闭各出入口（除紧急出入口），张贴停止服务的告示，并报告客运值班员。

（7）到紧急出入口集中。

（8）接到值班站长通知车站恢复正常后，检查 AFC 设备、各种服务设备设施是否正常并向车站控制室报告。

（9）撤除停止服务的告示，打开出入口，引导乘客进站。

3）客运值班员岗位应急处置序

（1）接到执行毒气袭击应急处置程序后，赶到车站控制室，协助行车值班员，确认 SC 上已设为紧急模式；根据环调命令，确认大小系统及水系统运行停机模式。

（2）接到乘客疏散的信息后，确认厅巡站务员（售票员）已关闭各出入口（除紧急出入口），张贴停止服务的告示。

（3）到紧急出入口集中。

（4）接到值班站长通知车站恢复正常后，检查 AFC 设备、各种服务设备设施是否正常并报车站控制室。

（5）撤除停止服务的告示，打开出入口，引导乘客进站。

4）行车值班员岗位应急处置程序

（1）接到巡视岗报告后，马上通知值班站长到现场，并及时做好广播安抚乘客，加强CCTV监控，并报公安、行车调度员，通知邻站扣车和请求人员支援。

（2）接到值班站长宣布执行毒气袭击应急处置程序后，马上利用全站广播通知各部门、各岗位疏散按压AFC闸机紧急释放按钮，同时反复进行全站广播指引乘客出站。

（3）报110、120、119，并向相关上级部门、领导汇报，安排保洁人员到紧急出口迎接120、119人员。

（4）接到车站清客完毕后，报告行车调度员。

（5）接到值班站长通知车站恢复正常后，检查车站控制室设备设施情况。向行车调度员报告车站运营前准备工作，并向行车调度员了解行车运行恢复情况并报告值班站长。

（6）通知各岗位员工，车站恢复正常运营。

4.13.4 劫持人质事件应急处置

劫持人质犯罪一旦发生，不仅危及人质生命安全，而且会在社会上造成难以消除的恐怖气氛，严重影响社会治安稳定。

1. 处置劫持人质事件的基本原则

（1）应遵循安全第一的原则。这里的"安全"是指力争确保人质、乘客的安全，并尽可能保住劫持人质罪犯的生命。

（2）必须形成统一的指挥。应急处置指挥员必须相对固定并具有一定的权威。

（3）实施第一动作。当处置人员到达现场之后，控制组应当迅速设置外层和内层两道围控线。外层控制线隔离疏散其他罪犯以及车辆，内层控制线负责对劫持人质罪犯进行监视。

（4）迅速展开与肇事罪犯谈判，同时应部署武力处置人员、处置信息参谋班子和专家顾问。

（5）要同步统筹兼顾，保障组和医疗组等应展开辅助性、保障性工作，调配救护、消防、排爆方面的人员、车辆与器械，调集必要的后勤保障与机动力。

城市轨道交通车站发生劫持人质事件时，被劫持的对象可能是本站员工也可能是乘客等。站长在事件初期担任事故处置主任，主要任务是安抚歹徒情绪，控制现场秩序，防止现场矛盾激化及防止围观乘客受伤，具体处置须由公安人员来组织进行。

站内发现劫持人质后，立即通知车站控制室的值班人员及时报"110"，公安人员到来之前要控制好现场，首先稳定歹徒和被劫者的情绪，防止歹徒出现过激行为；组织疏散周围的乘客，防止其他乘客受伤；公安人员到现场后配合公安人员的处置，做好有关区域的围蔽。

2. 劫持人质事件的应急处置办法

（1）现场人员发现歹徒劫持人质，立即报行车值班员，简单说明歹徒和人质数量、事发地点及劫持原因等信息，行车值班员立即上报。

（2）现场人员做好分工，稳定歹徒和人质的情绪，并疏导周围乘客。

（3）发生事件后，车站及时确认通往设备区通道门处于锁闭状态，防止歹徒进入。

（4）行车值班员与控制中心保持联系，执行控制中心指令。

（5）车站配合到场的公安人员处置。

车站发生劫持人质事件的应急处置程序见表4.29。

表4.29　车站发生劫持人质事件的应急处置程序

岗位	处置流程
行车值班员	（1）立即报告行车调度员、地铁公安，简要说明歹徒和被劫持者双方的人数、性别、凶器和初步了解的劫持原因等； （2）向行车调度员申请暂停本站的运行服务； （3）通知各岗位，执行紧急疏散计划，拦截乘客进站，在SC上将闸机设为紧急模式； （4）通过CCTV监控现场情况，发生人员伤亡时，及时报"120"； （5）将通往车控室的房门反锁； （6）配合公安处置
值班站长	（1）马上到现场指挥处置，稳定歹徒和被持者的情绪，避免刺激的行为； （2）组织疏散附近的乘客，尽量将歹徒稳定在固定的位置（最好是一角落），防止其进入设备区； （3）公安人员到场后，交公安处置，按公安的要求进行配合； （4）根据现场情况向行车调度员申请暂停本站的运行服务； （5）处置过程中注意员工人身安全和车站财产安全
客运值班员	值班站长被劫持时，负责值班站长的处置应急工作；值班站长没有被劫持时，和值班站长到现场处置
巡视岗	（1）接车控制安排后，立即赶到现场，疏散乘客远离现场； （2）暂停本站的服务时，在站台加强巡视，确保所有乘客疏散出站台； （3）当发现驾驶员被劫持时，立即报告行车值班员
票亭岗	（1）根据需要，停止票亭服务，收好票款，锁好票亭； （2）暂停本站的服务时，打开边门、闸机，疏散乘客； （3）关闭车站紧急出口外的其他出入口，并张贴相应的告示； （4）在紧急出口外引导公安等人员到场； （5）在紧急出口，拦截乘客进站并做好解释
驾驶员	（1）当列车上乘客被劫持时，在车站时不动车或运行中则维持进站停车，立即报行车调度员车站，并做好安全防护，防止被歹徒劫持或进入驾驶室； （2）当驾驶员被劫持时，尽量将歹徒引导离开驾驶室较远的地方；当被迫驾驶时，如在站或人为设置故障导致不能动车；如在运行中则尽量维持进站停车； （3）被劫持时的报警方式：不能直接报警时，可采取长时间按压对讲设备以将对话传出，或人为制造故障等方式

注：1. 及时确认通往设备区的通道门处于锁闭状态，防止歹徒进入设备区。

2. 当车站员工被劫持时，被劫持员工尽量保持冷静，不要采取刺激歹徒的行为，尽量稳定歹徒的情绪，及时把握有利时机安全逃脱歹徒的劫持。

3. 车站应保持高度警觉，当发现明显的异常行车现象时，要加强对列车的观察，确认驾驶员是否安全，是否被劫持。

（6）列车发生劫持人质事件（列车停靠在车站），比照车站发生劫持人质事件应急处置程序执行，现场人员进入车厢稳定歹徒和被劫者的情绪，根据行车调度员命令清客或关站，列车若离开车站，依照行车调度员命令处置。

 任务实施

任务场景	校内实训室
任务分组	在这个任务实施中，采用分组的方式进行，每5人为一组，通过自荐或推荐方式选出组长，负责本组任务实施的组织，实施过程中小组成员要相互帮忙，共同完成任务
任务实施	各小组根据以上任务描述，完成以下任务实施过程。 　　（1）城市轨道交通车站突发公共安全事件都有哪些？ 　　（2）在本次案例中，作为站台工作人员，在工作中，你发现站厅处有一个不明包裹，有哪些重要的注意事项？ 　　（3）如果你是城市轨道交通工作人员，你会如何解决不明包裹事件？ 　　（4）作为一名城市轨道交通客运人员，我们有可能会在工作场所发现来历不明、无法确认性质的物品，面对这种情况，规范的做法是什么呢？请编制一个应急处置报告。 　　①你所在的城市或省份，有地铁吗？是哪一个？ 　　②该地铁站官网上是否有不明物件的应急处置对策或流程？
任务要求	应急处置报告以小组形式上交，封面有团队名称及每人分工说明；请通过图片等佐证处置流程；请提出应对策略等
任务反思	（1）学到的理论知识有哪些？ 　　（2）掌握的实操技能有哪些？ 　　（3）在任务实施过程中，个人自身素养提升方面有哪些收获？ 　　（4）还有那些常见的城市轨道交通车站突发公共安全事件，搜集相关处置要求和处置方法。

任务评价

序号	评价项目	评价指标	分值	自评（20%）	互评（20%）	师评（60%）	合计
1	知识目标（25分）	能掌握可疑物品定义及常见分类	5				
		能掌握发现可疑物品的处置要点	10				
		能掌握车站发生毒气袭击时的应急处置要点	10				
2	能力目标（50分）	能进行城市轨道交通发现可疑物品应急处置	25				
		能进行城市轨道交通发生爆炸应急处置	25				
3	素质目标（25分）	能具备严谨认真的工作态度和高度的责任心	5				
		能具备责任意识	5				
		能具备规则意识	5				
		保持沉着冷静、处变不惊的工作态度	10				
合计			100				
综合得分							

拓展阅读

阅读一：东京地铁沙林毒气事件

时间：1995年3月20日7点50分

地点：东京主要地铁线路

事故经过：日本邪教组织某教在东京主要地铁线路的车厢内释放沙林毒气，制造了震惊世界的东京地铁沙林事件。霞关车站是遭受沙林毒气侵害最严重的车站之一。该事件系东京地铁有史以来最大恐怖事件，造成12人死亡，约5 500人中毒，1 036人住院治疗。事发当天，日本政府所在地及国会周围地铁主干线被迫关闭，26个地铁站受影响，东京交通陷入一片混乱。

原因分析：该起事故系人为。地铁车站及地铁列车是人流密集的公众聚集场所，一旦发生爆炸、毒气、火灾等突发事件，极易造成群死群伤，严重影响社会秩序稳定。

党的二十大报告指出，应提高公共安全治理水平。坚持安全第一、预防为主，建立大安全大应急框架，完善公共安全体系，推动公共安全治理模式向事前预防转型。推进安全生产风险专项整治，加强重点行业、重点领域安全监管。车站及列车是人流密集的公众聚集场所，每一名城市轨道交通客运人员应当积极负起责任和担当，保护乘客的生命财产安全，经常开展演练活动，提高自身处置突发事件的能力。

车站及列车是人流密集的公众聚集场所，一旦发生爆炸、毒气和火灾等突发事件，势必造成群死群伤或重大经济损失，严重地影响社会秩序的稳定。近年来接连不断地发生爆炸、毒气和火灾等社会灾害，当突发事件在车站发生时，员工如果能迅速、高效、妥善地处置，将有效预防或减少事故导致的损失。因此，各城市轨道交通运营公司，应制定突发事件的应急处置预案，通过学习培训演练等手段，提高员工的应急处置能力，做到有备无患。

阅读二：地铁危险品处置

1. 危险品的分类

危险品分类第一类：爆炸或易爆物品，如雷管、手榴弹、炸药、烟花、鞭炮、导火线等；

第二类：压缩气体和液化气体，如石油液化气瓶、天然气瓶和其他各种压缩气瓶等；

第三类：易燃液体，如汽油、煤油、柴油、油漆、酒精、香蕉水等；

第四类：易燃固体、自燃物品和遇湿易燃物品，如硫黄、黄磷、白磷、过氧化钠、碳化钙（电石）、钠、钾等；

第五类：强氧化剂，如浓硝酸、浓硫酸、浓盐酸、王水等；

第六类：毒害品和感染性物品，如氯化汞、氰化钾、三氧化二砷（砒霜）、尼古丁、石棉、各类农药等；

第七类：放射性物品，如镭、钋、铀等；

第八类：腐蚀品，如醋酸、磷酸、氨水等；

第九类：其他可能影响乘客人身安全的物品。

2. 可疑爆炸物识别及应对

当发现可疑爆炸物品或者遇到爆炸威胁时，坚持"信、快、细、报、记"五字诀。

信：宁可信其有，不可信其无；

快：快速撤离；

细：细致观察可疑人、事、物；

报：迅速报警；

记：用照相机、手机等将"现场"记录下来。

任务4.14 预防城市轨道交通踩踏事件及应急处置

 任务引入

案例：

×年×月×日，某城市的"上班族"们像往常一样穿梭于地铁的人流之间，开始新的工作周。在××线换乘环中线的××站，一名女乘客因没吃早餐低血糖晕倒，引发乘客奔

逃踩踏，造成 12 名伤者被急救送医。

如果你所在的城市地铁站突发踩踏事件，作为一名城市轨道交通客运人员，你将如何配合组织处置工作呢？有哪些预防措施呢？请绘制海报予以展示说明。

学习目标

知识目标：

（1）掌握踩踏事件成因分类；

（2）掌握城市轨道交通不同踩踏事件成因的处置要点。

能力目标：

能进行城市轨道交通踩踏事件应急处置。

素质目标：

（1）具备严谨、认真、细致的工作态度和高度的工作责任心；

（2）树立责任意识和规则意识；

（3）保持沉着冷静、处变不惊的工作态度。

视频

巩固提高

测试

巩固提高

知识准备

踩踏事件轻则造成交通组织混乱，重则影响城市治安秩序，并极易引起大面积人员伤亡，对社会带来极大影响。

在地铁车站客运组织过程中，受站点内外界环境、轨道交通设备状态、现场组织不善等因素影响，发生突发大客流、运营突发事件、公共安全事件时，及易造成人员在地下站点这个人流密集场所跌倒、踩踏，引发较多伤亡。

4.14.1　踩踏事件成因分析

从引发踩踏成因分析，踩踏主要分为恐慌型、冲突型、阻碍型三类。

1. 恐慌型踩踏

城市轨道交通地铁站点外部周边区域、站内公共区域，发生突发公共安全事件、突发紧急情况，乘客突发意识到危险，出于人类本能，在站内奔跑、逃生，在恐慌下"慌不择路"，引发拥堵及踩踏。

2. 冲突型踩踏

城市轨道交通地铁站点发生突发客流特征改变或客运组织措施不善、站点客流流线设计不合理，导致短时间内站内某一区域客流快速聚集，甚至产生严重客流对冲，乘客在拥挤过程中跌倒引发踩踏。

3. 阻碍型踩踏

因交通运营单位设备故障、站外恶劣天气、站外突发活动等原因，城市轨道交通站点受突发事件、突发大客流影响，站点乘客走行路线受阻碍，造成短时间内某一区域大量拥堵聚集，乘客在拥挤过程中跌倒引发踩踏。

4.14.2　客运踩踏风险防控措施

1. 日常情况踩踏防控措施

城市轨道交通各站点需结合车站布局、客流情况，制定有针对性的日常情况下的踩踏风险防控措施。站点不同区域主要踩踏风险点及防控措施见表4.30。

表4.30　站点不同区域主要踩踏风险点及防控措施

区域	踩踏风险点	风险类型	防控措施
站台	高峰期下行梯上乘客看见列车即将进站或即将关门，可能出现因跑向站台而在扶梯上摔倒导致踩踏	阻碍型	（1）站台楼扶梯口与屏蔽门接口位置合理设置铁马及伸缩栏杆，留出客流缓冲区
			（2）站台楼扶梯口与屏蔽门接口位置合理安排人员引导，劝阻乘客冲车行为，同时尽量引导乘客去其他区域排队候车
	高峰期上下列车客流冲突或阻塞下车通道，可能出现乘客摔倒导致踩踏		（1）高峰期组织乘客分散排队，留出乘客下车通道
			（2）增加高峰期站台人员力量，引导乘客两侧排队候车，先下后上，避免上下车客流冲突或下车通道阻塞
站厅	出闸能力不足造成乘客排队至扶梯口，可能出现扶梯口阻塞导致踩踏	阻碍型	（1）出站能力不足、出站集中在一端应均衡引导，中部设置铁马出闸能力不足造成乘马拦截，引导压力端乘客从另一端闸机出站
			（2）开启边门、使用通行卡、闸机设置为常开，加快通行；以上依然无法满足的极端情况，直接开启部分通道让踩踏乘客直接出站
楼扶梯	轮椅、婴儿车、携带大件行李、行动不便人员使用扶梯时摔倒导致踩踏	冲突型	（1）发现轮椅、婴儿车、行动不便人员及时引导乘客搭乘直升梯以及携带大件行李人员使用步梯、直升梯，避免使用扶梯
			（2）高峰时段增加扶梯岗，其余时段由站台岗兼顾扶梯监控，行车值班员通过CCIV加强监控，发现异常及时按压紧停
	楼梯过窄，双向通行乘客较多时，可能出现客流对冲导致踩踏		（1）楼梯双向使用冲突，高峰时段实行单向使用，站厅层、楼梯口安排人员引导，进站人员走直升梯或电梯
			（2）扶梯故障情况下，楼梯做单向使用，安排人员在楼梯上下方入口位置拦截、引导
			（3）通过CCTV加强对高峰期、故障时期扶梯区域的盯控
	楼扶梯口出现拥堵较多乘客堆积或无排队秩序，导致扶梯出口乘客无法正常出口，造成踩踏		（1）站台楼扶梯出站能力不足导致乘客堆积站台扶梯口时，将压力端出站乘客引导走另一端端楼扶梯出站；将中部楼扶梯做单上使用，增加出站能力，同时中部楼梯站厅层入口安排人员拦截进站乘客
			（2）进站客流大站台堆积大量乘客，导致站台压力端楼扶梯口拥堵无秩序，加强站台候车引导；在压力端楼扶梯口设置铁马或栏杆，杜绝排队至楼扶梯口；若客流持续增加安检处采取微控流措施减少进入站台人员，减轻站台压力
			（3）出入口通道商铺排队乘客阻塞出站楼扶梯口通道，安排人员在出入口站厅及通道进行引导，若出现商铺排长队及时设置伸缩栏杆，避免商铺排队堵塞通道

续表

区域	踩踏风险点	风险类型	防控措施
楼扶梯	电扶梯情况下未及时关停或有效防护，致使乘客搭乘故障或维修期间扶梯导致踩踏	阻碍型	（1）加日常巡视，及时发现电梯故障，及时进行关停报修，并设置防护，严禁将电梯做步梯用。故障原因未查明前、故障未修复前不投用
			（2）故障扶梯防护拆除原则上由维修人员撤除，防护撤除时遵循"先出口、后入口"
			（3）故障扶梯维修、检修期间，加强巡视，确认维修人员防护到位，严禁无防护作业
	站厅电梯故障，车站通行能力降低，车站客流关键点易发生乘客拥堵导致踩踏		（1）压力端向上扶梯故障，设防护，将压力端向下电梯调整为向上，将站厅中部楼梯做单下使用；站厅进站闸机处设置栏杆并安排人员引导进站乘客走中部楼梯及另一端向下扶梯进站；安排人员至站台中部楼梯口拦截出站乘客通过扶梯出站
			（2）压力端向下扶梯故障，设防护，将站厅中部楼梯做单下使用；压力端进站闸机内设置栏杆并安排人员引导进站乘客走中部楼梯及另一端向下扶梯进站，同时安排人员至站台中部楼梯口拦截出站乘客通过扶梯出站
			（3）若采取措施后进站楼扶梯能力不足，在安检点处采取"控十放十措施"
出入口	出入口外非法营业摊位、售楼销售人员及共享单车较多，阻塞出站扶梯通道，可能导致扶梯上方阻碍导致踩踏	阻碍型	（1）高峰时段加派人员在出入口外引导，杜绝共享单车堵塞出入口
			（2）加强出入口巡视，及时联合公安或城管力量驱散出入口外非法营业摊位、人员、个人交通工具，保持出站通道畅通，同时加强与共享单车单位联系，及时安排人员进行清理

2. 突发应急情况踩踏防控措施

1）防控组织原则

先控制进站、后控制换乘，优先保证出站。

2）出站聚集防控要点

（1）站台扶梯口拥堵。增加站台引导力量，扶梯口安排专人值守；视情况调整电扶梯运行方向；延长站台铁马，避免拥堵；根据现场客流规律对站台出站客流进行分流；换乘站视情况调整乘客换乘路径；向行车调度员申请列车不同时到站或加大行车间隔。

（2）出站闸机拥堵。局部拥堵情况下在站厅或站台进行分流；经引导出站能力仍然不足情况下，开启边门或设置部分闸机常开，引导乘客从常开的闸机或者边门出站；开启边门、常开部分闸机后出站能力仍然不足时，将出站闸机整组设置为常开，引导乘客从常开闸机出站。

（3）出入口拥堵。根据客流走向确定各出入口通行方式；视情况在出入口通道摆放导流设施分流；出入口电扶梯下方安排人员引导，避免扶梯口拥堵；出入口上方安排人员疏导，避免乘客堆积在出入口造成拥堵踩踏。

3）进站聚集防控要点

（1）售票点拥堵。购票排队不均衡，合理引导分流；增开 BOM、移动 BOM 或售票预制票；预制票点位设置需注意避免与其他客流交叉；预制票岗位优先安排支援人员。

（2）安检机点拥堵。安检点排队不均衡，合理引导分流；增加引导人员，提高通行效率；枢纽车站视情况安排安检、保安担任安检协助人员；出入口视情况进行客流控制，减小安检压力。

（3）进站闸机拥堵。合理利用通行卡处置无法正常进站的乘客事务；站厅分流平衡进站闸机能力；拥堵严重或乘客事务量较大可视情况将部分或全部进站闸机设置为常开；安检口、出入口视情况进行客流控制。

（4）出入口拥堵。根据客流走向确定各出入口通行方式；出入口提前设置绕行铁马（出入口客流控制必须是硬隔离），视情况引导乘客绕行；疏导出入口等候人群，确保通道畅通；安排保安、员工驱散小商贩和传单，视情况联合公安或城管力量；出入口客流控制时，原则上安排本站的员工和保安；极端情况下安排人员在出入口筑人墙阻止乘客集中涌入。

4.14.3　车站发生踩踏事件时的应急处置

预案启动条件：初步判断，车站发生 20 人及以上人员摔倒、摔伤时，立即启动车站发生踩踏事件应急预案。

1. 站台区域发生踩踏事件

（1）立即执行站台疏散程序，组织乘客从远离事发地点一端向站厅疏散，防止事态恶化。

（2）本线路控制中心组织列车不停站通过本站。

（3）车站组织乘客只出不进（换乘站需防止换乘客流进入事发站台），做好乘客服务解释工作。

（4）了解事发原因，掌握乘客受伤情况，采取措施救助，同时做好证据收集。

（5）110、120 人员到场后，配合开展相关工作。

（6）现场伤员处置完毕后，视情况逐步组织恢复运营。

（7）处置期间，注意加强乘客引导服务和解释工作，避免造成他人围观或拍照。如现场发现有人拍照或采访，及时报告党群相关人员，并礼貌劝阻，车站人员不得擅自接受采访。

2. 站厅、出入口通道发生踩踏事件

（1）立即疏散事发地点周边乘客，围蔽事发地点。

（2）出入口通道发生踩踏事件时，封闭该出入口。指引乘客从其他出入口进出站，做好客流引导。

（3）了解事发原因，掌握乘客受伤情况，采取措施救助，同时做好证据收集。

（4）110、120 人员到场后，配合开展相关工作。

（5）处置期间，注意加强乘客引导服务和解释工作，避免造成他人围观或拍照。如现场发现有人拍照或采访，及时报告党群相关人员，并礼貌劝阻，车站人员不得擅自接受采访。

 **任务实施**

任务场景	校内实训室
任务分组	在这个任务实施中，采用分组的方式进行，每5人为一组，通过自荐或推荐方式选出组长，负责本组任务实施的组织，实施过程中小组成员要相互帮忙，共同完成任务
任务实施	各小组根据以上任务描述，完成以下任务实施过程。 　　（1）当地铁车站出现乘客晕倒，此时周边人不多，站务员能第一时间赶到，应当如何处置？ 　　（2）在本次案例中，作为站台工作人员，由于人员较多，站务员无法及时赶到，发现这一情况，站务员应当如何做？ 　　（3）如果你是城市轨道交通工作人员，发生踩踏事件，你会如何解决这一问题？ 　　（4）如果你所在的城市地铁站突发踩踏事件，作为一名城市轨道交通客运人员，你将如何配合组织处置工作呢？有哪些预防措施呢？请绘制海报予以展示说明。 　　①你将如何配合组织处置工作呢？ 　　②有哪些预防措施呢？
任务要求	海报以A3纸绘制，要求图文并茂、色彩丰富，展示中需要有团队名称及每人分工说明；绘制图画生动形象，符合场景要求；组织流程要恰当合理，符合工作人员作业标准
任务反思	（1）学到的理论知识有哪些？ 　　（2）掌握的实操技能有哪些？ 　　（3）在任务实施过程中，个人自身素养提升方面有哪些收获？ 　　（4）在城市轨道交通踩踏事件中，如果有重点乘客，站务员应当怎么办？

🔍 任 务 评 价

序号	评价项目	评价指标	分值	自评（20%）	互评（20%）	师评（60%）	合计
1	知识目标（25分）	能掌握踩踏事件成因分类	5				
		能掌握城市轨道交通不同踩踏事件成因的处置要点	10				
		能掌握城市轨道交通不同踩踏事件成因的处置流程	10				
2	能力目标（50分）	能判断城市轨道交通踩踏事件原因	25				
		能进行城市轨道交通踩踏事件应急处置	25				
3	素质目标（25分）	能具备严谨认真的工作态度和高度的责任心	5				
		能具备责任意识	5				
		能具备规则意识	10				
		保持沉着冷静、处变不惊的工作态度	5				
合计			100				
综合得分							

📋 拓 展 阅 读

阅读一：××地铁踩踏事件处置

×年×月×日早9：36，××地铁四号线××站 A 口上行电扶梯发生设备故障，正在搭乘电梯的部分乘客出现摔倒情况。地铁公司启动相关应急预案，受伤乘客送往医院救治，事故造成1人死亡、2人重伤、26人轻伤。伤者方面，经过紧急的治疗和妥善的处置，乘客伤者分批出院。事故之后，××市政府有关部门组成事故调查组，对事故原因进行调查，并要求地铁运营企业立即对设施设备进行安全隐患排查，确保地铁运营安全。

几十年来中国地铁的建设已经有了突飞猛进的发展，可由于城镇居民人口多，密集程度高，地铁运营还是承受着巨大的压力。每天穿梭的地铁，给人的感觉是亲切的，年轻的工作人员来回穿行，大家感受到这条线路的年轻与活力。可惜，事物总是有着相对的两面。正是因为年轻，使得这些工作人员缺乏经验、没有能力来处置遭遇的突发事件，工作人员如果不能很好地"稳住"乘客，就可能引发更大的事故。所以作为一名城市轨道交通客运人员一定要提升技能，精益求精对待工作，保障人民出行安全。同时，为了能更妥善处置踩踏事件突发情况下的乘客受伤事件，就需要加强车站员工对车站的监管力度，加大对一线员工客伤处置的培训力度，提高业务技能和化解冲突的能力。

阅读二：城市轨道交通客运踩踏事件处置原则

当城市轨道交通站点发生客运踩踏事件，各事发站点应遵循以乘客安全和恢复运营作为应急处置出发点的总体原则，从"报""控""救""复"四方面，及时、高效、有序地进行客运踩踏事件应对处置。

1."报"

（1）发生踩踏事件车站人员立即赶赴现场，及时了解踩踏情况、原因并报站点车控室。

将信息报送至地铁公安、120、行调、应急值班室及站区值班管理人员，做好信息收集、上报及续报工作。

（2）根据现场情况安排人员到现场进行支援，并申请人员、物资支援。

（3）立即将摄像头对准事发区域，做好过程监控及证据留存。

2."控"

（1）车站人员迅速疏导乘客远离踩踏区域，需要疏散时关停疏散反方向电梯，开启闸机、端门，拆除阻碍乘客疏散逃生的铁马、栏杆，畅通乘客通行路径，使用广播指引有序疏散。

（2）视情况采取封站、列车越站、清客等方式，阻断进入踩踏区域的乘客源。

（3）使用警戒带、铁马、屏风等设施对受影响区域进行隔离，降低应急处置影响和舆情风险。

（4）保护现场，做好取证工作。

（5）各岗位间互联互控，了解清楚踩踏原因且可控后及时广播指引乘客，有效稳定混乱局面。

3."救"

按照"生命至上"理念积极救治伤者，并在乘客中寻找医护人员参与急救，优先救治伤势严重人员；及时拨打120寻求救治资源，站点安排人员在出入口接应，提高救治效率。

4."复"

（1）尽量将未受影响的区域投入运营。

（2）初期处置完毕，经公安及调查人员同意后，尽快恢复设备设施，安排保洁清理现场，恢复运营。

（3）做好外部信息发布及舆情应对安排。

（4）及时做好录音录像、留存证据，配合公安机关开展调查。

项目4 城市轨道交通客运突发事件综合演练实训手册

手 册

巩固提高

项目 5
城市轨道交通行车突发事件应急处置

 项目描述

  随着城市圈、都市圈的快速发展，近年来城市轨道交通运营线路快速增长，线网织密度越来越高，城市轨道交通客运量占全国公共交通客运量的比率已提高到 50% 以上，是保障大城市有序发展的主要交通方式。其中行车安全是城市轨道交通安全工作的基础，通过本项目的学习，掌握不同突发事件时的应急处置程序，并能进行初步的安全事故分析。城市轨道行车安全工作在集中领导、统一指挥、逐级负责的原则下，以安全、正点、舒适、高效以及快捷的运营服务为宗旨，各运营部门紧密配合、协同动作，共同完成各项工作任务。

任务 5.1 分析城市轨道交通道岔故障及应急处置

 **任务引入**

  ×年×月×日 12：41，地铁站后折返道岔发生故障，地铁道岔故障导致全线延误近 2 h。如图 5.1 所示，301 次列车进入 A 站上行折返线，系统办理进入 A 站上行站台的折返进路时，2/4 道岔失去表示。随后，302 次列车到达 A 站下行站台，清客后等待折返。

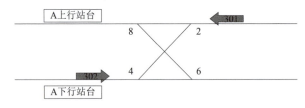

图 5.1 A 站折返线示意图

完成以下任务：
（1）模拟组织 301 次列车的折返作业；
（2）练习手摇道岔操作。

视 频

巩固提高

 学习目标

  知识目标：
（1）掌握城市轨道交通道岔故障的分类；

（2）掌握城市轨道交通道岔故障时的作业方法；

（3）掌握手摇道岔的作业步骤；

（4）熟悉手摇道岔准备工作的内容。

能力目标：

（1）能够进行城市轨道交通道岔故障的应急处置；

（2）能够进行手摇道岔的准备工作；

（3）能够进行手摇道岔操作。

素质目标：

（1）提升学生安全第一的思想意识；

（2）培养学生集体主义意识；

（3）增强学生的质量强国的思想。

测 试

巩固提高

知识准备

5.1.1　道岔故障分类

道岔故障主要分为机械故障和电气故障。

机械故障主要为：

（1）道岔结构故障，如尖轨不密贴、道岔变形等。

（2）挤岔。道岔硬件故障时不能通过列车，影响运营时需要立即组织抢修。

电气故障即信号系统认为道岔故障，列车距离受阻道岔区不足安全停车距离，或正在通过受影响道岔区的列车采取紧急制动停车。对于其他列车来说，故障道岔视为封锁状态或线路障碍物，禁止列车经过故障道岔。

5.1.2　道岔故障时的作业方法

1. 正线作业

中间站道岔故障时，确认该道岔开通正线并加锁，否则手摇道岔开通正线并加锁。

道岔故障时，列车应根据具体情况相应改变驾驶模式。在 CBTC 模式下，列车自动停车后，再以 RM 模式越过故障区段，收到车载信号后恢复正常行车。在联锁后备模式下，道岔故障导致防护信号机不能开放，列车以 NRM 模式越过关闭的防护信号机，继续运行。

2. 折返作业

道岔故障，办理折返作业时，优先考虑变更进路的方法组织行车。无法变更进路，道岔仅有一个位置不能正常使用时，尽量使用该道岔的正常位置行车。必须使用故障位置行车时，由车站人员现场人工准备进路。如果故障道岔位于所需位置，确认道岔开通位置正确后加锁。如果故障道岔不在所需位置，使用手摇把将道岔摇至所需位置，确认正确后加锁。对其他良好道岔单独操纵到所需位置并单独锁闭。

折返进路准备完毕后，由站务人员显示手信号，按调车方式指挥列车以 RM 模式完成折返作业。

5.1.3　手摇道岔前的准备工作

需要手摇道岔时，作业人员立即赶往车站控制室，查明故障情况，了解进路安排及列车位置，接受车站值班员布置进路的命令。手摇道岔准备进路时，不得少于两人，一人操作，一人防护并确认。作业中要分工明确、互相配合、互相监控，确保进路正确和人身安全。手摇道岔的人员应穿好荧光衣，戴好手套，携带无线手持电台、红闪灯、手信号旗（灯）、手摇把、钩锁器、相关钥匙和手电筒等工具备品赶赴现场。手摇地下线路道岔时，应开启隧道照明，必要时开启隧道通风。

作业人员进入轨行区，必须得到行车调度员的许可，并做好防护。行车调度员将列车扣停在就近的车站，并指示列车驾驶员不得动车。车站按下紧急停车按钮防护，并派人监控站内停留的列车不得动车。进入轨行区后，使用红闪灯防护，将红闪灯设置于来车方向适当位置的轨道中间。

使用接触轨供电的线路，需要现场人工操纵道岔时，必须对接触轨停电并挂接地线，以确保作业人员的人身安全。

5.1.4 手摇道岔的作业步骤

手摇道岔必须严格遵守"六步曲"：一看、二开、三摇、四确认、五加锁、六汇报。

"一看"：查看道岔各部件良好，无机械故障，道岔开通位置是否正确，道岔尖轨与基本轨之间无异物，可动心轨与导曲线轨之间无异物，道岔滑床板无异物卡住。

"二开"：打开转辙机盖孔板（有些型号的转辙机必须先切断电源），道岔已被钩锁器加锁时拆下钩锁器（含锁具）。

"三摇"：将手摇把插入手摇把孔，直至不能再往里插为止，确认摇动方向，转动手摇把并保持向里施压，将道岔转向所需的位置，听到"咔嚓"的落槽声后停止（如未听到落槽声，确认尖轨与基本轨密贴），拔出手摇把，锁好盖孔板。

"四确认"：两人共同确认尖轨与基本轨密贴，可动心轨与导曲线轨密贴，进路上所有故障道岔开通位置正确。一条进路有多副道岔故障时，仅人工操作故障道岔，并按由近及远或由远及近的顺序逐个手摇，然后按相反方向逐个顺序确认道岔位置正确。

"五加锁"：使用钩锁器分别加锁尖轨、可动心轨，折返道岔因经常转换可只挂不锁，但操作人员需确认道岔已操作至机械锁闭位置。

"六汇报"：作业完毕后，撤除红闪灯，收拾工具备品，清点数量，确认轨行区无遗留物品。根据作业要求进入安全避让点或回到站台，清点人数，确认全部作业人员出清轨行区。使用无线手持电台或轨旁电话，向车站控制室或行车调度员汇报进路准备情况，内容包括道岔号码、道岔开通位置、道岔加锁和线路出清等。

1+X 城市轨道交通站务（中级）手摇道岔标准见表5.1。

表5.1 1+X 城市轨道交通站务（中级）手摇道岔标准

项目	标准	分值	评分标准
带齐备品	对讲机、信号灯/旗、道岔钥匙、钩锁器及扳手、钩锁器锁及钥匙、手摇柄（把）、荧光衣、红闪灯、断电钥匙（如有）、无线调度台，接触轨下线人员还必须穿绝缘靴、按安全线路图行走	10	遗漏一项扣2分

续表

项目	标准	分值	评分标准
设置防护	来车方向，距离作业地点 3～5 m 处设置红闪灯防护	10	红闪灯未打开，扣5分；未设防控，扣5分；防护设置错误，扣5分
判断道岔位置	看道岔开通位置是否正确，是否需要改变开通位置（如果道岔开通位置判断错误，不再进行后续考试）	5	一项否决
确认道岔状态	确认有无钩锁器	5	未手指确认，扣5分
确认道岔状态	尖轨密贴，另一侧尖轨与基本轨无异物	5	未手指确认或确认有误，扣5分
确认道岔状态	拆除钩锁器锁（如有）	5	未拆除钩锁器，扣5分
开锁及断电	根据相应线路实际情况：开道岔锁和断电	5	未操作或错误操作扣5分
转换道岔位置	用手摇把将道岔摇到需要的位置，听到转辙机"咔嚓"落槽声后停止。（双转辙机时需听到两台转辙机的落槽声才停止）	20	1. 摇错方向的每错误超过2圈扣3分。2. 手摇一副道岔时间在25 s内不扣分，每过1 s扣1分。3. 没有听到落槽声就停止（未摇到位），该项一项否决
确认尖轨密贴	手指尖轨呼"开通左/右位，尖轨密贴，另一侧尖轨与基本轨无异物。"（另一人确认，不在考核范围）	5	未手指确认或确认错误扣5分
钩锁道岔	用钩锁器锁定道岔尖轨折返线，道岔只挂不锁	15	1. 没有使用扳手拧紧勾锁器的或出现勾锁器可以用手（三指抓紧）拨动的此项不得分。2. 加锁一副道岔时间在40 s内不扣分，每过1 s扣1分。3. 勾锁器加锁位置错误或加锁不正确，此项不得分
出清线路	操作结束后，所有物品、人员出清	5	线路未出清，扣5分
汇报道岔开通情况	向车控室汇报道岔开通位置及加锁情况："××道岔开通左/右位，尖轨密贴，另一侧尖轨与基本轨无异物，已加锁"	5	未操作或错误操作扣5分
显示信号	显示发车信号或道岔开通手信号	5	未显示或显示错误，扣5分，每试错一次扣3分
操作时间要求	操作内容要求在 10 min 内全部完成		超过 10 min 未完成，一项否决

任务实施

任务场景	校内实训室
任务分组	在这个任务实施中，采用分组的方式进行，每 5 人为一组，通过自荐或推荐方式选出组长，负责本组任务实施的组织，实施过程中小组成员要相互帮忙，共同完成任务
任务实施	各小组根据以上任务描述，完成以下任务实施过程。 （1）对该事故案例桌面推演，上交推演报告。 ①事故原因分析。 结合事故描述，分析可能导致道岔出现故障的原因。 ②行车调度员的处置措施。 请说明行车调度员应如何处置该事故。 ③车站的处置措施。 请说明 a. 车站应如何组织客运工作？b. 车站应如何组织行车工作？ （2）拍摄手摇道岔视频。
任务要求	（1）提交的桌面推演报告需包括事故原因分析、行调处置、车站处置、驾驶员应对等内容，报告封面须有小组成员分工说明及成员贡献率，形成纸质版报告上交； （2）提交视频需满足以下要求：展示中需要有团队名称及每人扮演的角色说明；每组提交一份视频；视频文件名命名为"××班××组××（姓名）"；需要有片头及片尾，片头包括片名、班级、组别、组员姓名，及扮演角色分配等环节字幕，片尾包括谢谢观赏等字幕。正片中关键环节需要添加字幕或特效
任务反思	（1）道岔故障时组织行车的关键点是什么？ （2）手摇道岔的注意事项有哪些？ （3）在任务实施过程中，个人自身素养提升方面有哪些收获？ （4）处置道岔故障时应具备哪些精神？

任务评价

序号	评价项目	评价指标	分值	自评（20%）	互评（20%）	师评（60%）	合计
1	知识目标 （25分）	掌握城市轨道交通道岔故障的分类	5				
		掌握城市轨道交通道岔故障时的作业方法	5				
		掌握手摇道岔的作业步骤	10				
		熟悉手摇道岔准备工作的内容	5				
2	能力目标 （50分）	能够进行城市轨道交通道岔故障的应急处置	20				
		能够进行手摇道岔的准备工作	10				
		能够进行手摇道岔操作	20				
3	素质目标 （25分）	提升学生安全第一的思想意识	10				
		培养学生集体主义意识	5				
		增强学生的质量强国的思想	10				
合计			100				
综合得分							

拓展阅读

×年×月×日3时46分A站道岔发生故障，由于员工对"运营第一"认识不到位，对应急抢险预案执行不到位；故障处置过程中反映员工技术水平低，对故障判断有误且处置时间过长，导致事故进一步扩大，最终造成晚到5分钟以上列车4列，中途清人折返1列，加开临客1列，加开回空1列，调表13个。

从案例中可以看到，由于一线员工的安全意识淡薄，对应急预案不熟悉，技术水平不高等导致事故更加严重，为了确保安全运营，我们需要坚持安全第一的思想，树立强烈的责任意识，不断强化学习意识，提升职业能力，提高对事故的应急处置能力。

任务 5.2　分析城市轨道交通弓网故障及应急处置

任务引入

1407 次列车进入 A 站前，车站工作人员发现站内接触网上缠有大型塑料袋，严重影响行车安全，报告行车调度员。行车调度员及时采取运行调整措施，并指示车站和驾驶员及时处置该接触网异物。续行的 1409、1411 次列车受此影响，终到晚点 188 s。

（1）绘制此突发事件的列车运行调整示意图。

（2）模拟事件处置时车站的工作组织。

学习目标

知识目标：

（1）掌握城市轨道交通接触网异物的种类；

（2）了解行车调度员处置接触网异物的内容；

（3）掌握接触网异物的处置时机；

（4）了解受电弓无法升起时的处置程序。

能力目标：

（1）能够识别不同类型的接触网异物；

（2）能够正确地清理接触网异物；

（3）能够准确把握接触网异物的清理时机。

素质目标：

（1）提升学生安全作业的意识；

（2）树立学生的优良学风；

（3）增强学生的问题意识。

视频

巩固提高

测试

巩固提高

知识准备

5.2.1　接触网悬挂异物处置

接触网悬挂异物按性质可分为轻飘物体和较大物体。

常见的轻飘物体主要有小型、轻薄、易熔的塑料袋及较短的丝带类绳带物；常见的较大物体主要有较大塑料袋、气球以及较长的尼龙绳、麻绳等相对粗重的绳带物。

接触网异物按对行车的影响可分为对列车运行无影响和有影响两种情形。悬挂于承力索和吊弦位置处的轻飘物体，如果体积较小、长度较短、没有触及接触网导线，不容易缠绕在受电弓上，对行车没有影响；承力索和吊弦位置处的悬挂异物，如果体积较大、长度较长、相对较重且触及接触导线，或是接触导线上的悬挂物，就容易缠绕在受电弓上，对行车造成严重影响。

1. 确认报告

列车驾驶员在列车运行过程中发现接触网悬挂异物时，应减速或停车，确认异物悬挂位置和悬挂状态，判断是否影响行车。向行车调度员报告：接触网悬挂异物的确切地点，如具体的车站、区间位置；悬挂物的类型、特点、悬挂位置及是否影响行车；根据对本列车行驶的影响，计划采取的处置办法。

车站人员发现接触网及受电弓带有异物时，也应迅速报告行车调度员。

2. 列车运行办法

接触网悬挂异物不影响行车时，向行车调度员报告后，列车按正常速度通过。

接触网悬挂异物影响行车时，向行车调度员报告后，降低速度，降弓滑行通过异物悬挂地点，再升弓按正常速度运行。如果列车位于长大坡道处，列车驾驶员可将列车前弓降下，以较低的速度运行，待前弓越过该悬挂物后停车；再升起前弓，降下后弓，起动列车，以较低的速度运行，让该悬挂物越过后弓后恢复正常速度运行。

如果上述办法不能处置时，列车在接触网异物悬挂地点前停车，向行车调度员报告，以请求支援。等待行车调度员指派的有关人员到该处清理异物，在停车等待期间，通过广播安抚乘客。待接触网异物清除完毕后，恢复列车运行。

3. 行车调度员的处置

行车调度员接到接触网上悬挂异物的报告后，安排清除异物的工作，在清除过程中，可以停止续行列车的运行，必要时对相关列车进行清客。

运营时间内，清除异物时，首先考虑是否需要对接触网断电，遇雷雨天气，因雷电及雨水的导电作用，有触电的危险，必须先将接触网断电后再做处置；其次决定派接触网维修人员还是车站人员进行清除。如果在非运营时间内发生接触网悬挂异物，或全线多处悬挂异物，应当由维修部门安排接触网专业维修人员前往清除；如果在运营时间内发生接触网悬挂异物，则指派车站人员携带必要的防护用品进行清除。

4. 车站的处置

（1）清除接触网异物的时机。区间接触网悬挂异物时，需要进入区间处置。距离车站较近时，徒步去往区间。距离车站较远时，可搭乘列车进入区间，到悬挂地点停车清除，作业完毕后搭乘列车到前方站下车，再乘其他列车返回本站。

站内接触网悬挂异物时，根据列车的位置决定清除的时机。列车尚未进站时，按压紧急停车按钮防护后清除；列车在车站停车，异物不影响行车时，待列车出站后再清除；列车在车站停车，异物影响行车且位于列车前方时，通知列车驾驶员停车待令，并按压紧急停车按钮防护后清除；列车在车站停车，异物影响行车，并且位于列车顶上无法处置时，列车按上述无法滑行的办法，降低速度通过悬挂物后清除。

（2）绝缘杆的检查。使用绝缘杆前，应认真进行检查。常用绝缘杆有分节接扣式和伸缩式，无论哪种，都应确认节杆之间连接牢固，没有松动脱落，表面无损伤，要特别防止绝缘杆潮湿导电，发现有水珠，必须使用干布擦拭干净、保持干燥。

（3）清除接触网异物的办法。接到行车调度员清除接触网异物的指示后，车站立即派人前往现场。操作人员应穿戴绝缘手套、绝缘靴和荧光衣，使用规定的绝缘杆，至少两人在场，一人清理、一人防护。到达现场后，从列车开来方向短路轨道电路，做好防护。操作人员双手持绝缘杆绝缘部分，人员与绝缘杆均不得侵入邻线，站稳站牢，不得站于钢轨上，注意观察脚下情况，防止绊倒。

清理异物时，要根据异物的材质、大小和悬挂方式，分别采取不同的清理方式。当异物缠绕于接触网时，反复上挑，直至异物变为悬挂后，以下拽方式将异物清除，下拽时发现黏着力较强，不可大力拉拽，以免造成接触网损伤。为防止损坏设备，保证安全，接触杆金属部分应避免触碰接触网，也应尽量避免同时与接触绝缘子和铁网架接触；避免重击绝缘子，发现绝缘子损坏，应停止清理工作，并向行车调度员汇报。即使异物较大较长，也不得徒手与异物接触。

异物清除完毕，清理现场，撤除短路轨道电路用具，迅速返回站台，及时向行车调度员汇报，以便尽快恢复运营。

5.2.2 受电弓无法升起的应急处置

1. 故障现象

受电弓选择开关在"全弓"位，驾驶员按压"升弓"按钮，全列受电弓无法升起：列车监控显示屏上显示无网压，逆变器无电压和频率输出。

2. 故障分析

正常升弓的条件如下：①操纵台激活。②总风缸压力达到最小工作气压。③控制电压达到最小工作电压。④没有使用车间电压供电。

这些条件有一项不满足，即可能产生受电弓不能正常升起的故障。

3. 故障处置

（1）按压升弓按钮 2~3 次。

（2）通过列车监控显示屏检查列车激活状态是否正常。

（3）检查列车总风缸压力是否低于 300 kPa；若低于 300 kPa 但蓄电池电压在 84 V 以上时，按压"升弓泵启动"按钮，待列车监控显示屏上"不可升弓"图标消失后，重新按压"升弓"按钮：若蓄电池电压不足，则不进行升弓。

（4）若仍不能升弓，检查受电弓控制保险是否闭合：若跳开，则重新闭合：若保险无法闭合，换端进行试验。

（5）以上检查确认列车激活状态，总风缸压力、保险均正常时，换端操作试验。

（6）换端试验无效时，将情况报告，等待检修人员处置。

4. 注意事项

若列车驾驶员故障处置失败，需原地等待救援，此时要确保列车制动。行车调度员根据实际情况进行列车运行调整，尽可能维持线路的运营，降低影响。面向全线进行广播，通报故障处置情况。行车调度员要求邻近车站做好相应的清客与乘客解释工作。

🔧 任务实施

任务场景	校内实训室
任务分组	在这个任务实施中，采用分组的方式进行，每 5 人为一组，通过自荐或推荐方式选出组长，负责本组任务实施的组织，实施过程中小组成员要相互帮忙，共同完成任务

续表

任务场景	校内实训室
任务实施	各小组根据以上任务描述，完成以下任务实施过程。 （1）针对该突发事件绘制列车运行调整示意图。 ①原因分析。 请说明a. 接触网悬挂异物的原因有哪些。b. 接触网悬挂异物会造成哪些危害？ ②列车运行调整方法 请说明列车运行调整的方法有哪些。 ③绘制列车运行调整示意图。（条件不足部分自行拟定） （2）小组内成员模拟接触网悬挂异物的处置，并拍摄视频。 ①处置方法。 请说明不同接触网异物的处置方法。 ②安全注意事项。 请说明a. 处置接触网异物的时机。b. 处置接触网异物时的安全注意事项有哪些。
任务要求	（1）提交的列车运行调整示意图需将车站、线路、列车的位置标示清楚，列车运行调整方法安全可靠，图纸背面须有小组成员分工说明及成员贡献率。 （2）提交视频需满足以下要求：展示中需要有团队名称及每人扮演的角色说明；视频拍摄可利用晾衣竿等安全工具，不可利用电线等危险道具；视频以小组为单位提交一份；视频文件名命名为"××班××组××（姓名）"；需要有片头及片尾，片头包括片名、班级、组别、组员姓名，及扮演角色分配等环节字幕，片尾包括谢谢观赏等字幕。正片中关键环节需要添加字幕或特效
任务反思	（1）学到的理论知识有哪些？ （2）掌握的实操技能有哪些？ （3）在任务实施过程中，个人自身素养提升方面有哪些收获？ （4）处置接触网异物的工作有哪些现代科技可以替代。

任务评价

序号	评价项目	评价指标	分值	自评（20%）	互评（20%）	师评（60%）	合计
1	知识目标（25分）	掌握城市轨道交通接触网异物的种类	5				
		了解行车调度员处置接触网异物的内容	5				
		掌握接触网异物的处置时机	10				
		了解受电弓无法升起时的处置程序	5				
2	能力目标（50分）	能够识别不同类型的接触网异物	15				
		能够正确地清理接触网异物	20				
		能够准确把握接触网异物的清理时机	15				
3	素质目标（25分）	提升学生安全作业的意识	10				
		树立学生的优良学风	5				
		增强学生的问题意识	10				
合计			100				
综合得分							

拓展阅读

地铁中枢神经的守护者孙树旗，是××地铁运营公司的一名信号工区长。所有的故障抢险中，道岔故障因影响面较大、抢修时间有限，特别具有挑战性。为了解决道岔难题，孙树旗梳理大量故障案例，深入研究设备图纸和原理，总结提炼出"道岔控制故障快速修复"六步操作法。此项创新工作法改变了传统故障查找模式，利用研发出的"道岔故障模型诊断卡"，仅需6个步骤就能迅速找到并修复故障点，解决了道岔故障诊断困难，使故障处置时间平均节省50%以上，大幅度减轻了由于设备故障给地铁安全运营带来的影响。在天津地铁1号线信号系统改造任务中，他带领团队"见缝插针"式地完成了770 km的光电敷设、476套应答器、296架机柜等信号设备的安装调试，整体施工技艺堪比国外水平，创全国之最。他还带领组员累计修复显示屏和各种电路板 60 余块，节约维修成本合 50 余万元。

匠人匠心，孙树旗扎根地铁工作 33 年，勤勤恳恳，默默为天津地铁奉献了青春。我国地铁的快速发展，离不开诸多像孙树旗这样匠人，更离不开他们无数个日日夜夜的付出。

任务 5.3　分析城市轨道交通列车牵引制动系统故障及应急处置

任务引入

19：24 分，1012 次列车在 M 站至 N 站区间突发到站前发生制动系统故障，具体如图 5.2 所示，列车制动故障，驾驶员处置后无法恢复，请求救援。

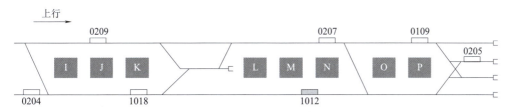

图 5.2　列车故障示意图

学习目标

（1）编制该突发事件的应急处置方案；
（2）模拟 M 站对该事件的处置。

知识目标：

（1）了解城市轨道交通牵引系统的构成及原理；
（2）了解城市轨道交通制动系统组成与控制原理；
（3）掌握列车牵引制动系统故障救援组织原则；
（4）熟悉列车牵引制动系统故障救援的行车组织模式；
（5）掌握列车牵引制动故障救援的应急处置程序。

能力目标：

（1）能够绘制列车牵引制动故障时的处置程序图；
（2）能够正确运用救援组织原则；
（3）能够编制列车牵引制动故障应急预案。

素质目标：

（1）培养学生的科学家精神；
（2）培养学生吃苦耐劳的劳动精神；
（3）树立学生的集体主义意识。

视 频

巩固提高

测 试

巩固提高

📋 知识准备

5.3.1　列车牵引、制动系统基础

1. 牵引系统

1）牵引高压系统

牵引高压系统包括受流器、熔断器、高速断路器、滤波电抗器、VVVF 牵引逆变器、牵引电机、制动电阻和接地开关箱等。

2）牵引控制系统

牵引控制系统主要由驾驶员控制器、各指令开关、各种继电器、列车控制与管理系统（TCMS）和牵引控制单元（DCU）等构成，通过一系列接触器、继电器等器件的"接通"和"断开"来传递控制与检测信号，从而进行列车有关牵引的控制指令及状态的给出、传输和诊断等，实现列车牵引及电制动控制、电传动系统故障保护等。

2. 制动系统组成与控制原理

1）组成与原理

制动系统是制动装置在驾驶员或其他控制装置（如 ATC 等）的控制下，产生、传递制动信号，并对各种制动方式进行制动力分配、协调的部分。

制动控制系统主要有空气制动控制系统和电控制动控制系统两大类。城市轨道交通车辆上采用的动力制动形式主要有再生制动和电阻制动，都是非接触式制动方式。

在制动初期，车辆电机转化为发电机，将列车制动产生的动能经过 VVVF 逆变器整流转变形成直流电输送到接触网给别的列车使用和供给本列车的辅助用电系统，此时发生的就叫作再生制动。

如果制动列车所在的接触网供电区段内无其他列车吸收该制动能量，VVVF 则将能量反馈在线路电容上，使电容电压迅速上升，当达到最大设定值 1 800 V 时，DCU 启动能耗斩波器模块上的门极可关断晶闸管 GTO，GTO 打开制动电阻，制动电阻与电容并联，将电机上的制动能量转变成电阻的热能消耗掉，即所谓的电阻制动。

2）制动模式

（1）常用制动。

常用制动是指用以调节列车运行速度或使列车在预定地点停止的制动方式，可通过驾驶员控制器、ATP 系统、自动控制系统等系统施加，采用电空混合制动并优先使用电制动。

（2）紧急制动。

紧急制动是在列车行驶过程中或是在遇到紧急情况时，能在最短距离内将车停下的制动方式。

（3）保持制动。

保持制动是一种使停止的列车保持静止的制动控制方式。正常状态下，只要列车处于静止，保持制动就会自动施加，可以防止列车停车时受到外力作用溜车，或防止在坡道上停车时列车意外移动，同时也能防止列车在坡道上启动时产生倒溜。

（4）停放制动。

停放制动是纯机械控制的制动，由弹簧的压缩力施加。在列车停车后，一旦总风缸压力下降到某一设定值，停放制动便能够自动施加；当总风缸压力恢复后，停放制动能自动

缓解，也可以通过驾驶操纵台上的停放按钮实现停放制动的施加与缓解。

5.3.2　列车故障救援组织原则

列车故障救援，指电客车在正线或必经辅助线运行，当发生车辆故障（主要包括车辆供电、牵引、制动、控制回路类故障），无法凭自身动力出清正线线路，造成行车中断，需要组织状态良好的电客车将故障车拖离所在线路的情况。

正线运行的列车发生故障需要救援时，应从正常运行的列车中选择一列来充当救援车。救援车将故障车移出运营线路，疏通被阻塞的线路，才能恢复正线的正常运营。在救援时，首先应遵循"顺向救援"的原则，防止列车冲突，确保正线其余列车的正常运行。

1. 时间控制原则

由于故障车地点不同，救援造成影响正线行车的时间亦随之不同，因此，救援应急处置影响时间以中断正线行车时间为评价标准。中断正线行车时间由以下部分组成：故障处置时间、连挂准备时间和连挂时间。

2. 合理利用资源原则

当发生车辆故障需要组织救援时，需要合理调配资源，压缩各环节的完成时间。

3. 灵活制定方案原则

在正线运行的列车故障时，多数情况会造成正线行车中断，需要进行救援。但在少数情况下（如折返线、存车线及出入段线故障时），也可以通过灵活制定行车组织方案，避免救援，以减少故障影响。

5.3.3　列车故障救援的行车组织模式

根据地铁站线、配线的设计不同，以及故障车的存放地点不同等，列车故障救援的基本行车组织模式有故障车送回车辆段模式、故障车送入就近车站的存车线模式、故障车送入最近的终点站折返线模式等 3 种。

1. 故障车送回车辆段模式

用正常列车将故障车推送/牵引回车辆段。这种行车组织模式在救援前，故障车及救援车的前后方的正常运行列车都会受到严重的影响，且会导致运营紊乱；但实施列车救援后，影响逐渐减弱，直至连挂的救援车出清正线运行至车辆段后为止。

2. 故障车送入就近车站的存车线模式

用正常列车将故障车推送入就近的车站存车线。这种行车组织模式，将大大减少救援时的持续时间，起到释放关键资源、减少故障对正常运营干扰的作用；但这种救援模式会减少正线线路的灵活性和变通性，当有其他故障或应急情况下，该占用的存车线就不能使用。

3. 故障车送入最近的终点站折返线模式

用正常列车将故障车推送入就近的终点站折返线。该模式能够一定程度地降低救援时对正线运营的影响，但是会使双折返线的终点站丧失一条折返线的功能，折返能力及灵活性将受到影响。

5.3.4　列车牵引制动故障救援的应急处置程序

行车调度员接到驾驶员、行车值班员的救援请求后，应向有关车站或车辆段发布开行救援列车的命令，及时组织备用车上线救援；如果救援列车使用运行中的客车时，则必须清客后空车救援。

列车在车站或区间发生故障后，驾驶员根据《车辆故障处置指南》对故障现象进行判断和处置，同时报告行车调度员；行车调度员扣停后续列车，对全线列车运行进行调整，并联系车辆检修调度员向驾驶员提供技术支援；当驾驶员判断故障不能排除或达到一定的时间标准时，行车调度员将组织列车救援；当救援列车连挂故障列车起动后，受阻塞的列车开始逐一恢复运行，待救援列车将故障车推进前方存车线或折返线（有条件时可以直接回车辆段），救援任务结束，救援列车重新投入运营服务。列车顺向救援时的应急处置程序如图 5.3 所示。

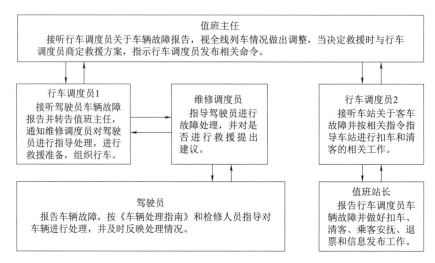

图 5.3　列车顺向救援时的应急处置程序

🔧 任务实施

任务场景	校内实训室
任务分组	在这个任务实施中，采用分组的方式进行，每 5 人为一组，通过自荐或推荐方式选出组长，负责本组任务实施的组织，实施过程中小组成员要相互帮忙，共同完成任务
任务实施	各小组根据以上任务描述，在完成以下引导问题的基础上，编制该突发事件的应急处置方案。 　　（1）发生该故障可能的原因有哪些？会造成哪些危险？ 　　（2）列车驾驶员应如何应对该突发事件？

续表

任务场景	校内实训室
任务实施	（3）M站、N站应如何处置该突发事件？ （4）行车调度员应处置该突发事件吗？并说明应如何进行列车运行调整。
任务要求	（1）提交的应急处置方案需包括故障风险分析、驾驶员处置、车站应对、行调调控、善后措施等内容。 （2）应急方案封面须有小组成员分工说明及成员贡献率，形成纸质版报告上交。 （3）应急处置方案书写规范
任务反思	（1）学到的理论知识有哪些？ （2）掌握的实操技能有哪些？ （3）在任务实施过程中，个人自身素养提升方面有哪些收获？ （4）关于列车牵引、制动系统有哪些最新的技术？

📈 **任务评价**

序号	评价项目	评价指标	分值	自评（20%）	互评（20%）	师评（60%）	合计
1	知识目标（25分）	了解城市轨道交通牵引系统的构成及原理	5				
		了解城市轨道交通制动系统组成与控制原理	5				
		掌握列车牵引制动系统故障救援组织原则	5				
		熟悉列车牵引制动系统故障救援的行车组织模式	5				
		掌握列车牵引制动故障救援的应急处置程序	5				
2	能力目标（50分）	能够绘制列车牵引制动故障时的处置程序图	15				
		能够正确运用救援组织原则	20				
		能够编制列车牵引制动故障应急预案	15				
3	素质目标（25分）	培养学生的科学家精神	10				
		培养学生吃苦耐劳的劳动精神	5				
		树立学生的集体主义意识	10				
	合计		100				
	综合得分						

📋 **拓展阅读**

孙琪是××地铁 10 号线××站值班站长。他认真钻研业务知识，积极参加各级技能竞赛，曾取得全国技能大赛行车值班员专业二等奖。由他编写的列车相关操作流程，被运营三分公司纳入了日常培训教学案例并进行推广学习。2019 年，孙琪荣获 "全国技术能手""全国交通技术能手""全国青年岗位能手" 称号，2022 年被××地铁公司党委授予"北京地铁大工匠" 称号。

作为值班站长和站区业务骨干，孙琪带头处置过多次设备故障和行车难题，将故障对车站乃至线路的影响降到最低。2018 年，10 号线车道沟站上行应急门发生故障，下行列车信号发生故障，上下行列车在车站均没有移动授权。当时正值晚高峰，列车间隔小客流量大，如果列车晚点 1 min 就会造成客流堆积等影响运营的严重后果。孙琪立即指挥综控员办理报修手续，自己携带设备赶赴现场，指挥站台人员进行 "互锁解除" 和应急门隔离等操作，指挥班组其他人员进行客流疏导。在整个班组的共同努力下，确保没有任何列车晚点。

宝剑锋自磨砺出，梅花香自苦寒来。孙琪从一名普通职工，到行车值班员专业全国总决赛第三名，再到 "全国技术能手""全国交通技术能手""全国青年岗位能手"，在务实重干中践行了工匠精神。

任务 5.4　分析城市轨道交通 ATC 系统故障及应急处置

🏹 任务引入

某城市轨道交通线路上线 10 列车，调度中心监控设备显示 P 站联锁区故障，同时 N 站、O 站、P 站报联锁设备故障，该区段 1206 次列车在区间紧急制动，0609 次列车在 O 站站台收不到速度码，经人工排路实验后行车调度员判断为站联锁区轨旁 ATP 故障。

（1）编制列车运行调整演示文稿。

（2）利用电话闭塞法组织 N 站至 P 站的行车工作。

视频

巩固提高

🌐 学习目标

知识目标：

（1）掌握 ATP 故障时的处置方法；

（2）掌握 ATS 故障时的处置方法；

（3）掌握 ATO 故障时的处置方法。

能力目标：

（1）能够绘制轨旁 ATP 故障处置的流程图；

（2）能够正确进行中央 ATS 故障时的应急处置；

（3）能够进行 ATO 故障时的客运组织工作。

测试

巩固提高

素质目标：

（1）增强学生的沟通能力；

（2）坚持问题导向，增强学生的问题意识；

（3）提高学生的创新思维能力。

📋 知识准备

5.4.1 ATP 设备故障应急处置

ATP 系统是 ATC 系统的核心，是保证列车运行安全的基础，由轨旁地面设备和车载设备组成。列车接收地面设备提供的该区段目标速度，ATP 控制列车不超过该速度运行，从而保证前后两列车的运行间隔。

1. 车载 ATP 设备故障处置

车载 ATP 设备故障时，列车会产生紧急制动，行车调度员接到列车驾驶员报告后，确认列车停车位置，指示列车驾驶员进行修复。故障无法修复时，行车调度员确认停车位置至前方出站信号机之间线路空闲、道岔位置正确且锁闭，指示列车驾驶员以 NRM 模式按规定速度运行，到适当车站后退出运营。

行车调度员必须严密监控故障列车的运行情况，严格控制列车的运行间隔。发现列车运行间隔过小时，采取紧急措施扣停跟随故障列车运行的列车。故障列车前方的列车因故停车时，立即采取措施保证安全间隔。

2. 轨旁 ATP 设备故障处置

轨旁 ATP 设备故障会导致在该区段运行的列车接收不到限速指令，但是列车越过故障区段后即可恢复正常运行模式，所以列车不需要清客退出运营。小范围的轨旁 ATP 设备故障对全线列车运行影响较小，但是大范围的轨旁 ATP 设备故障则可能造成全线列车阻塞。

轨旁 ATP 设备故障造成列车停车后，列车驾驶员应立即向行车调度员报告。行车调度员确认列车停车位置和故障区段，确认前方线路空闲、道岔位置正确且锁闭后，指示列车驾驶员以 RM 模式限速 25 km/h 运行。列车越过故障区段，收到车载信号后，恢复 ATO 模式运行。行车调度员同时向全线列车驾驶员发布调度命令，通知各次列车在故障区段采用 RM 模式运行，同时向有关车站通报故障情况，要求故障区段的车站加强列车监控。在故障期间，行车调度员要注意监控故障区域内的列车，控制好行车间隔。

3. 电话闭塞法

当基本闭塞设备或联锁设备因故障或特殊作业不能使用时，根据调度命令，由车站组织实施人工代用闭塞法。车站之间通过电话联系，人工组织列车运行，维持运营服务。各地电话闭塞法的程序略有不同，其基本程序如下。

第一步：行车调度员发布采用电话闭塞法行车的调度命令。

第二步：发车站查明前方线路空闲，向接车站请求闭塞后，准备发车进路。

第三步：接车站查明有关线路空闲，准备妥当接车进路，向发车站发出承认闭塞的电话记录号码，双方站填写《行车日志》。

第四步：发车站填写行车凭证（有的采用路票，有的采用行车许可证），确认行车凭证正确后，交与接发列车人员，指示发车。

第五步：发车站接发列车人员与列车驾驶员核对行车凭证，确认无误后交付列车驾驶员。

第六步：列车驾驶员接收行车凭证，确认发车条件具备，起动列车出发。

第七步：发车站向接车站及行车调度员报告列车出发时刻，双方站填写《行车日志》。

第八步：接车站指示接发列车人员接车，接发列车人员到站台端墙处显示停车手信号，待列车在停车手信号前对准停车标停妥后，收回行车凭证，划"×"注销。

第九步：接车站向发车站及行车调度员报告列车到达时刻，双方站填写《行车日志》。

电话闭塞法接、发车作业程序，具体见表5.2、表5.3。

表5.2　电话闭塞法接车作业程序

程序	作业标准	
	车控室（行车值班员）	站台人员（站务员）
1. 听取闭塞车请求	（1）听取后方站发车请求、复诵"××站×× 次请求闭塞"	
	（2）根据《行车日志》（或通过 LOW、CCTV）、调度命令确认站内线路空闲和区间线路空闲（第一趟列车与行车调度员、发车站共同确认）	
	（3）根据《行车日志》确认后方站线路空闲和区间线路空闲（第一趟列车与行车调度员、后方站共同确认）	
2. 检查及准备进路	（4）布置站台人员："检查×道，准备××× 道（上行或下行线）接车进路"	（5）复诵"检查×道，准备× ×次×道（上行或下行线）接车进路"
	（7）听取汇报后，复诵"××次×道（上/下行线）接车进路好了（线路出清）"	（6）将进路上的道岔开通正确位置并加锁，向行车值班员报告"××次××道（上/下行线）接车进路好了（线路出清）"
3. 同意闭塞	（8）通知发车站"电话记录××号××小时×分同意××次闭塞"，填写《行车日志》，准备接车	
4. 接车	（9）听取发车站的发车通知复诵："××次×× 小时××分开"，填写《行车日志》，并向前方站请求闭塞	
	（10）布置站台人员"××次开过来了，准备接车"	（11）复诵"××次开过来了，准备接车"。监视列车进站停车
	（13）复诵"××次到达"，填写《行车日志》，向行车调度员报点	（12）列车对位停车后，向行车值班员报"××次到达"
5. 开通区间	（14）列车本站开出后，向发车站报点"电话记录××号××次××小时××分开"，开通区间	

表 5.3　电话闭塞法发车作业程序

程序	作业标准	
	车控室（行车值班员）	站台人员（站务员）
1. 请求闭塞	（1）根据《行车日志》、调度命令确认区间线路空闲（第一趟列车与行车调度员、接车站共同确认）	
	（2）向前方站请求闭塞："××次请求闭塞"	
2. 准备发车进路	（3）布置站台人员："准备××次×道（上/下行线）发车进路"	（4）复诵"准备××次×道（上/下行线）发车进路"
	（6）听取汇报，复诵"××站××次×道（上/下行线）发车进路好了（线路出清)"	（5）将进路上的道岔开通正确位置并加锁，确认正确后，向行车值班员报告"××次×道（上/下行线）发车进路好了（线路出清)"
3. 办理闭塞	（7）复诵："电话记录××号，同意××次闭塞"	
	（8）填写《行车日志》	
	（9）布置站台人员填写路票	（10）根据行车值班员命令填写路票并向行车值班员复诵
	（11）指示站台人员向驾驶员交付路票后显示发车信号	（12）向驾驶员交付路票后，确认乘客上下完毕，列车车门关闭后向驾驶员显示发车信号
4. 列车出发	（14）复诵"××次出发"，填写《行车日志》	（13）列车出清站台区后，向车控室报"××次出发"
	（15）列车出发后，向前方站（接车站）（行车调度员）报点，"××次××小时××分开"。当列车尾部越过站台头端墙后，向后方站报点，"电话记录××号××次××小时××分开"，开通区间	
5. 开通区间	（16）复诵前方接车站"电话记录××号××次××小时××分开"，填写行车日志，开通区间	

5.4.2　ATS 设备故障应急处置

ATS 负责对列车运行进行自动监督与控制，能够完成排列进路、运行调整、列车识别、监测设备状态和记录列车运行实迹等功能，由位于控制中心的中央 ATS 设备和位于集中联锁站的本地 ATS 设备组成。

1. 中央 ATS 设备故障应急处置

当中央 ATS 设备故障时，控制中心失去数据显示，行车调度员确认各集中联锁站联锁设备正常，授权给联锁站控制，通知相关车站通过本地控制工作站（LOW）监控列车运行，将故障情况通报全线各站及各次列车，加强对列车的监控。

联锁站值班员确认 LOW 显示的报警信息为"RTU（车站远程终端单元）降级模式激活"时，表示车站级自动运行模式激活，车站时刻表功能可用，进路可自动办理，列车运行基本不受影响。如果 LOW 显示的报警信息为"RTU 降级模式未激活"时，表示车站级自动运行模式没有激活，车站值班员需要在 LOW 上人工排列进路。

各站应记录各次列车的到发时刻并及时填记《行车日志》，必要时按行车调度员的要求报点。行车调度员根据需要铺划列车运行图。

2. 本地 ATS 设备故障应急处置

当集中联锁站的 ATS 设备故障时，车站值班员与行车调度员互相通报并确认故障。故障集中联锁站设为自动通过进路，列车需要临时折返时设为人工排列折返进路，列车固定折返时可设为自动折返进路或人工排列折返进路。

列车越过故障区域后，行车调度员须及时输入车次。列车驾驶员应注意车次变化，遇车次显示错误或没有车次显示时，及时通知行车调度员输入正确车次。

一般情况下，车站应记录各次列车的到发时刻并及时填记《行车日志》，但无须报点，行车调度员无须铺划列车运行图。

5.4.3　ATO 设备故障应急处置

ATO 自动驾驶系统负责控制列车运行，能够自动完成列车的起动、牵引、惰行和制动等操作功能，并且在 ATP 授权下控制车门与屏蔽门。ATO 系统在 ATP 系统的安全监督下，完成 ATS 授予的运行任务，离开了 ATP 系统和 ATS，ATO 系统无法正常工作。

当 ATO 设备故障时，列车驾驶员报告行车调度员，列车转换为 ATP 超速防护下的人工驾驶模式（SM）运行，仍然能保证列车运行安全，对全线列车运行几乎没有不良影响。

任务实施

任务场景	校内实训室
任务分组	在这个任务实施中，采用分组的方式进行，每 5 人为一组，通过自荐或推荐方式选出组长，负责本组任务实施的组织，实施过程中小组成员要相互帮忙，共同完成任务
任务实施	各小组根据以上任务描述，完成以下任务实施过程。 （1）编制列车运行调整方案，以 PPT 的形式进行展示汇报。 ①风险分析。 请说明 ATP 设备故障会产生哪些风险。 ②现场处置情况。 请说明小范围和大范围轨旁 ATP 设备故障处置的区别。

任务场景	校内实训室
任务实施	③行调组织。 请说明行车调度员处置本次突发事件需要协调哪些方面？ ④制作汇报PPT。 （2）以小组为单位，模拟电话闭塞法过程并拍摄视频。 ①请说明电话闭塞法基本步骤。 ②结合本次突发事件进行模拟演练。
任务要求	（1）提交的PPT需包括事件简介、列车运行调整方法介绍、实际应用等内容，PPT每组提交一份，制作应图文并茂；文件名命名为"××班××组××（姓名）"。 （2）提交视频需满足以下要求：展示中需要有团队名称及每人扮演的角色说明；展示过程中道具自备，服装道具真实，符合场景要求；视频需要合并上交一个，不能上交多个不合并的视频文件；视频文件名命名为"××班××组××（姓名）"；需要有片头及片尾，片头包括片名、班级、组别、组员姓名，及扮演角色分配等环节字幕，片尾包括谢谢观赏等字幕。正片中关键环节需要添加字幕或特效
任务反思	（1）拍摄电话闭塞法视频时有哪些安全要点没有做到？ （2）在任务实施过程中，自己学到哪些内容？ （3）我国地铁目前在信号系统方面采用了哪些先进技术？

任务评价

序号	评价项目	评价指标	分值	自评（20%）	互评（20%）	师评（60%）	合计
1	知识目标（25分）	掌握 ATP 故障时的处置方法	10				
		掌握 ATS 故障时的处置方法	10				
		掌握 ATO 故障时的处置方法	5				
2	能力目标（50分）	能够绘制轨旁 ATP 故障处置的流程图	15				
		能够正确进行中央 ATS 故障时的应急处置	20				
		能够进行 ATO 故障时的客运组织工作	15				
3	素质目标（25分）	增强学生的沟通能力	5				
		坚持问题导向，增强学生的问题意识	10				
		提高学生的创新思维能力	10				
合计			100				
综合得分							

拓展阅读

蒋超鹉，××轨道交通集团运营分公司车辆中心乘务三分中心副经理，兼车辆中心第四党支部副书记，荣获全国"最美公交驾驶员"称号、广西五一劳动奖章。

在××地铁建设中，蒋超鹉一心扑进工地，用脚丈量，认真检验，消除施工中的各种安全隐患。在××地铁1号线全线 32.1 km 的钢轨、50 多条车辆段内线上，每一寸有钢轨的地方都留下了他的脚印与汗水。

在一年多的时间里，他共发现 13 个影响安全行车的重大安全隐患、32 个影响安全行车的一般安全隐患，这些安全隐患均在 2016 年地铁1号线首通段开通试运营前彻底进行了整改排除，为高水平、高质量、高标准开通付出了心血。

蒋超鹉还利用较为丰富的工作经验，制定了《客车驾驶员手册》《乘务应急处置手册》等管理规章制度，让行车管理有章可循。

　　与此同时，蒋超鹚还为××地铁培养出了 150 多名优秀地铁驾驶员及 60 多名班组管理骨干人员。他用坚持不懈的奉献精神，以实现轨道交通事业安全运营为使命，在岗位上发光发热。

任务 5.5　分析城市轨道交通屏蔽门故障及应急处置

任务引入

　　×年×月×日列车在 C 站上行线即将出发时，发现 03 号屏蔽门无法关闭，与列车联锁失效，导致列车不能正常出站。

（1）绘制该突发事件应急处置的海报。

（2）制定整侧屏蔽门不能关闭时的应急预案。

学习目标

知识目标：

（1）熟悉城市轨道交通屏蔽门的安全隐患；

（2）熟悉屏蔽门故障处置的原则；

（3）掌握不同情况下的屏蔽门故障处置方法。

能力目标：

（1）能够识别不同类型的屏蔽门的安全隐患；

（2）能够正确的处置不同的屏蔽门故障；

（3）能够进行屏蔽门故障时的客流组织。

素质目标：

（1）增强学生为乘客负责的奉献精神；

（2）培养具有全局观的系统思维；

（3）提高学生的团队协作能力与沟通能力。

视频

巩固提高

测试

巩固提高

知识准备

5.5.1　屏蔽门系统故障的安全隐患

屏蔽门系统故障主要会带来下列安全风险：

（1）屏蔽门突然开关，导致乘客跌落站台。

（2）屏蔽门玻璃脱落，玻璃碎渣砸伤乘客或者掉入轨道影响行车安全。

（3）屏蔽门倒塌，导致乘客跌落站台。

（4）屏蔽门漏电，导致乘客触电。

（5）屏蔽门门槛突起，导致乘客上下车时被绊倒。

（6）应急门无法打开，紧急情况下导致疏散受阻。

（7）滑动门无法打开，影响乘客上下车，导致列车晚点。

（8）端头门被列车进入站台时产生的气压推倒，使得乘客和站务员掉下路轨，造成伤亡。

（9）屏蔽门振荡，导致列车与屏蔽门碰撞，造成乘客及员工受伤或死亡。

（10）屏蔽门燃烧冒烟，导致站台失火，引起人员伤亡。

（11）乘客被屏蔽门和车门夹住或撞击，正常情况下影响乘客上下车，延误列车运行；紧急情况下延误疏散。

（12）屏蔽门在无列车进入站台时开启，导致乘客或员工跌入轨道。

5.5.2　屏蔽门系统故障处置原则和方法

（1）发生屏蔽门故障时，应坚持"在确保安全前提下，先发车后处置"的原则，当无法隔离（旁路）时，应先发车再处置。

（2）与信号系统联锁后，在 RM、SM、ATO 模式下屏蔽门均可实现与车门同步开关；在反方向运行及 URM 模式下，必须使用 PSL 开关屏蔽门。

（3）故障屏蔽门断电不能代替隔离（旁路）。

（4）因屏蔽门故障影响列车接发时，首列车接发不需使用互锁解除，后续列车（即自第二列起）使用互锁解除接发车。

（5）操作尾端 PSL 仅是在钥匙断在头端墙 PSL 锁孔时使用。

（6）对不能关闭的单个或多个滑动门，必须设置安全防护栏或安排专人看护。专人看护时，原则上每个人可监护五挡相邻屏蔽门。

（7）整侧屏蔽门不能开关时，车站安排不少于 3 人到现场支援。

（8）当一节车厢对应屏蔽门全部不能正常开启时，需至少手动打开一挡滑动门，并将其隔离（旁路）和断电，引导乘客上下车。

（9）故障屏蔽门修复后，由行车调度员负责组织，车站和驾驶员配合，利用下一列车进行一次相应侧的屏蔽门开关门试验。

（10）在无列车停靠站台需要人工手动打开单个或多个屏蔽门时，车站必须征得行车调度员同意，先将门隔离（旁路）和根据设备类型情况关闭电源，并密切注意 PIS 系统显示列车到站时间；当显示"列车即将到达"信息时必须停止操作。

（11）车站屏蔽门备用钥匙要求统一放在监控亭，站台岗站务员（或站台保安）（以下简称站台岗）负责保管。

（12）对已开启的屏蔽门进行断电前，须征得行车调度员同意，并按压紧急停车按钮防护。

5.5.3　屏蔽门故障的应急处置

1. 个别屏蔽门不能打开的处置

驾驶员驾驶列车正常进站停妥后，发现个别屏蔽门不能打开，报告行车调度员，延长在站停车时间，广播通知乘客从其他门下车。行车调度员通知全线列车进行速度控制，并做好广播安抚乘客的工作，安排维修单位到该车站排除故障。

车站工作人员发现屏蔽门故障或门头指示灯报警时，立即将故障屏蔽门隔离，在站台指引或通过广播，引导乘客从正常滑动门上下车。当一节车厢对应的屏蔽门全部不能打开时，至少手动打开一个滑动门，并将其隔离。

列车驾驶员待乘客乘降完毕，关闭车门和屏蔽门，起动列车出发。

待列车出发后，车站在故障门上张贴告示，对无法关闭的滑动门手动关闭，对乘客进行安全广播。

维修人员排除故障后，进行手动开关门测试，确认状态良好后，恢复屏蔽门的自动控制。

2. 整侧屏蔽门不能打开的处置

驾驶员驾驶列车正常进站停妥后，按压相应侧开门按钮，发现整侧屏蔽门不能打开时，再按压一次开门按钮，如果屏蔽门仍然不能打开，使用随身携带的钥匙，操作就地控制盘（PSL）进行手动开门，同时向行车调度员报告。

驾驶员使用就地控制盘（PSL）还是无法打开屏蔽门时，重复使用一次，仍然不能打开，报告行车调度员和车站。车站派人操作列车尾端站台的就地控制盘（PSL），仍然不能打开时，报告行车调度员。

使用就地控制盘（PSL）无法打开屏蔽门时，驾驶员通过广播指导乘客自行手动打开屏蔽门，车站工作人员使用钥匙手动打开部分屏蔽门，引导乘客从打开的屏蔽门乘降。原则上对应每节车厢打开的屏蔽门不少于一个，车站人员将打开的屏蔽门（包括乘客自行打开的）隔离。如果因打开的屏蔽门数量较多未能及时隔离，操作就地控制盘的互锁解除开关，以方便列车出发。

行车调度员通知全线列车进行速度控制，并做好广播安抚乘客的工作，安排维修单位到该车站排除故障。

车站对打开的屏蔽门使用隔离带进行安全防护，或指派专人看护。车站人员确认乘客上下完毕、站台安全后，向驾驶员显示"好了"的信号，驾驶员关闭列车门，起动列车出发。

待故障排除后，确认手动开关门测试良好，转为自动控制。撤除隔离，向行车调度员报告，全线列车恢复正常运行。

3. 个别屏蔽门不能关闭的处置

驾驶员或车站人员发现个别屏蔽门不能关闭时，报告行车调度员。站务人员立即将故障屏蔽门隔离，确认乘客上下完毕、站台安全后，向驾驶员显示"好了"的信号。列车驾驶员确认具备发车条件后，关闭列车门，起动列车。

待列车出发后，站务人员在故障门上张贴告示。对手动不能关闭的滑动门，设置安全防护栏或派人看护，对乘客进行安全广播。

行车调度员通知全线列车，并安排维修。

1+X城市轨道交通站务（中级）对该故障的处置有明确标准，具体见表5.4。

表5.4　1+X城市轨道交通站务（中级）单个站台门不能关门故障处置标准

项目	标准	分值	评分标准
站台门基本结构	手指站台门说出站台门结构： 滑动门、应急门、固定门、端墙门、LCB就地控制盒、应急推杆、门头灯	8	描述漏项或错项，每项扣2分；扣完为止

续表

项目	标准	分值	评分标准
LCB 就地控制盒操作	口述各挡位作用，各挡位开/关门是否影响信号	8	作用描述漏项或错项，每项扣2分； 影响信号关系，描述漏项或错项，每项扣2分
门头指示灯	口述门头指示灯灭灯、常亮、闪烁代表的意思	5	描述漏项或错项，每项扣2分
考评员将站台门设置在开门状态，站台门××方向、门头灯编号等提前布置好			
发现故障门	手指：×方向×号站台门门头灯	4	没有手指门头灯，扣2分； 指示错误，扣2分
	用对讲机汇报：×方向×号站台门门头灯亮，关门故障	3	未用对讲机汇报，扣2分； 汇报错误，扣3分
检查异物	检查站台门是否有异物，如有，清除异物	7	未手指门槽检查异物动作，扣2分； 未口述确认有无异物，扣5分； 未操作或错误，扣7分
处置故障站台门	用LCB钥匙将故障站台门的LCB转至"关门"位置（或转至就地控制位，手动关门）	10	LCB钥匙没有一次转到正确位置，扣5分； 试错2两次及以上，该项考核不通过，一项否决
确认故障站台门关闭	手指：×方向×号站台门门头灯	4	没有手指门头灯，扣2分； 指示错误，扣2分
	汇报：×方向×号站台门门头灯熄灭，关门成功	3	汇报错误，扣3分
显示信号	确认站台安全后，给驾驶员显示"好了"信号	10	未向列车方向打"好了"信号，扣5分，试错一次扣5分； 未操作或操作错误，该项不得分
考评员模拟驾驶员报告：列车收不到站台门"关闭且锁紧"信号（初级不考）			
PSL 盘操作	如驾驶员呼叫，列车没有接收到站台门"关闭且锁紧"信号（即站台门安全回路不通）立即前往端墙门内，操作PSL互锁解除，并口述操作时机	10	试错1次扣5分； 试错2次及以上该项考核通过； 未操作或操作错误，一项否决
张贴故障纸	给故障滑动门张贴故障纸（一般情况下张贴两张，每扇滑动门中间张贴1张，如当地企业有具体张贴位置的其他要求，按照当地要求执行）	5	没有按压贴纸防止脱落，扣2分； 没有张贴两张贴纸，扣2分； 未操作或操作错误，扣5分

项目	标准	分值	评分标准
考评员模拟驾驶员报告：列车收不到站台门"关闭且锁紧"信号（初级不考）			
故障门修复后恢复	待专业人员修复故障门后，列车出清站台后。用 LCB 钥匙，将故障门的 LCB 转至"自动"位置	5	未口述站台门修复、列车出清站台，扣 2 分，LCB 钥匙没有一次转到正确位置，扣 3 分；未操作或操作错误，扣 5 分
	取出钥匙，撤除车门故障纸	5	未取出钥匙，扣 5 分；未撤除车门故障纸，扣 3 分；操作错误，扣 5 分
	用对讲机汇报车控室：×方向×号站台门故障已处置完毕	3	未用对讲机汇报，扣 2 分；汇报错误，扣 3 分
手信号（6 选 1）	停车信号 展开的红色信号旗；无红色信号旗时，两臂高举头上，向两侧急剧摇动。红色灯光	10	信号旗或信号灯操作试错一次，扣 5 分；不会操作或操作错误，扣 10 分
	紧急停车信号 展开红旗下压数次；无信号旗时，两臂高举头上，向两侧急剧摇动。红色灯光下压数次		信号旗或信号灯操作试错一次，扣 5 分；不会操作或操作错误，扣 10 分
	发车（指示）信号 展开绿色信号旗上弧线向列车方面做圆形转动。绿色灯光上弧线向列车方面做圆形转动		信号旗或信号灯操作试错一次，扣 5 分；不会操作或操作错误，扣 10 分
	通过信号 展开的绿色信号旗。绿色灯光		信号旗或信号灯操作试错一次，扣 5 分；不会操作或操作错误，扣 10 分
	引导信号 展开黄色信号旗高举头上左右摇动。黄色灯光高举头上左右摇动		信号旗或信号灯操作试错一次，扣 5 分；不会操作或操作错误，扣 10 分
	好了信号 用拢起信号旗做圆形转动，伸直。手臂向行车股道划圆。白色灯光做圆形转动		信号旗或信号灯操作试错一次，扣 5 分；不会操作或操作错误，扣 10 分

4. 整侧屏蔽门不能关闭的处置

列车驾驶员准备出站时，按压相应侧关门按钮，发现整侧屏蔽门不能关闭时，再按压一次关门按钮，如果屏蔽门仍然不能关闭，使用随身携带的钥匙，操作就地控制盘（PSL）进行手动关门，同时向行车调度员报告。

列车驾驶员使用就地控制盘（PSL）还是无法关闭屏蔽门时，重复使用一次，仍然不能关闭，报告行车调度员和车站。车站派人操作列车尾端站台的就地控制盘（PSL），仍然不能关闭时，报告行车调度员，对乘客进行广播通知。

车站使用隔离带进行安全防护或指派专人看护，向驾驶员显示"好了"的信号，列车以限制人工驾驶模式（RM）出发。

行车调度员通知全线列车进行速度控制，并做好广播安抚乘客的工作，安排维修单位到该车站排除故障。向续行列车通报故障情况，要求列车驾驶员以限制人工驾驶模式（RM）进站并鸣笛。

5. 列车进出站时因屏蔽门故障发生自动停车或紧急制动的处置

列车进站时发生自动停车或紧急制动，列车驾驶员确认屏蔽门故障，报告行车调度员。如果进站自动停车后能收到速度码，列车正常进站；如果是紧急制动或收不到速度码，按行车调度员指示以限制人工驾驶模式（RM）进站。

站务人员发现列车自动停车或紧急制动时，立即查看屏蔽门状态及门头指示灯是否报警，同时报告车站控制室。如果门头指示灯报警，将该屏蔽门隔离；如果门头指示灯不报警，但屏蔽门全部关闭，就地控制盘（PSL）的"ASD/EED门关闭"绿灯亮，列车以限制人工驾驶模式（RM）出站；如果就地控制盘（PSL）的"ASD/EED门关闭"绿灯不亮，列车凭行车调度员的指示或站务人员"好了"的信号动车，并使用互锁解除来接发后续列车。

列车起动后突然紧急制动，列车驾驶员确认是屏蔽门故障导致后，报告行车调度员，按其指示以限制人工驾驶模式（RM）动车。

6. 屏蔽门玻璃碎裂时的处置

车站报告行车调度员，行车调度员通知全线列车广播告知乘客，并安排维修。车站立即疏散周围乘客，张贴告示并设好隔离带，对乘客进行安全广播，对该道屏蔽门加强监控与防护。用胶带纸将破碎玻璃粘贴好，手动打开左右两边滑动门，并对打开的屏蔽门及玻璃破碎的屏蔽门进行隔离处置。经过进一步检查，发现玻璃碎碴掉入轨道且影响行车时，向行车调度员报告并请示，做好防护后去轨道清理，清除干净后再次报告。由行车调度员通知全线列车恢复正常行车。

 **任务实施**

任务场景	校内实训室
任务分组	在这个任务实施中，采用独立完成的方式进行
任务实施	各小组根据以上任务描述，完成以下任务实施过程。 （1）绘制突发事件应急处置海报。 ①行车调度员。 请说明任务中行车调度员的事故处置步骤。 ②值班站长。 请说明任务中值班站长的事故处置步骤。 ③站台站务员。 请说明任务中站务员的事故处置步骤。 （2）编制此类事故的应急预案。
任务要求	（1）提交的海报应包括行调、列车驾驶员、值班站长、行车值班员、站台站务员等几部分内容，海报以 A3 纸绘制，布局要求合理； （2）提交应急预案需满足以下要求：每人提交一份，最终提交纸质版文件，文件名命名为"××班××（姓名）"；文件要求书写规范、字迹工整、用语标准
任务反思	（1）学到的理论知识有哪些？ （2）掌握的实操技能有哪些？ （3）在任务实施过程中，个人自身素养提升方面有哪些收获？ （4）我国目前最先进的屏蔽门系统采用了哪些高新技术？

任务评价

序号	评价项目	评价指标	分值	自评（20%）	互评（20%）	师评（60%）	合计
1	知识目标（25分）	熟悉城市轨道交通屏蔽门的安全隐患	5				
		熟悉屏蔽门故障处置的原则	10				
		掌握不同情况下的屏蔽门故障处置方法	10				
2	能力目标（50分）	能够识别不同类型的屏蔽门的安全隐患	15				
		能够正确地处置不同的屏蔽门故障	20				
		能够进行屏蔽门故障时的客流组织	15				
3	素质目标（25分）	增强学生为乘客负责的奉献精神	10				
		培养具有全局观的系统思维	5				
		提高学生的团队协作能力与沟通能力	10				
合计			100				
综合得分							

📖 拓展阅读

　　张辉是××地铁1号线××站的站务员。10月5日对于张辉来说是一个特殊的日子，是他和妻子结婚五周年纪念日，本来计划下班后给妻子买一件结婚纪念礼物，但是在10月5日凌晨接到单位的通知，因为小区封控有的同事不能到站接班，需要夜班人员值守车站承担站内日常保障工作，而他正是其中的一位，面对突如其来的情况张辉毫不犹豫的选择值守车站。给妻子打通电话说声抱歉，改日再为她补上。而电话接通后却是听到妻子说："我也要回到单位闭环管理，保障正常就医工作"。是的，他的妻子是一名医护人员。他们的女儿刚满两周岁，平日里也是由张辉的岳母照看，岳母本来想趁着国庆七天长假回老家待几天，可是他们夫妻在这个特殊时期接到通知后都毅然决然地选择了逆行而

◆◆◆◆◆ **255**

上。岳母为了支持他们的工作也是选择逆行从老家连夜赶回呼和浩特照看他们的女儿。他们也只有工作之余通过视频的方式和女儿聊天。

面对疫情他们夫妻毫不退缩，展现着地铁人的责任担当。就像当年的淮海战役，是人民群众用小推车推出来的胜利。也正是因为有无数像他们夫妻一样有担当的人在默默奉献，我们才能获得疫情的最终胜利。

任务5.6　分析城市轨道交通列车门故障及应急处置

 任务引入

×年×月×日8时33分，列车到达 A 站后，车门无法打开。列车驾驶员立即进行处置，不能消除故障，只好下车手动打开车门，现场清客。由于部分乘客不愿下车，故障列车载了这些乘客运行到 B 站，进车库检修。

（1）编制列车门故障的风险分析报告。

（2）练习手动打开屏蔽门。

测试

巩固提高

学习目标

知识目标：

（1）熟悉列车门的安全隐患；

（2）掌握列车门故障的处置原则；

（3）掌握不同列车门故障的处置方法。

能力目标：

（1）能够识别列车门的安全隐患；

（2）能够正确地处置不同的列车门故障；

（3）能够进行列车门故障时的客流组织。

素质目标：

（1）增强学生保障乘客安全的底线思维；

（2）培养学生的系统思维；

（3）树立制造强国的思想。

视频

巩固提高

知识准备

5.6.1　车门故障安全风险

（1）车门与屏蔽门之间夹人。

（2）车门开闭门过程中夹人。

（3）在列车非站台侧车门开启。

（4）列车运营过程中车门意外开启。

（5）切除未锁闭的车门。

不同类型客室车门故障的原因及风险分析如表5.5所示。

表5.5　客室车门故障初步风险分析

风险类型	故障原因		说明
车门故障及相关事故	自然灾害	地震	因地震冲击，造成车辆严重变形，车门无法正常打开或关闭
	人为因素	防护措施	列车或ATP对门的监控及联动控制被人为切除，造成诸如开着门启动列车等危险事故
	次生灾害	爆炸、撞车、脱轨、火灾	列车爆炸、撞车、脱轨、火灾等重大事故，引起车辆或车门电器或机械损坏，车门无法正常打开或关闭
	设备因素	车门与屏蔽门	屏蔽门车门控制时序不合理，或者屏蔽门应急设施设计不合理，车门与屏蔽门间隙过大，乘客被夹当中
		车门与站台	车体与站台边缘间隙过大，车辆地板面与站台高差太大，造成乘客踏空或摔倒
		车门结构	①门页强度、刚度设计不合理，外力作用下变形、移位； ②车门结构设计缺陷，如锁闭机构不能有效锁闭，导致车门不安全开启； ③紧急状况下不能通过紧急拉手打开车门； ④单门故障切除装置设计不合理，不能隔离故障车门并有效锁闭； ⑤门页护指橡胶设计不当，不能有效检测障碍物，或者造成被夹乘客夹痛、夹伤
		车门安全防护	①车门控制出错或失效，导致左右侧开门错误，或车门无法打开； ②门状态安全监控回路设计不当或出错，导致车门未锁闭状态下列车起动，或车门安全锁闭状态下，列车不能起动运行； ③紧急拉手设计不当，或监控出错，影响列车正常运营； ④零速信息失效，导致列车非零速时开门，或零速情况下门打不开； ⑤关门压力、缓冲控制功能及障碍物探测功能设计不当使乘客夹伤； ⑥开/关门提示信息不全，乘客被夹或摔出车门； ⑦联锁功能设计不当或失效，如门状态监控与牵引、紧急制动的联锁功能设计不合理，导致门在来回可靠关闭的情况下列车起动
		故障降级	各种旁路功能使用，如门状态监控旁路、ATP门监控功能旁路、ATP使能控制旁路等，防护功能失效引起的相关事故

5.6.2　车门故障处置原则

（1）尽量缩短在线故障处置时间。

（2）驾驶员需要处置车门故障及处置完毕后都应及时汇报行车调度员。

（3）出现非正常故障时，驾驶员尽可能进站停车。

（4）客室门不能关闭时，应进行列车清客，站务人员及时做好引导及安抚工作。退出服务时，列车在区间及通过站台时应限速运行。

5.6.3　常见的车门故障和应急处置方法

1. 个别车门不能打开

列车到站后，发现个别车门不能打开，列车驾驶员重复按压开门按钮，尝试重新开门。如果仍然不能打开，列车驾驶员立即向行车调度员报告车次、车辆编号、车门编号和故障状态。

行车调度员指示车站协助处置，要求站务员引导乘客从正常车门乘降。

站务员携带无线手持电台，前往故障车门处检查处置。站务员首先检查车门是否被切除，如果被切除，通知列车驾驶员将切除锁复位，车门恢复正常。如果车门没有被切除，故障仍然存在，将该门切除，在该门处张贴"车门故障暂停使用"的临时标志。

如果是一两个车门故障，继续投入运营；如果是多个车门故障，维持运行到终点站后清客，退出运营，回车辆段检修。

2. 全列车门不能打开

列车到站后，发现全列车门不能打开时，列车驾驶员再次按压开门按钮，尝试重新开门。仍然不能开门时，列车驾驶员通过广播安抚车内乘客，请求乘客暂时等候，向行车调度员报告车次与故障状态。

行车调度员通知列车驾驶员排除故障，并告知允许的时间。

列车驾驶员检查相应开关和按钮位置是否正确、作用是否良好，重新断合空气开关，尝试开门。仍然打不开车门时，列车驾驶员到列车后端驾驶室操纵，尝试打开车门。车门还不能打开，报告行车调度员无法排除故障。

行车调度员通知列车驾驶员就地清客，并通知车站协助。

列车驾驶员广播通知车内乘客配合清客，车站广播通知站台乘客不要上车。

站务员携带无线手持电台，前往故障列车处协助处置。

确认乘客全部离开列车客室，将所有开放的车门手动关闭，并将所有使用过的车门紧急解锁装置复位。

根据行车调度员的指示，空车运行至终点站，退出运营，入车辆段检修。空车运行过程中，为防止引起站台候车乘客误解，关闭客室照明。

3. 个别车门不能关闭

列车出发时，发现个别车门不能关闭，列车驾驶员重复按压关门按钮，尝试重新关门。如果车门仍然不能关闭，列车驾驶员广播通报车内乘客列车故障，暂时不能离站，安抚好乘客，并报告行车调度员车次、车辆编号、车门编号和故障状态。

行车调度员指示车站协助处置。站务员携带无线手持电台、螺钉旋具等工具，前往故障车门处检查处置。首先检查车门是否被切除，如果被切除，通知列车驾驶员将切除锁复位，车门恢复正常。如果车门没有切除，故障仍然存在，站务员检查门扇状态。如果门扇胶条变形，将胶条捋直，关闭车门，继续运营。如果门扇被异物缠紧或门槽内有异物，使用工具清除后，关闭车门，继续运营。如果异物不能清除、异物清除后故障仍然存在、没有异物但故障不能排除时，进行车门切除。

手动关闭车门，在该门处张贴"车门故障暂停使用"的临时标志。如果是一两个车门故障，继续投入运营；如果是多个车门故障，维持运行到终点站后清客，退出运营，回车辆段检修。

如果手动关门仍然无法关闭车门，报告行车调度员，考虑退出运营检修。

当车门间隙较小时，挂好门栅栏，在该门处张贴"车门故障暂停使用"的临时标志。站务员进入客室，在故障门处监护，确保乘客安全。列车维持运行到终点站后清客，退出运营，回车辆段检修。待列车返回车辆段后，跟车监护的站务员返回。

如果车门间隙较大，立刻就地清客，关闭客室照明，空车运行至终点站，退出运营，入车辆段检修。

4. 全列车门不能关闭

列车出发时，发现全列车门不能关闭，列车驾驶员重复按压关门按钮，尝试重新关门。如果车门仍然不能关闭，列车驾驶员通过广播通报车内乘客列车故障，暂时不能离站，安抚好乘客，并向行车调度员报告车次与故障状态。

行车调度员通知列车驾驶员排除故障，并告知允许的时间。

列车驾驶员检查相应开关和按钮位置是否正确、作用是否良好，重新断合空气开关，尝试关门。仍然不能关闭车门时，列车驾驶员到列车后端驾驶室操纵，尝试关门。车门还不能关闭，报告行车调度员无法排除故障。

行车调度员通知列车驾驶员就地清客，并通知车站协助。列车驾驶员广播通知车内乘客配合清客。

站务员携带无线手持电台，前往故障列车处协助处置。确认乘客全部离开列车客室，列车驾驶员操纵旁路开关，将控制车门开关的电气回路旁路，手动关闭车门。

根据行车调度员的指示，关闭客室照明，空车运行至终点站，退出运营，入车辆段检修。

5. 全列车门关闭后车门指示灯显示异常

全列车门关闭后，车门指示灯显示异常，列车无法启动。由站务员检查所有车门是否锁闭到位，发现没关闭到位的车门，手动关门并锁闭。如果确认车门已全部关闭并锁闭，但车门指示灯显示仍然不正常，根据行车调度员的指示办理。如果就地清客退出运营，做好对乘客的解释、安抚工作；如果维持运行至终点站再清客退出运营，列车驾驶员应在列车运行中随时注意车门状态，发现异常立即停车检查，防止列车走行中车门打开。

⚙️ 任务实施

任务场景	校内实训室
任务分组	在这个任务实施中，采用分组的方式进行，每2人为一组，通过自荐或推荐方式选出组长，负责本组任务实施的组织，实施过程中小组成员要相互帮忙、共同完成任务
任务实施	各小组根据以上任务描述，完成以下任务实施过程。 　　（1）进行该列车门事故案例分析，上交风险分析报告。 　①事故案例经过。 　　请说明事故概况。

任务场景	校内实训室
任务实施	②事故现场处置情况。 请说明现场处置情况如何？请分别列举。 ③事故分析。 请说明本次事故对你的启示是什么？如何避免类似事故的发生？ （2）两人一组，模拟手动打开列车门，并拍摄视频。
任务要求	（1）提交的分析报告需包括事故简介、原因分析、应急处置等内容，报告封面须有小组成员分工说明及成员贡献率，形成纸质版报告上交。 （2）提交视频需满足以下要求：展示中需要有团队名称及每人扮演的角色说明；展示过程中道具自备，服装道具真实，符合场景要求；视频需要合并上交一个，不能上交多个不合并的视频文件；视频文件名命名为"××班××组××（姓名）"；需要有片头及片尾，片头包括片名、班级、组别、组员姓名，及扮演角色分配等环节字幕，片尾包括谢谢观赏等字幕。正片中关键环节需要添加字幕或特效
任务反思	（1）学到的理论知识有哪些？ （2）手动关闭列车门和手动打开列车门的操作有什么区别？ （3）在任务实施过程中，在个人自身素养提升方面有哪些收获？ （4）地铁列车门采用了哪些先进技术？列车门和信号系统是如何联动的。

任务评价

序号	评价项目	评价指标	分值	自评（20%）	互评（20%）	师评（60%）	合计
1	知识目标（25分）	熟悉列车门的安全隐患	5				
		掌握列车门故障的处置原则	10				
		掌握不同列车门故障的处置方法	10				
2	能力目标（50分）	能够识别列车门的安全隐患	15				
		能够正确的处置不同的列车门故障	20				
		能够进行列车门故障时的客流组织	15				
3	素质目标（25分）	增强学生保障乘客安全的底线思维	10				
		培养学生的系统思维	5				
		树立制造强国的思想	10				
合计			100				
综合得分							

📋 拓展阅读

　　王蒲民是2011年××地铁引进的特殊人才。针对供电设备缺乏行之有效的深度检修手段的问题，他凭借在供电检修岗位多年的工作经验，带领10多人组成的技术攻关小组，设计建成了西安地铁"供电工程实验室"，为西安地铁节约了巨额平台研发建设费用。

　　为解决西门子装置面板纯英文标识不易识别等问题，王蒲民用自学的设备操作系统对设备软件进行了编译，将保护装置的各项重要参数直观显示在电子面板上，通过对重要标志进行汉化，极大地方便了员工的操作，既防止了人员走错间隔和误操作的概率，又提高了设备的可操作性和检修效率，强化了设备和人员生产安全。

　　"干工作要用心、要走心，看得多了，见得多了，技术自然就提高。"经过多年不懈的努力，认真负责的王蒲民在攻坚克难的道路上创建了"王蒲民技能大师工作室"，带出了一帮技术过硬的"徒弟"，他本人也先后荣获"职业技能带头人""工匠精神模范"等荣誉。

任务5.7　分析城市轨道交通供电中断故障及应急处置

任务引入

×年×月×日，2号线下午五点一刻左右，一列由河西开往仙林的二号线列车，在快进入大行宫地铁站时，由于接触网突然断电，停运静止在轨道上，该事故造成2号线延误达28 min，影响700多名乘客。

（1）绘制列车运行调整方案图。

（2）制定大行宫地铁站对该突发事件的应急处置方案。

测试

巩固提高

学习目标

知识目标：

（1）了解城市轨道交通大面积停电的危害；

（2）了解城市轨道交通大面积停电的处置原则；

（3）了解城市轨道交通大面积停电的应对措施。

能力目标：

（1）能够配合控制中心进行大面积停电的处置；

（2）能够进行大面积停电时的客流组织；

（3）能够配合其他岗位处置大面积停电。

素质目标：

（1）增强学生为乘客负责、为企业负责的责任意识；

（2）提升学生的集体主义意识；

（3）培养学生的创造精神。

视频

巩固提高

知识准备

5.7.1　城市轨道交通大面积停电的成因和危害

1. 城市轨道交通系统大面积停电的构成因素

1）电力设备故障

城市轨道交通电力设备故障，包括变电所的变压器发生故障、整流机组故障、断路器故障传输电缆故障、接触网（轨）故障以及电力SCADA系统故障等。

2）外界电网故障

当城市轨道交通所在市域的电力网发生故障时，也可能造成城市轨道大面积停运。

3）其他因素

自然灾害可能会对电网造成影响，进而引起停电；人为刻意的破坏，例如恐怖袭击、爆炸火灾都有可能会引起大面积停电，相关的地面施工和其他行为也有可能对电力系统造成破坏。

2. 城市轨道交通系统大面积停电的危害性

（1）影响乘客正常出行。

由于城市轨道交通以电作为动力，一旦供电中断，列车就面临运行瘫痪的危险，电客车停止运行并可能停在隧道。如果供电中断造成城市轨道交通停运，乘坐城市轨道交通的这部分客流就必然会在短时间内迅速转向地面交通，这对地面交通将是一个巨大的考验。

（2）产生瞬间大客流，短期难于疏通。

在人员疏散过程中产生瞬间大客流，易引起乘客恐慌，可能会造成踩踏、挤压等乘客伤害事件。如果大面积停电发生在客流高峰时段，疏散的难度必然加大。一旦客运组织不利，就很容易发生踩踏、挤压等乘客伤害事件，给乘客造成心理和身体上的双重伤害。

（3）用电设备无法工作，引发次生危害。

由于供电中断，可能造成通信信号机电等系统不能正常使用，从而引发次生故障和灾害。如：通信受影响，应急指挥乘客疏导不灵敏；空调、通风设备停运，列车、车站环境质量变差，排水不畅引发水淹钢轨、隧道；人员可能被困在电梯中；给水中断，消防、生活用水不能保证，可能发生火灾治安等事件。

（4）影响城市轨道交通在公众中的形象。

在发生大面积停电事件之后，乘客的利益受到损害，他们对城市轨道交通的认知度和忠诚度随之降低。由于涉众之广、影响之大，会使城市轨道交通企业的形象受到严重的负面影响，并在短时期内无法消除。

5.7.2　城市轨道交通大面积停电处置原则

城市轨道交通大面积停电突发事件的一大预防难点就在于其不可预知性，无论是其影响范围还是其危害程度都难以预测。所以当停电突发事件发生时必须把握相应的救灾原则，进而及时救灾，降低事故影响。

处置城市轨道交通大面积停电突发事件的主要原则如下：

（1）处置供电系统突发停电事件要求判断正确、反应快速、措施稳妥。按"以人为本、服务乘客、快速处置、尽快恢复，减少对运营造成的影响"为原则。

（2）实行高度集中统一指挥，各岗位员工要听从指挥和分工。

（3）做好停电后的设备保护工作。

（4）根据需要，在确保安全的情况下，恢复供电后尽快投入运营。

5.7.3　城市轨道交通大面积停电应对措施

1. 控制中心的应急处置工作

控制中心各岗位的应急处置作业程序见表5.6。

表5.6　控制中心各岗位的应急处置作业

序号	岗位	作业程序
1	控制中心	立即启动应急预案，向相关部门通报信息
2	电力调度员	判断故障原因、调整运行方式，尽快恢复供电且优先恢复折返站交流供电分区的供电。若是地方供电公司原因引起失电则加强与地方供电公司调度的联系，配合做好故障处置的有关要求，并做好恢复送电的准备工作
3	行车调度员	通知失电范围内的车站将站台门置于"常开"位，并将PSL（站台门控制台）打至"互锁解除"位；通知失电的折返站人工办理列车进出折返线的进路；要求驾驶员加强列车状态监控，发现网压异常时尽量维持进站。行车调度员根据列车折返完成情况，控制好行车间隔

续表

序号	岗位	作业程序
4	环控调度员	加强对 FAS、BAS 监控，确认失电车站的事故照明和导向是否正常开启，确认残疾人电梯内是否困人，确认环控设备故障情况并为恢复送电做好准备
5	维修调度员	通知供电、通信信号、机械自动化、工务等专业人员前往失电车站和变电所检查设备运行情况，为恢复供电做好准备。信号部门派人赶到折返站配合车站人员确认信号设备运行情况，为道岔设备恢复正常运用做好准备
6	客运值班员	向未受影响车站通报故障信息和列车运行晚点情况，及时与客服热线更新最新运营信息

控制中心根据停电的发展情况，做好城市轨道交通部分车站中断运营的准备工作。

2. 车站的应急处置工作

（1）增派工作人员、公安人员到站台，加强维持站台秩序。当站台门打至"常开位"时，及时做好乘客防护工作，防止乘客落入轨行区。

（2）控制进站客流，及时回收单程票，并向乘客做好 IC 卡更新等解释工作。

（3）确认车站事故照明和导向工作情况，如有异常及时报设备调度员，并穿上荧光衣，带好应急灯、手提广播，引导乘客出站。

（4）确认残疾人电梯内是否有人，并检查电扶梯是否有乘客跌伤。

（5）加强车站防火巡查和治安保卫工作。

（6）若折返站失电时，车站应立即派人带好无线手持台下线路，人工办理列车折返进路。

（7）必要时，根据控制中心指令做好关站的准备工作。

3. 驾驶员的应急处置工作

（1）加强列车运行状态监控和区间线路观察。如因区间照明亮度受影响，可以降低运行速度；在失电车站限速进站，并加强对站台轨行区的观察，以确保行车安全。

（2）发现列车网压偏低时，及时通知行车调度员并做好乘客广播宣传工作（在空调运行季节，将列车空调改为通风状态，以减少列车负荷用电）。

（3）在列车快到失电车站于停车前要进行人工广播，提醒乘客要按车站工作人员的引导出站。

（4）发现区间有积水情况时，及时通知行车调度员。

（5）在折返站折返时，要确认道岔开通方向是否正确及线路是否出清。

4. 相关专业人员的应急处置工作

（1）驻站人员听从车站值班站长安排，配合车站做好应急处置工作。

（2）检查各自专业所属设备故障情况，并防止故障的进一步扩大。

（3）确认 UPS 能正常工作，在快没电前应及时通知设备调度员。

（4）做好恢复供电前的准备工作，并确保各自专业设备房的消防安全。

（5）恢复送电后，确认各自专业设备功能满足正常运营条件后，向设备调度员汇报。

（6）在停电期间，车辆段信号楼的调度应密切关注基地信号设备的运行情况，做好非正常接发列车的准备工作，安排段内所有列车降弓，工程车驾驶员做好动车救援准备。

 任务实施

任务场景	校内实训室
任务分组	在这个任务实施中，采用分组的方式进行，每5人为一组，通过自荐或推荐方式选出组长，负责本组任务实施的组织，实施过程中小组成员要相互帮忙，共同完成任务
任务实施	各小组根据以上任务描述，完成以下任务实施过程。 （1）进行该事故案例分析，绘制列车运行调整方案图。 ①事故案例经过 请说明 a. 事故概况及案例经过。b. 哪些原因会导致本次事故的发生。 ②绘制线路图。 请说明自行补充该地铁的线路图。 ③列车运行调整。 根据线路图和事故描述，在下方空白处绘制列车运行调整方案图。 （2）编制大行宫站对该突发事件的应急处置方案。 ①客运组织措施。 ②行车组织措施。 ③出现拥挤、踩踏、突发急病的应急处置
任务要求	（1）提交的列车运行调整方案图，每人提交一份，绘制在引导问题下方。 （2）提交应急处置方案需满足以下要求：应急处置方案应包括客运组织、行车组织和应急处置等部分；展示中需要有团队名称及每人分工说明；文件每组提交一份；文件名命名为"××班××组××（姓名）"；文件需要设计有封面
任务反思	（1）学到的理论知识有哪些？ （2）掌握的实操技能有哪些？ （3）在任务实施过程中，个人自身素养提升方面有哪些收获？ （4）目前地铁在防止供电中断方面有哪些高新技术？

🔍 任务评价

序号	评价项目	评价指标	分值	自评（20%）	互评（20%）	师评（60%）	合计
1	知识目标（25分）	了解城市轨道交通大面积停电的危害	5				
		了解城市轨道交通大面积停电的处置原则	10				
		了解城市轨道交通大面积停电的应对措施	10				
2	能力目标（50分）	能够配合控制中心进行大面积停电的处置	15				
		能够进行大面积停电时的客流组织	20				
		能够配合其他岗位处置大面积停电	15				
3	素质目标（25分）	增强学生为乘客负责、为企业负责的责任意识	10				
		提升学生的集体主义意识	5				
		培养学生的创造精神	10				
	合计		100				
	综合得分						

📋 拓展阅读

张鼎立是××地铁一名普通的值班站长。

每到大客流来临时，他主动申请加班，到车站现场参与组织大客流组织工作，在面对大量乘客进出站时，做客控、搬铁马，组织乘客安全乘降。忙碌的背影好像随时都在说："别看我瘦弱，身体里可有大能量。"

为了车站安全运营工作，他运用业余时间，反复查阅规章制度、结合工作经验不断更新贵阳北站管理细则，参与制定车站现场处置方案，绘画中心站各站安全四色图、防汛作战图、设备操作"三部曲"、一站一预案等，把重点知识化繁为简帮助其他员工学习，为车站安全生产工作提供了有力保障。

于工作中薄弱环节他更是上心，经常为新同事培训、演练。每次发现问题都不厌其烦地给大家讲解，直到每个人都熟记于心才肯罢休。他时常激励自己："现在严格点、累点要克服，等真遇到突发状况时才不会慌张出错"。

因为责任，因为热爱，他在平凡的岗位上做出了不平凡的成绩，成为同事们的榜样，用自己的力量保障着地铁的运营安全。

任务5.8　分析全自动运营线路电客车故障及应急处置

任务引入

×年×月×日，某城市全自动运营线路上1102次列车发生故障，列车无法实现自动驾驶，需要运维介入进行运营。

假如你是一名运维人员，你会如何解决全自动运营线路上列车发生故障？

学习目标

认知目标：

(1) 熟悉城市轨道交通全自动运营线路电客车故障对行车组织造成的影响；

(2) 了解城市轨道交通全自动运营线路电客车故障的处置流程。

能力目标：

(1) 能够进行城市轨道交通全自动运营线路电客车故障的应急处置；

(2) 能够进行市轨道交通全自动运营线路电客车故障的安全卡控。

素养目标：

(1) 具备安全第一的底线思维；

(2) 培养学生的科学家精神；

(3) 树立质量强国的意识。

知识准备

5.8.1　应急处置原则

(1) 设备发生故障或地铁出现事件、事故时，各调度应按"以人为本、安全第一、先通后复"的原则处置，必要时，可组织小交路运行或启动应急公交接驳预案。

(2) 如故障、事件、事故伴有火情或出现危及员工、乘客的生命安全时（含在处置过程中出现），各调度立即按相应的处置程序执行。实施先救人、后救物，救人与处置事故同步进行的原则。

(3) 如在地铁范围内受到非地铁自身原因的外来因素影响，出现可能危及行车安全的事件时，应按"导向安全"的原则进行处置。运维工、车站等现场人员应以保护乘客生命安全为首要任务，及时采取有效措施，并报告控制中心，避免事件在地铁范围内造成更大影响。

(4) 列车在区间发生异常情况不影响运行安全时应尽量组织列车维持进站。

(5) 车站、运维工等现场人员报接触网、线路、车辆等设备出现异常情况时，中央智控调度在没有得到相关专业人员给出的安全保护措施前，应组织列车按应急程序附录表中要求，视情况组织运维工人工驾驶限速运行，直至相关专业人员提供相应的安全保护措施。

（6）当现场人员报设备发生异常暂不能判断是否对列车运行有影响，并且在相关规章内没有明确限速时，中央智控调度组织经过该区段的第一列车全自动运行模式限速 25 km/h 运行，并要求运维工打开盖板，密切关注行车相关设备情况，发现异常时，应立即采取紧急措施，必要时立即停车。

（7）全自动运行模式下开盖板时机：中央智控调度判断需要运维工介入的故障，通知运维工提前打开运维工台盖板做好人工介入准备；发生紧急情况危及行车安全的，运维工及时采用手持台联系中央智控调度，要求立即采取远程紧急停车措施，同时打开盖板操作紧急停车按钮。

（8）非全自动运行模式下，当车站、运维工等现场人员报由于各种原因造成瞭望不足控调度在没有得到相关专业人员给出的安全保护措施前，应组织列车按应急程序附录表中要求，视情况组织运维工人工驾驶限速运行，直至相关专业人员提供相应的安全保护措施。限速运行时，要求运维工密切关注行车相关设备情况；发现异常时，应立即采取紧急措施，必要时立即停车，中央智控调度立刻组织相关专业人员到现场处置。

（9）故障期间，抢修人员添乘的规定。

①专业人员搭乘电客车抢修作业，应在客室添乘（靠近运行方向驾驶区域）；如需添乘列车至区间下车作业时，组织列车清客后转手动驾驶，根据中央智控调度命令及专业人员要求运行至指定地点。

②在车站发生故障或突发事件组织列车越站时，原则上列车不能在越站车站停车，相关专业人员应搭乘地面交通到达车站，若遇相关专业人员确需乘坐列车前往故障车站时，中央智控调度组织列车清客后，专业人员添乘列车，空车运行至故障车站。

③若因站台火灾或遭毒气袭击等可能威胁人身安全或造成车内乘客恐怖的情况，中央智控调度不应安排专业人员添乘列车到故障车站。

（10）全自动运行模式下，列车广播播放由信息服务调度负责，列车广播优先使用全自动广播，收到全自动广播未播报的信息时人工点选预录制广播，无效时使用人工广播。非全自动运行模式下，列车广播播放由运维工负责。

（11）全自动运行模式下，乘客紧急对讲触发，由信息服务调度负责。非全自动运行模式下，乘客紧急对讲由运维工负责。

5.8.2 电客车故障应急处置程序

1. 处置程序

（1）电客车在正线发生影响运行的故障，全自动运行模式优先由中央智控调度远程处置，通知运维工做好人工介入准备，中央处置无效，运维工介入后人工处置。

（2）电客车在正线发生不影响运行的故障时，经中央智控调度及运维工处置后仍无法恢复，视情况组织该车运行至终点站退出服务，避免故障进一步扩大，并及时通知 DCC 调度派人检修。

（3）如中央智控调度不能明确判断为车辆或信号故障时，应将该故障同时通知 DCC 调度和运维管理调度，DCC 调度、运维管理调度接报故障后立即通知相关专业派人检查，并跟踪故障处置；中央智控调度及时向中央运营总调报告故障处置情况。

（4）当运维工或现场专业人员发现车辆出现持续晃动、走行部位异响等影响行车安全的情况时，需立即向中央智控调度报告，中央智控调度按照列车异响应急处置程序组织行车。

（5）当非专业人员报告车辆出现持续晃动、异响时，中央智控调度立即要求运维工确认，如确认情况属实，则按上述（4）执行。如确认正常，视情况组织该车在终点站退出服车。

（6）当非专业人员报告车辆出现持续晃动、异响时，中央智控调度立即要求运维工确认，如确认情况属实，则按上述（4）执行。如确认正常，视情况组织该车在终点站退出服务，安排车辆专业人员检查。

（7）救援启动条件：电客车因故障迫停，远程处置时间为 2 min，运维工就地处置时间原则上为 4 min，若运维工确认无法处置或 6 min 仍不能动车时，启动电客车故障救援程序。

5.8.3　电客车故障处置流程图（图 5.4）

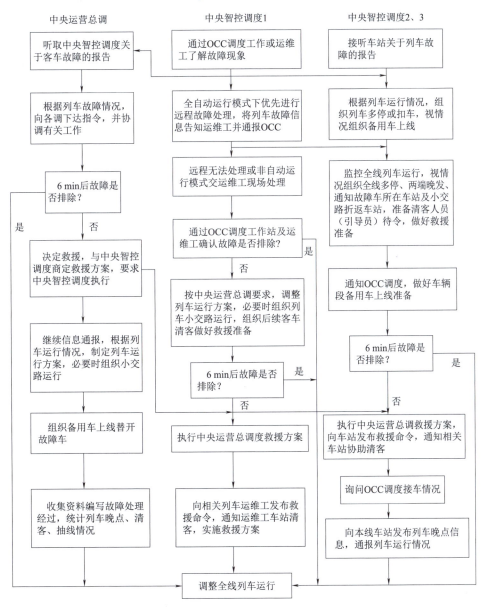

图 5.4　电客车故障处置流程图

5.8.4 电客车故障救援行车组织方案

（1）实施救援时，原则上使用电客车担任救援任务；担任救援任务的电客车，原则上在被救援车后方站清客空车前往救援。但遇到前方客车故障需要救援，后续载客列车已经进入区间时，可组织载客列车担任救援任务，连挂故障电客车后停靠的第一站为清客站（两列车均组织清客）。

（2）若使用工程车担任救援任务时，按以下要求执行：正线电客车故障需要救援时，首先组织电客车担任救援任务，若电客车不具备担任救援列车条件时，使用工程车担任救援任务。

（3）发生电客车故障救援时，运营遵循有限度列车服务的原则，视情况组织列车小交路或单线双向运行；列车的运行间隔由中央智控调度组织调整，在中间站折返至上行线或下行线需清客时，及时通知相关车站和运维工。

（4）出现列车故障救援时，视全线列车运行情况组织备用车上线调整运行。

（5）在故障明确可以进行准确判断后，中央智控调度按以下的行车组织方案执行，并在确保安全的前提下灵活处置；若在各项前提条件不满足，或故障不明显、判断偏误下，可采取机动灵活的措施进行行车组织。

（6）救援时，救援列车需退出全自动运行模式，运维工人工介入，以 AM－CBTC 模式运行至推荐速度为零后转 EUM 模式限速与故障车连挂。

任务实施

任务场景	电客车实训室
任务分组	在这个任务实施中，采用分组的方式进行，每 5 人为一组，通过自荐或推荐方式选出组长，负责本组任务实施的组织，实施过程中小组成员要相互帮忙，共同完成任务
实施过程	（1）写出 1102 次在线路中发生故障处置方案。 ①故障分析过程及结果。 ②结合应急预案写出处置过程联控用语。 ③故障处置方案制定。 （2）3 人一组模拟演练完成 1102 次运维介入故障处置流程，录制视频报告。
任务要求	（1）解决方案、应急预案以文本方式上交，需绘制出处置流程图。 （2）需要有片头及片尾，片头包括片名、班级、组别、组员姓名，及扮演角色分配等环节字幕，片尾包括字幕

续表

任务场景	电客车实训室						
任务反思	(1) 学到的理论知识有哪些？特别是城市轨道交通全自动运营线路中应急处置的原则是什么？城市轨道交通全自动运行模式下开盖板时机是什么？ (2) 掌握的实操技能有哪些？ (3) 在任务实施过程中，在个人自身素养提升方面有哪些收获？ (4) 说说无人驾驶列车较有人驾驶列车的优势有哪些？						

🔍 任务评价

序号	评价项目	评价指标	分值	自评（20%）	互评（20%）	师评（60%）	合计
1	知识目标 （25分）	熟悉全自动运营线路中应急处置原则的知识	5				
		能掌握全自动运行模式下开盖板时机知识	10				
		能掌握电客车故障救援行车组织方案的知识	10				
2	能力目标 （50分）	能正确掌握全自动运行模式下开盖板时机	15				
		能具备制定电客车故障救援行车组织方案的能力	20				
		能具备电客车故障判断的能力	15				

续表

序号	评价项目	评价指标	分值	自评（20%）	互评（20%）	师评（60%）	合计
3	素质目标（25分）	具备安全第一的底线思维	5				
		培养学生的科学家精神	10				
		树立质量强国的意识	10				
合计			100				
综合得分							

📋 拓展阅读

丁鼎 2013 年就职于××地铁运营分公司企业发展部计划统计岗，先后参与推动 6S 生产班组建设、"三标一体"管理体系咨询及认证、制度体系管理、标准化工作、精细化管理等运营管理工作。自入职以来，时刻以优秀共产党员标准严格要求自己，热爱轨道交通事业，勇于担当、爱岗敬业、兢兢业业、奋发进取、开拓创新、务实奉献，在 2013 年至 2015 年的年度考核中，连续被评为"优秀"，先后被评为 2014 年度青年先锋岗，获得 2015 年度运营分公司总经理特别奖。

一、甘于奉献、忘我工作、业绩突出

2013 年，丁鼎通过公开招聘正式入职轨道公司，入司以来，在运营管理工作岗位上，积极学习运营管理知识，凭借扎实的理论知识和雷厉风行的工作作风，出色参与完成了多项分公司级的重点管理提升工作。

2014 年，为进一步提高生产班组的现场管理能力，提升地铁运营的安全和服务品质，运营分公司启动 6S 生产班组建设工作，因是开创性的全局工作，面临无参考、任务重、要求高的局面，80 个班组的沟通协调工作极为繁重，作为主要推动人，丁鼎深感责任重大，义无反顾地勇挑重担，全身心投入到工作中，充分发挥主观能动性，他深入班组调研一线生产现状，询问一线生产人员的作业操作，记录班组人员的建议，晚上反复研读 6S 管理书籍，学习研究 6S 理论要义，多次组织参与 6S 生产班组建设讨论会，充分征询和吸收各生产部门中层领导的思路和意见，最终参与构思三阶段 6S 生产班组建设思路，并编制《6S 生产班组标准手册》，主要包含推行要领、39 条建设标准以及评价标准，为 6S 生产班组建设提供了统一标准科学的实施标准，有的放矢地指导 6S 生产班组建设。2014 年下半年，全面实施 6S 生产班组建设期间，丁鼎心系一线班组，奔波忙碌，他不是在深入一线生产班组调研建设进度，就是在协调解决建设过程中出现的各类问题，始终用高度的责任感和严谨认真的工作态度推动 6S 生产班组建设工作，圆满完成 80 个生产班组的 6S 生产班组建设工作，一线生产班组的工作环境焕然一新，生产现场井然有序，培养了员工良好的工作习惯，极大增强了班组员工的归属感和凝聚力，显著提升生产班组的生产现场管理水平。郑州市交通行业多家单位、主管部门领导等多次参观调研 6S 生产班组工作，

对 6S 生产班组建设的成效给予了高度肯定，打造了具有郑州地铁特色的班组品牌，树立了郑州地铁良好的企业形象。

新时期的青年，能"文"，也能"武"，丁鼎在落实 6S 建设工作中，经常早出晚归、风餐露宿、忘我工作。有一次，一车的 6S 建设物资到货，搬运师傅只有一人，为了在当天尽快地把建设物资准确地送到每个班组，他主动充当搬运工和协调员，顶着烈日，同送货师傅两人跑遍全线几十个车站和班组，当送完最后一箱货时，已经晚上 8 点多了，连续工作 10 h，饥肠辘辘，双腿累的站不起了，手都磨出了血泡，汗水湿透了衣服，但他却无怨无悔、任劳任怨，展现了运营青年员工拼搏奉献的精神。

二、敏而好学、顾全大局、团结友爱

丁鼎能认真学习党的一系列先进思想，用先进的思想理念武装自己的头脑。入司初期，他深知自身对轨道交通行业非常陌生，在业务上勤于学习、钻研，认真学习《城市轨道交通概论》等理论知识。为更好完成本职工作，他自费购买并学习了《6S 精益班组建设》《质量、环境及职业健康安全三合一管理体系的建立与实施》等书籍知识。除了加强自身的理论知识储备，他更是在工作中不放过任何学习的机会，现场向一线员工了解生产现状，认真学习领悟公司管理工作部署和思路，开会时充分跟各部门人员交流学习。通过理论学习和现场实践相结合的方式，他开始从运营管理的角度深入思考生产管理现状，专业知识日趋丰富，参与编制并出版了《运营筹备之路》一书。

这就是丁鼎同志，新时期的优秀青年职工代表，年轻却不轻狂，如骄阳似火却不骄不躁，甘于付出却不求回报，他始终怀着强烈的事业心和责任感，以"国际领先、国内一流的轨道交通运营者"的企业愿景为终身奋斗目标，忠于职守、爱岗敬业、脚踏实地、甘于奉献、不计名利得失，能处处以大局和集体利益为先，对组织忠诚，对同事以诚相待，用实际行动展现了杰出青年员工应具备的道德品质、工作能力和精神风貌。

项目 5　城市轨道交通行车安全综合演练实训手册

手　册

巩固提高

参 考 文 献

[1] 郭小蕊，陈念，廖贞星. 城市轨道交通应急处置［M］. 成都. 西南交通大学出版社，2021.

[2] 李宇辉. 城市轨道交通应急处理［M］. 3版. 北京：人民交通出版社，2023.

[3] 孟祥虎，孙巧玲. 城市轨道交通应急处理［M］. 2版. 北京：人民交通出版社，2021.

[4] 刘奇，徐新玉. 城市轨道交通应急处理［M］. 北京：人民交通出版社，2015.

[5] 赵博旭. 城市轨道交通运营安全［M］. 北京：中国铁道出版社，2016.

[6] 任萍. 城市轨道交通运营安全管理［M］. 北京：机械工业出版社，2021.

[7] 杨翠青，薛亮. 城市轨道交通列车运行突发事件处理［M］. 北京：人民交通出版社，2020.